刑事司法改革问题研究

XINGSHI SIFA GAIGE WENTI YANJIU

肖沛权◎著

中国政法大学出版社

2021·北京

图书在版编目（ＣＩＰ）数据

刑事司法改革问题研究/肖沛权著.—北京：中国政法大学出版社，2021.7
ISBN 978-7-5620-6481-7

Ⅰ.①刑… Ⅱ.①肖… Ⅲ.①刑事诉讼－司法制度－研究－中国 Ⅳ.①D925.210.4

中国版本图书馆 CIP 数据核字(2021)第 132651 号

出　版　者	中国政法大学出版社
地　　　址	北京市海淀区西土城路 25 号
邮寄地址	北京 100088 信箱 8034 分箱　邮编 100088
网　　　址	http://www.cuplpress.com（网络实名：中国政法大学出版社）
电　　　话	010-58908285(总编室) 58908433（编辑部） 58908334(邮购部)
承　　　印	固安华明印业有限公司
开　　　本	720mm×960mm　1/16
印　　　张	16.75
字　　　数	275 千字
版　　　次	2021 年 7 月第 1 版
印　　　次	2021 年 7 月第 1 次印刷
定　　　价	79.00 元

前 言 PREFACE

　　本专著是中国政法大学青年教师学术创新团队支持计划"刑事司法改革问题研究创新团队"（项目编号：19CXTD02）的阶段性成果。同时，也是北京市社会科学基金一般项目"审判中心视角下刑事证明标准适用问题研究"（项目编号：19FXB011）的阶段性成果。

　　随着法治国家建设进程的不断往前推进，我国全面依法治国进入了新时代。刑事司法改革作为法治国家建设的重要组成部分，占据着重要地位。在新一轮的刑事司法改革中，具体制度与程序的改革开始涉及深水区问题，且内容丰富。在总结以往经验和教训的基础上，以开放的心态和前瞻的视野系统地研究刑事司法改革问题，将对构建和完善我国依法治国理论体系大有裨益。

　　本专著共七章，既系统又有重点地研究了刑事司法改革问题。

　　第一章对刑事司法改革的原则进行研究。本章分两节。第一节探讨司法公信力，提出加强法律规则的权威性、增加司法的透明度等是提高司法公信力的路径。第二节探讨司法公开，针对审判程序、检察机关的诉讼程序公开性不足问题，提出应进一步明确限制审判不公的范围，排除公开审理的人为阻力、健全和完善检察机关重要案件信息统一发布制度以及建立不起诉听证制度等改革措施。

　　第二章对认罪认罚从宽制度改革进行探讨。本章分三节。第一节探讨认罪认罚从宽制度的基本范畴，指出认罪认罚从宽制度是具有集合性的制度，而且属于刑事实体法与程序法的范畴，应当同时适用于轻罪案件和重罪案件，不仅在审查起诉和审判阶段可以适用，而且也可以适用于侦查阶段。第二节重点讨论认罪认罚案件的证明标准，首先指出认罪认罚案件从定罪要求来说不仅要求制定科学的、反映诉讼客观规律的证明标准，而且要求在实践中坚守法定的证明标准；其次指出认罪认罚促使程序的推进方式发生变化，但这并非降低证明标准；最后指出认罪认罚案件的证明标准应当坚持法定证明标准，而不能因为庭审程序简化而降低。第三节重点讨论认罪认罚案件的上诉制度，应当明确赋予认罪认罚案件被告人上诉权。在上诉权的设置上，应当对适用速裁程序审理的认罪认罚案件被告人的上诉权进行限制，要求速裁案件被告人上诉必须有正当理由，而认罪认罚案件适用其他程序审理的则无需附加理由。适用速裁程序审理的案件被告人上诉应向二审法院提出申请、二审法院对被告人的申请应当迅速及时审查并限制检察机关提起"技术性抗诉"。

第三章对辩护制度改革进行探讨。本章分两节。第一节重点讨论有效辩护制度，指出确保辩护"有效性"实现，主要包括辩护人尤其是辩护律师的职业伦理、辩护人充分的诉讼权利以及法律援助辩护提供制度保障等因素支撑。辩护律师应当遵守忠诚义务，恪守辩护行为底线，还应当承担公益义务等。应采取有效措施完善辩护律师的会见权、阅卷权和调查取证权。第二节主要探讨法律援助辩护制度的改革。我国法律援助辩护责任的主体应当为政府，应将法律援助辩护的案件范围扩展至犯罪嫌疑人、被告人是年满75周岁老年人的案件以及可能判处3年有期徒刑以上刑罚的案件，而在适用阶段上，则应将适用阶段扩展至死刑复核阶段。应当从保障法律援助辩护提供者的专业知识、对法律援助辩护进行监督等保障法律援助辩护的质量。

第四章主要探讨刑事证据制度改革。本章分三节。第一节指出非法证据排除规则在我国的发展经历了从无到有、从司法解释确立到2012年写入刑事诉讼法的过程。应当完善排除的范围，明确规定以"引诱、欺骗"非法手段取得的证据须排除，适当扩大"毒树之果"的排除范围，即把以非法方法收集的证人证言、被害人陈述衍生的证人证言、被害人陈述列入排除范围，修改非法实物证据排除的条件。辩方提供相关线索或材料属于证明责任理论中的推进责任。应当对非法证据排除程序的证明标准进行一元化改造。第二节重点探讨了刑事证明标准问题。定罪实质化的核心要义在于确立符合客观规律的定罪证明标准并予以严格遵守。为了实现定罪实质化，发挥定罪证明标准对定案质量的把关作用，应当采取有效措施对定罪证明标准作细化解读；坚守定罪标准，贯彻落实"疑罪从无"原则；强化判决说理制度。第三节主要探讨排除合理怀疑证明标准，指出排除合理怀疑被写入法典是对原有证明标准的补充完善，其统一适用于所有刑事案件，而且我国对排除合理怀疑的理解不能简单套用西方国家的主流解释，而应努力实现认定案件事实符合客观真相的要求，对案件的主要事实的证明达到确定性的程度。

第五章对侦查制度改革进行研究。本章共四节。第一节探讨我国侦查制度的历史源流，指出我国侦查制度经历从强职权主义侦查制度的确立到强职权主义因素的弱化的过程，经 2012 年《刑事诉讼法》的再修改取得重大进步。加强对犯罪嫌疑人侦查阶段诉讼权利的保障，应当建立侦查讯问时律师在场权，加强强制性侦查行为的外部控制。第二节主要讨论侦查主体，指出我国侦查主体的设置经历了从公安机关、检察机关的二元主体扩展至国家安全机关、监狱、军队保卫部门、海关走私犯罪侦查部门以及监察委员会、中国海警局的过程。应当从法律上明确海关走私犯罪侦查部门的侦查主体地位，进一步明确检察机关有权立案侦查的案件范围。第三节重点探讨侦查讯问制度。侦查讯问的主体是法定的侦查机关，对象是犯罪嫌疑人，内容是案件事实和其他与案件有关的事项。完善侦查讯问制度应当完善侦查阶段的非法证据排除程序，删除"应当如实回答"规定。第四节重点探讨技术侦查措施，指出应当将网络犯罪以及其他重大犯罪案件纳入技术侦查措施的适用范围。对于适用技术侦查措施的案件，只有报请上一级公安机关负责人批准，才能适用技术侦查措施。确立技术侦查措施的司法审查原则，并落实贯彻非法证据排除规则。

第六章探讨公诉制度改革问题。本章分两节。第一节重点探讨案卷移送制度，指出我国案卷移送制度经历全案移送主义到主要证据复印件移送主义再回归到全案移送主义的过程。对全案移送主义进行改革，应当引入起诉书一本主义。第二节探讨不起诉制度。指出不起诉制度总体适用率偏低，难以实现繁简分流；酌定不起诉制度与附条件不起诉制度的适用条件存在竞合，导致司法实践无所适从；被害人对不起诉决定的救济机制不够合理，不起诉制度设置不能满足司法实践发展的需要。完善不起诉制度，应当扩大酌定不起诉制度的适用率，正确处理酌定不起诉制度与附条件不起诉制度的关系，完善被害人对不起诉决定的救济机制。

　　第七章对刑事审判制度改革进行研究。本章分两节。第一节重点探讨庭审实质化问题，指出庭审实质化首先表现在庭审程序的实质化上，即庭审程序不能形式化、走过场。实现庭审实质化，应当从单纯防范冤假错案转向保障诉讼权利与防范冤假错案并重；完善证人出庭制度，强化控方严格证明责任；妥善处理证人庭前证言与当庭证言的关系；保障调查取证权和庭前证据开示，提升律师质证能力；建立审判法官与卷宗隔离制度，破除卷宗中心主义；完善庭审调查规则，建立中国式交叉询问制度；完善实物证据调查方式；加强当庭裁判和裁判文书说理。第二节主要对刑事缺席审判制度进行探讨。指出刑事缺席审判制度的确立是多元价值平衡后的理性选择，基于有效平衡程序公正与诉讼效率两大价值的需要，应当将因违反法庭秩序被带出法庭而缺席法庭以及因脱逃缺席法庭的情形列入缺席审判制度的适用范围；根据案件类型的不同调整适用条件；建立一套包括告知程序、审判程序以及救济程序在内的程序规范，以保障刑事缺席审判制度有效运转。

　　本专著在写作过程中，刘金松、孙博阳、池林觉、左胜来等硕士生参与了书稿的资料收集与校对工作，对他们的辛勤付出表示感谢。

目 录 CONTENTS

刑事司法改革的原则

刑事司法改革的原则是刑事司法改革应当遵循的基本准则。刑事司法改革首先面临的即是改革原则的确立问题。可以说，刑事司法改革原则的确立，反映了一国刑事司法制度的发展方向。为此，党的十九届四中全会《中共中央关于坚持和完善中国特色社会主义制度 推进国家治理体系和治理能力现代化若干重大问题的决定》明确提出加强对司法活动的监督，确保司法公正高效权威。确保司法权威要求司法具有公信力，而司法公开则是对司法活动进行监督的重要保障。故此，本章主要探讨刑事司法改革中涉及的司法公信力和司法公开原则。

第一节　司法公信力

一、司法公信力的内涵及来源

（一）司法公信力的内涵

汉语中"公信力"一词由"公""信"和"力"三字组成。"公"原指封建制度最高爵位，后来引申为"大家承认的、共同的"之意。如《原君》曰："天下有公利而莫或兴之，有公害而莫或除之。"[1]其后发展为正直无私、国家、社会、大众等，含有"共同的、公正、国家机关或社会公众"之意。[2]《说文解字》解释"信"为从人从言，含有"信用""信任"之意。

---

〔1〕（清）黄宗羲："原君"，载黄宗羲：《明夷待访录》，第 1 页。

〔2〕 参见中国社会科学院语言研究所词典编辑室编：《现代汉语词典》，商务印书馆 1985 年版，第 383 页。

《论语·学而》云："道千乘之国，敬事而信，节用而爱人，使民以时。"[1]这里"信"已经与国家的信用相连。《资治通鉴》亦曰："夫信者，人君之大宝也。国保于民，民保于信；非信无以使民，非民无以守国。"此处"信"指的就是民众对国家统治的信任。所谓"力"即力量。可见，从词意上说，公信力"是一种社会系统信任，同时也是公共权威的真实表达"。其核心是信任、信赖，这种信任的主体是社会公众。换言之，公信力主要是建立在社会公众对公权力行使的信用体验和认定的基础之上的。

司法公信力作为一种特殊的公信力，是指司法机关根据其信用所获得的社会公众的信任和尊重程度，反映的是社会公众从道义上、思想上对司法的认同与信服程度，强调"公众对司法权运作的信服与尊重"。[2]在现代民主法治社会，司法公信力应从两个视角来理解：一方面，司法公信力是司法机关对社会公众的一种信用。与民事或行政诉讼相比，刑事司法因其涉及对公民的人身自由乃至生命的限制和剥夺，必然要求司法机关对社会公众具有足够信用；另一方面，司法公信力除了蕴含司法机关的信用以外，还应当获得社会公众的信任与尊重。司法机关是否具有足够的信用最终要通过公众的评价来检验。只有社会公众普遍地对司法机关具有信任和心理认同感，并因此自觉服从和尊重，司法才真正具有公信力。

（二）司法公信力的来源

国家设置司法的目的在于公正地解决纠纷、惩罚犯罪、恢复正义。在刑事司法中，司法公信力主要来源于以下两方面：

第一，通过惩罚犯罪使社会公众的利益得到保护。众所周知，犯罪是对社会利益的侵犯，既破坏了本来安定的社会关系，也使社会公众的切身利益处于危险状态。通过司法程序打击犯罪行为，有效遏制犯罪行为，能与社会公众内心原有的司法惩罚犯罪价值观直接联系起来，使社会公众感觉到社会的安宁，进而真诚相信司法的威慑力，尊重司法，包括尊重法院与法官。相反，如果不能通过司法准确、及时、有效地揭露、证实和惩罚犯罪，有效减少社会犯罪现象，社会公众的合法利益就会处于随时可能被侵犯的状态。此

---

[1] 《论语·学而》。

[2] 参见汪海燕、董林涛："机遇与挑战：网络舆情对我国刑事司法的影响及应对"，载《中共浙江省委党校学报》2014年第6期。

时，社会公众必然会对司法产生疑惑，司法公信力赖以生成的基础因此遭到破坏。可见，有效打击犯罪，保障社会公众的合法利益是司法公信力的重要来源。

　　第二，确保被追诉人在刑事诉讼过程中得到公正审判。"公正审判权是现代刑事司法制度中的核心范畴，它标示着：国家对犯罪的追诉和惩罚应以保障被追诉者的公正审判权为前提，换言之，现代刑事程序的设置旨在防止由于公共权力的滥用而产生的侵害。"[1]在联合国公约中，公正审判权是由一系列确定的、相互关联的权利组合而成的一项权利，[2]主要是从程序的公正性的角度来说的，包括保证司法组织"独立和不偏不倚"和司法程序的"公正和公开"等内容。[3]在刑事诉讼中，"程序公正给当事人一种公平待遇之感。它能够促进解决，并增进双方之间的信任"。[4]可见，被追诉人得到公正审判对形成司法公信力至关重要。社会公众更愿意接受一个经由公正审判所得出的可能略有瑕疵的裁判。[5]易言之，如果当事人在诉讼过程中得不到公正、合理的对待，即使案件最后处理结果公正，社会公众也会诟病司法过程，无法形成司法公信力。相反，如果当事人在诉讼中得到公正待遇，即使案件最后处理结果略有瑕疵，也有可能使当事人因为受到公正审判而理解并接受对案件处理的实体结果，形成对司法的普遍信从和尊重。应当强调的是，如果案件最后处理结果与案件原本事实严重不符，甚至造成冤假错案，那么即使当事人得到了公正待遇，也会导致社会公众对司法的严重不信任，遑论司法公信力。

二、司法公信力的构成要素

（一）法律规则的权威性

　　法律规则的权威性是指法律规则具有至高无上性。法律规则的权威性不

---

　　[1]　熊秋红：《转变中的刑事诉讼法学》，北京大学出版社2004年版，第5页。

　　[2]　See Gudmundur Arfredsson and Asbjørn Eide, *The Universal Declaration of Human Rights: A Common Standard of Achievement*, Martinus Nijhoff Publishers, 1999, p. 223.

　　[3]　联合国《两权公约》第14条第1款规定："所有的人在法庭和裁判所前一律平等。在判定对任何人提出的任何刑事指控或确定他在一件诉讼案中的权利和义务时，人人有资格由一个依法设立的合格的、独立的和无偏倚的法庭进行公正的和公开的审讯。"

　　[4]　[美]戈尔丁：《法律哲学》，齐海滨译，生活·读书·新知三联书店1987年版，第241页。

　　[5]　See Daniel W. Shuman & Jean A. Hamilton, "Jury Service——It May Change Your Mind: Perceptions of Fairness of Jurors and Nonjurors", *SMU L. REV.* Vol. 46, 1993, p. 451.

是从来就有的。在封建专制社会，崇尚的是皇权至上，皇帝旨意即是法律，如曰："三尺安出哉？前主所是著为律，后主所是疏为令，当时为是，何古之法乎？"[1]（以三尺竹简书法律，故称三尺法）直到资产阶级革命胜利以后，随着民主、法治理念的传播，法律规则才具有至上性。在现代民主法治社会，司法的要义在于"把一般的法规运用于特殊情形下的具体事实"[2]。法律规则在适用过程中能否得到社会公众严格服从与遵守取决于法律规则本身是否具有权威性。法律规则的权威性要求法律规则一旦得到确立并以国家的名义公布，任何国家机关、单位，任何领导人和普通公民，都必须严格服从与遵守。任何违反法律规则的行为都将引起消极的法律后果，如在刑事诉讼领域里，构成犯罪要受到刑事惩罚。如果制定的法律规则没有权威性，无论其规定如何严密、体系如何和谐，都只不过是文字构筑的牌坊，遑论司法的公信力。"法律必须被信仰，否则将形同虚设"[3]正道出了法律规则权威性的真正要义。

（二）司法主体的自律性

司法主体的自律性，是指司法工作人员在办理具体案件过程中，面对外部诱惑和压力时所保持的良好的自律性和对法律的忠诚。司法被视为社会正义的最后一道防线，司法工作人员具有自律力是社会公众信赖司法能够伸张正义的基础。司法工作人员在办理具体案件过程中往往享有一定的自由裁量权，"法庭说法律是什么，法律就是什么""法官的裁决就是法律"。[4]在自由裁量时，司法工作人员往往会受到某种外部信息的刺激和诱导，从而影响其对法律规则和职业戒律的遵守。如果司法工作人员不能抵制这些来自外部的诱惑和压力，那么社会公众必然会对案件能否公正处理产生怀疑，从而动摇他们对司法的信心与信任。所谓"当正直的人认为'法官偏袒'时，信任即遭到破坏"[5]，这道出了司法主体自律性对公法公信力形成的重要性。因

---

〔1〕《史记·杜周传》。

〔2〕〔德〕马克斯·韦伯：《新教伦理与资本主义精神》，于晓、陈维纲等译，生活·读书·新知三联书店 1987 年版，第 14 页。

〔3〕〔美〕哈罗德 J·伯尔曼：《法律与宗教》，梁治平译，中国政法大学出版社 2007 年版，第 3 页。

〔4〕〔英〕P·S·阿蒂亚：《法律与现代社会》，范悦等译，辽宁教育出版社、牛津大学出版社 1998 年版，第 6~7 页。

〔5〕〔英〕丹宁勋爵：《法律的训诫》，刘庸安、丁健、杨百揆译，群众出版社 1985 年版，第 76~77 页。

此，要使司法获得社会公众的信任，司法主体在办理案件过程中就应当抑制个人情绪、情感和欲望的冲动以及抵制外部的诱惑和压力，忠诚于法律，秉公执法。唯有如此，方能赢得社会公众心理和情感上的认同和信任，形成良好的司法公信力。

（三）司法过程的公开性

司法过程的公开性，是指除法律规定的特殊情况不能公开的以外，司法活动都应当公开。司法过程公开是联合国最低限度的司法准则之一。联合国《两权公约》第14条第1款规定："……在判定对任何人提出的任何刑事指控或确定他在一件诉讼案中的权利和义务时，人人有资格由一个依法设立的合格的、独立的和无偏倚的法庭进行公正的和公开的审讯。"司法过程公开能够在司法运行与社会公众之间搭建信息沟通桥梁，使社会公众更加畅顺地获取司法运行的信息，使媒体更好地了解和监督司法，从而有利于加强社会公众对司法活动的信任与尊重，增强司法公信力。正如有的外国学者指出，"只有当事实真相被了解之时，正确的意见才能占据上风；如果事实真相被掩盖了，错误的观念就会像正确的观念一样富于影响力"[1]。应当指出，虽然司法过程公开是基本原则，且随着保障人权观念的不断深入，刑事侦查活动的公开性有所加强，如特定的证据资料需向特定人公开等，但是因为刑事侦查活动关系到证据的收集和保全，主要实行的还是秘密原则。

（四）司法裁判的终局性

作为一项联合国最低限度的司法准则，[2]司法裁判的终局性是指人民法院作出的生效裁判是案件的最后处理方案，具有终局性，除法定的情形之外，任何当事人和相关诉讼主体，包括法院，都不得动摇、推翻司法裁判。美国一位大法官说："一个有效的司法制度的另一个重要因素是其判决的终局性……如果一个'解决方案'可以没有时间限制并且可以不同的理由反复上诉和修改，那就阻碍了矛盾的解决。"又说，"无休止的诉讼反映了、同时更刺激了对法院决定的不尊重"。[3]可见司法裁判的终局性既是司法公信力的重

---

〔1〕 George Seldes, *You Can't Print That*! Payson & Clarke Ltd, 1929, p. 9.

〔2〕 联合国《司法独立原则》第4条规定："不应对司法程序进行任何不适当或无根据的干涉；法院作出的司法裁决也不应加以修改。"

〔3〕 宋冰编：《程序、正义与现代化——外国法学家在华演讲录》，中国政法大学出版社1998年版，前言第2~3页。

要标志，也是司法公信力生成的重要条件。如果司法机关作出的生效裁判可以很容易地被推翻，那么诉讼当事人的利益与命运势必长期处于不确定的状态，争议各方将无法根据司法裁判所确立的各自的权利义务去重新安排生活而陷入无休止的诉讼。这显然难以形成司法公信力。

诚然，司法裁判的终局性不能绝对化。在我国，对于已经发生法律效力的裁判，如果发现其在认定事实或适用法律上确有重大错误，人民法院可依审判监督程序对案件重新进行审判，特别是发现无辜者被错判的情况，必须及时平反，以维护人权。唯有如此，才能保障实现司法公正，更好地维护司法公信力。

三、增强司法公信力的路径

时下，司法公信力低下，导致申诉成风、上访不断，[1]严重影响司法"定分止争"功能的发挥，影响社会秩序的稳定，影响经济社会可持续发展的大局。如何采取有效措施增强司法公信力，这正是当前司法改革亟待解决的问题。对此着重谈以下几个方面：

（一）加强法律规则的权威性

作为司法公信力的重要构成要素，法律规则的权威性的核心要求是法律规则一旦被制定下来，就应当得到普遍的遵循，而不论法律规则的善恶。这是现代法律的重要特征，[2]同时也是法治的必要条件。正如亚里士多德指出的，"法治应包含两重含义：已成立的法律获得普遍的服从，而大家所服从的法律又应该本身是制定得良好的法律"[3]。尽管现行《刑事诉讼法》第3条第2款明确规定司法机关进行刑事诉讼必须严格遵守《刑事诉讼法》和其他法律的有关规定，但制定的法律规则在现实中得不到遵循的现象屡见不鲜。

按照程序法定原则，法官依法应当严格按照法定程序办理案件。然而，现实中法官却在法定诉讼制度以外创设出不成文的另类规则。这些另类规则

---

〔1〕 参见朱景文："中国诉讼分流的数据分析"，载《中国社会科学》2008年第3期。

〔2〕 根据韦伯的分析，形式理性是一切现代法律的重要特征，形式理性秉持价值无涉观念，只要求制定的法律得到普遍的服从，而并不关注得到普遍服从的法律是恶法还是良法。从此意义来说，法律规则的权威性是形式理性的本质要求，因此，也是现代法律的重要特征。参见〔德〕马克斯·韦伯：《儒教与道教》，王荣芬译，商务印书馆1995年版，第154页。

〔3〕 〔古希腊〕亚里士多德：《政治学》，吴寿彭译，商务印书馆1965年版，第199页。

未经正式颁布，外界看不见也摸不着，是一种"司法潜规则"，却构成了司法过程中真正适用的法律规则。司法潜规则破坏了法制的统一性，其弊端也日益显露。如在实践中，处理疑案的"留有余地"潜规则就导致了一系列样板冤案错案的发生。[1]张氏叔侄案，在有罪供述与鉴定结论不一致且缺乏其他证据证明情况下，杭州市中级人民法院留有余地地判处张辉死缓、张高平有期徒刑 15 年，铸成了冤案。同样，赵作海案，检察机关曾坚持认为证据不足，两次退回补充侦查，但法院最后并没有作出证据不足的无罪判决，而是留有余地地判处死缓，铸成惊世冤案。司法实践证明，司法潜规则虽然有时可能有助于提高诉讼效率，避免错杀（如"留有余地"潜规则），但是必然导致法律规则被滥用、规避或架空，使法律规则处于失灵状态。更何况这些潜规则具有隐秘性、非法性，适用这些潜规则，会大大冲击法律规则的权威性，沉重打击我国建设法治社会进程中的薄弱基础。应当指出，司法潜规则日渐普遍很大程度上是法律规则自身内容粗疏造成的。"法律必须实际上是一个由法律命题构成的'没有漏洞'（gapless）的体系，或者，至少必须被认为是这样一个没有空隙的体系。"[2]尽管刑事诉讼法 2018 年再修改后我国现行《刑事诉讼法》增加至 308 条，但是对很多诉讼程序仍然没有涉及，有的虽有所规定，但过于原则化，可操作性不强；最高人民法院和最高人民检察院的有关司法解释在一定程度上充实了一些诉讼规则和程序，但与"没有漏洞"仍然相去甚远，如对当事人是否有权提出管辖权异议没有规定等。而"司法解释的条文内容存在诸多冲突"[3]，也使司法潜规则存在较大"自由发挥"的余地。因此，应当细化刑事诉讼规则。只有制定的法律规则比较详尽，才能缩小司法潜规则适用的空间。

（二）增强法官的自律力

"法院是法律帝国的首都，法官是帝国的王侯。"[4]作为"帝国的王侯"，

---

〔1〕 所谓"留有余地"，是指法官为了防止放纵犯罪，并迫于被害人和社会舆论的压力，在明知有的案件有疑点未能排除的情况下放弃"疑罪从无"原则，仍然判决被告人有罪，但又不判处死刑，而留有余地地判死缓、无期或有期徒刑。参见陈光中："刑事证据制度改革若干理论与实践问题之探讨——以两院三部《两个证据规定》之公布为视角"，载《中国法学》2010 年第 6 期。

〔2〕 郑戈："韦伯论西方法律的独特性"，载李猛编：《韦伯：法律与价值》，上海人民出版社2001 年版，第 80 页。

〔3〕 张泽涛、崔凯："刑事案件合并与分案审理立法梳理及法理评析"，载《政法论坛》2013 年第 5 期。

〔4〕 ［美］R. 德沃金：《法律帝国》，李常青译，中国大百科全书出版社 1996 年版，第 361 页。

"法官……是法律由精神王国进入现实王国控制社会关系的大门。法律借助于法官而降临尘世。"〔1〕可见，法官是司法活动的核心与灵魂。如前所述，法官在办案中无论在证据取舍、事实判断、法律适用和判决执行上都有一定程度的自由裁量空间。可以说，"正义之船能否顺利穿过自由裁量这趟危险之水"〔2〕很大程度上取决于法官之自律能力。如果法官缺乏自律力，"受外界之引诱，物欲之蒙蔽，舞文弄墨，徇私枉法，则反而以其法学知识为其作奸犯科之工具，有如为虎附翼，助纣为虐"，只会摧毁被称为"神圣殿堂"的司法体系，更谈不上赢得社会公众对判决的信从，对司法机关的尊崇。

法官的自律力如此重要，而我国法官的自律力却令人担忧，主要表现在法官抗腐能力不高，腐败问题较为突出。根据有关数据显示，从 2001 年到 2010 年 10 年间，因贪污腐败问题被查办的大法官就有来自最高人民法院和省高级人民法院的院长或副院长。省高级人民法院副院长、中级人民法院院长、副院长等大量高级法官的纷纷落马，特别是法院系统发生的一系列集体腐败案件，更造成了极坏的社会影响，使司法公信力受到沉重打击。而宁夏的丁海玉行贿法官案更已达到了令人震惊、震怒的程度。丁海玉经营的公司"创造了"通过打官司牟取暴利的"捷径"。其"官司生意经"的成本投入是行贿法官，收入就是打赢官司。丁海玉没有打不赢的官司，没有执行不了的判决，该案先后共有 25 名法官被查处。〔3〕另据正式公布的信息显示，仅在 2007 年，各级检察机关立案侦查涉嫌贪赃枉法、徇私舞弊等犯罪的司法工作人员就达 17 270 人，几乎是 1996 年立案侦查涉嫌贪赃枉法等犯罪的司法工作人员数量的 6 倍。〔4〕

针对我国法官抗腐能力不高的问题，笔者认为，应适当提高法官的薪酬与待遇水平，降低法官腐败的可能性。有学者曾把同一部门的员工的工资分成保留工资、高于保留工资的工资以及低于保留工资的工资 3 种进行实验，以此分析员工的薪酬水平与腐败之间的关系。实验证明，员工的工资水平与

---

〔1〕 ［德］拉德布鲁赫：《法学导论》，米健、朱林译，中国大百科全书出版社 1997 年版，第 100 页。

〔2〕 See Stratos Pahis, "Corruption in Our Courts: What It Looks Like and Where It is Hidden", *Yale Law Journal*, Vol. 118, 2009, p. 1903.

〔3〕 参见黄秀丽："他把 25 名法官拉下水"，载《南方周末》2009 年 4 月 29 日。

〔4〕 参见最高人民检察院 2008 年工作报告与 1997 年工作报告。

腐败有密切联系。工资越高，员工就越想保留原来的工作，因此也降低了腐败的可能性。[1]一项针对法官薪酬与司法腐败关系的调查进一步证实了以上实验。薪酬越高，司法腐败越低。[2]如果薪酬不足以支持法官养家，那么法官就容易利用手中的审判权寻租，以贪污受贿的方式弥补他们收入上的不足。过去，我国法官的工资标准实行行政机关公务员的工资标准，薪酬一直处于相对较低的水平，导致法官对收入状况和职业保障"不满意"。[3]这种不满情绪不仅直接影响了审判质量，而且不利于法官对自己的职业形成认同感和荣誉感，稳定法官队伍，同时也降低了法官的抗腐能力，更难以引入高素质的法律人才。因此，应当适度提高法官的薪酬与待遇水平，以增加法官的职业认同感和荣誉感，加强法官身上的防腐元素。需要指出的是，在经过员额制改革等一系列司法改革后，目前我国法官的薪酬与待遇较之过去有所提高，这对增强法官的职业认同感和荣誉感大有裨益。

（三）增加司法的透明度

司法透明是司法活动获取社会公众信任和尊重的重要手段，也是司法公正的内在要求。所谓"正义不但要实现，而且必须以看得见的方式实现"，法院以看得见的方式进行诉讼活动，并公开地作出裁判，不仅有利于司法活动过程及结果的公正，而且最后最大限度地吸收当事人和社会公众的不满，大大增强当事人和社会公众对案件处理的接受程度。可以说，司法透明是社会公众对国家法治的信赖感和司法公信力的来源。

要增加司法的透明度，必须真正贯彻落实审判公开原则。审判公开是司法透明的重要内容，不仅要求法院对案件的审理（特殊情况除外）及判决的宣告一律应公开进行，而且要求裁判过程和实体处理应在裁判文书中详细反映，即强调裁判说理性。在我国，《宪法》和三大诉讼法对审判公开原则都作了规定，但是该原则在实践中往往打了折扣，特别是法官制定裁判文书过分公式化，导致"现在的裁判文书千篇一面，缺乏认证断理的过程，看不出裁

---

〔1〕　See Timothy Besley & John McLaren, "Taxes and Bribery: The Role of Wage Incentives", *The Economic Journal*, Vol. 103, 1993, pp. 119~141.

〔2〕　See Stefan Voigt, "When are judges likely to be corrupt?", *Global Corruption Report* 2007: *Corruption in Judicial systems*, Cambridge University Press, 2007, p. 299.

〔3〕　参见四川省高级人民法院课题组等："人民法院司法公信力调查报告"，载《法律适用》2007年第4期。

判结果的形成过程，缺乏说服力，严重影响了公正司法的形象"。[1]这种做法不仅使外界对作出裁判的理由无从了解，令裁判的作出有暗箱操作之嫌，并且其结果也难以获得社会的信任，遑论增强司法的公信力。因此，应当加强裁判文书中的说理部分。这不仅是扩宽司法公开的需要，也符合党的十八届三中全会《决定》的要求。十八届三中全会《决定》第九部分"推进法治中国建设"明确要求："推进审判公开、检务公开，录制并保留全程庭审资料。增强法律文书说理性，推动公开法院生效裁判文书。"

（四）改革再审制度

"科学是可以有错误的，因为我们是人，而人是会犯错误的。因此，错误是可以原谅的。只有不去尽最大的努力避免错误，才是不可以原谅的。"[2]在刑事诉讼中，由于案件的复杂性和诉讼认识和条件的局限性，有的生效裁判出现错误是不可避免的。如果一律不加以纠正，必然会造成司法不公，损害司法公信力。但是，如果一律加以纠正，同样不利于增强司法公信力，因为司法裁判的终局性也是司法公信力的构成要素。正如古斯塔夫·拉德布鲁赫所言，"我们必须追求正义，但同时也必须重视法的安定性，……而重建法治国，就必须尽可能考量这两种思想"。[3]可见，增强司法公信力应当坚持纠错与维持司法裁判的安定性相结合的方针。

为了纠正已生效裁判中存在的错误，我国现行《刑事诉讼法》规定了审判监督程序（刑事再审程序）。根据现行《刑事诉讼法》第253条、第254条的规定，再审的理由是已经发生法律效力的判决和裁定，在认定事实上或者在适用法律上确有错误。"确有错误"的表述过于笼统，没有进一步区分根本性错误、严重性错误或者一般错误乃至小错误，也没有区分有利于被判决人的错误和不利于被判决人的错误。可见，我国对刑事再审程序启动设置的门槛较低，只要是原生效裁判存在错误，即使是一个小错误，都可以提起再审程序。长期以来，我国受传统的"实事求是，有错必纠"思想的

---

〔1〕 原最高人民法院院长肖扬语，转引自任玉峰、胡军辉："浅谈民商事裁判文书的制作误区与改革"，载 http://blog. chinacourt. org/wp-profile1. php? p=62211，最后访问日期：2014年12月20日。

〔2〕 [英]波普尔：《科学知识进化论——波普尔科学哲学选集》，纪树立编译，生活·读书·新知三联书店1987年版，前言。

〔3〕 [德]古斯塔夫·拉德布鲁赫：《法律智慧警句集》，舒国滢译，中国法制出版社2009年版，第18页。

片面影响，司法实践偏重于纠错，而对裁判的稳定性重视不够，导致再审程序经常被提起，"每年检察机关提出再审抗诉、当事人提出申诉、人民法院自行启动再审的案件数量十分惊人"〔1〕。再审案件比例过大，必然使裁判处于不稳定的状态，这大大冲击了司法裁判的终局性，损害了司法的公信力、权威性。

为了保持纠错与维持司法终局性的平衡，切实提升司法公信力，十八届四中全会《决定》明确把"有错必纠"改成"依法纠错"，并要求"维护裁判权威"。这与现行"确有错误"应当纠正的规定不一致，因此应当修改《刑事诉讼法》，使之符合十八届四中全会《决定》的要求。具体而言，笔者认为应当采取以下改革措施：

第一，确立有限的一事不再理原则。亦即明确规定一事不再理原则，同时规定例外情形。这是保持纠错和维持司法终局性相平衡的内在要求，也符合联合国公约的精神。联合国《两权公约》第 14 条第 7 款规定："任何人已依一国的法律及刑事程序被最后定罪或宣告无罪者，不得就同一罪名再予审判或者惩罚。"具体而言，再次修改刑事诉讼法时，应当在基本原则或审判监督程序中增加规定："除法律特别规定的以外，任何人不得因同一犯罪行为遭受多次惩罚。"

第二，把再审程序区分为有利于被判决人的再审和不利于被判决人的再审，并明确这两种情况的再审理由。根据我国现行《刑事诉讼法》规定、联合国刑事司法准则的要求以及借鉴国外经验，笔者认为，有利于被判决人的再审理由应当包括有新事实、新证据足以认为被错判有罪、轻罪重判，因司法人员犯罪导致被错判有罪、轻罪重判，或者因证据虚假导致被错判有罪、轻罪重判等情况。而不利于被判决人的再审则只有在严重犯漏判、因司法人员犯罪导致重罪错判无罪或者重罪判刑畸轻的情况下才能启动。至于判处 5 年有期徒刑以下的轻罪，即使错判无罪，出于维护裁判权威的考虑，也不应再追究其刑事责任。

第三，把法院依职权启动再审的权力限制在有利于被判决人的情况。在我国，没有当事人申请和检察院抗诉的情况下，法院依法有主动启动再审的权力。对此，笔者认为这是符合我国国情的。因为法院在审判中发现的新情

---

〔1〕　熊秋红："错判的纠正与再审"，载《环球法律评论》2006 年第 5 期。

况、新事实，当事人可能无法知道，检察机关也不一定知道，或者即使知道也不一定提出抗诉。考虑到保障人权的需要，保留法院主动启动再审的权力具有现实合理性。当然，法院依职权启动再审应只限于有利于被判决人的情况，以实现司法公正的最高价值，使被判决人切实感受到司法的公正。这样，被判决人自然对司法由衷地信服并加以尊重。

第二节　司法公开

一、司法公开的理论基础

司法公开是指国家专门机关在办理案件过程中依法向社会和诉讼参与人公开有关诉讼活动和信息。需要指出的是，在三大诉讼中，司法公开须探讨的问题更多集中在刑事诉讼中，而刑事诉讼中的侦查活动具有一定特殊性，行为方式的公开性受到较大限制，因此，本节主要以刑事诉讼中的审判工作和检察工作为视角来探讨司法公开问题。

从司法公开原则的形成脉络来看，司法公开是反对欧洲中世纪秘密审判的司法专横、法官擅断的产物。作为一项保障当事人诉讼权利的重要原则，司法公开根植于深厚的理论基础。

首先，司法公开是基于司法公正的根本要求。公正是司法的生命和灵魂。司法公正能使民众对法律形成内心确信，真诚地相信司法的威慑力，尊重司法。其基本内涵是要求司法活动的结果和过程均体现公平、平等、正义等特性。司法公正是司法工作的根本目标，包括实体公正与程序公正两个方面。第一，司法公开是实体公正的根本要求。实体公正要求案件最后的处理结果是公正的，这既是当事人参与诉讼所追求的最终目标，也是社会公众关注的焦点所在。将司法活动置于阳光之下，可以促使司法人员更加自律，从而有助于正确处理案件，在一定程度上防止和矫正司法偏差。第二，司法公开是程序公正的根本要求。程序公正要求诉讼过程公正，"程序公正给当事人一种公平待遇之感。它能够促进解决，并增进双方之间的信任，没有信任，这种制度将无以复存"。[1] 司法公开正是使民众亲身感受正义的实现，有效增强民

---

〔1〕 ［美］戈尔丁：《法律哲学》，齐海滨译，生活·读书·新知三联书店1987年版，第241页。

众对司法活动的信任和尊重。可见，司法公开是实现司法公正的必经途径。只有建立在公开基础上，司法公正才能得到保障。

其次，司法公开源于人权保障理论。人权保障是指对公民基本权利的保障，在刑事诉讼中，保障人权主要是保障诉讼参与人的诉讼权利，特别是保障被追诉人的程序人权。从司法公开原则的起源来看，司法公开是资产阶级革命胜利后为了反对黑暗、野蛮的秘密审判活动对人权的践踏而产生的。新兴的资产阶级启蒙思想家提出了"天赋人权""自然权利""社会契约"等学说，认为人拥有与生俱来的权利。作为人权保障的重要领域，刑事诉讼开始实行公开、直接、辩论的诉讼程序。其中，法国率先提出公开审判的概念，而贝卡利亚在《论犯罪与刑罚》一书中也明确提出："审判应当公开，犯罪的证据应当公开，以便使或许是社会惟一制约手段的舆论能够约束强力和欲望。"[1]伴随着公平、正义等观念的普遍传播，审判公开制度作为一项保障人权的诉讼制度，陆续在美国、法国等国家的刑事诉讼中确立下来。[2]由此可见，人权保障是司法公开的重要基础。我国分别于 2004 年及 2012 年把人权保障条款载入《宪法》（第 33 条第 3 款）及 2012 年《刑事诉讼法》（第 2 条），这为我国刑事司法的人权保障提供了法律依据。为保障诉讼参与人特别是被追诉人的诉讼权利，有必要告知诉讼参与人相关权利义务，并将办案人员的办案过程置于阳光之下。贯彻司法公开原则，在各个诉讼阶段将权利告知诉讼参与人，可以使诉讼参与人了解自身在刑事诉讼过程中所享有的法定诉讼权利，而赋予诉讼参与人一定的程序参与权则可以增加司法机关处理案件的透明度，彰显人权保障理念。

最后，司法公开与权力监督理论相契合。"一切有权力的人都容易滥用权力，这是一条万古不易的经验，有权力的人们使用权力一直到遇有界限的地方才休止。"[3]司法机关及其办案人员在办案中无论在证据取舍还是事实判断等方面均有一定的自由裁量空间，这在客观上为司法人员滥用权力提供了潜

---

〔1〕 ［意］切萨雷·贝卡里亚：《论犯罪与刑罚》，黄风译，中国法制出版社 2002 年版，第 23 页。

〔2〕 《美利坚合众国宪法》第六修正案规定："在一切刑事诉讼中，被告有权享有由犯罪行为发生地的州和地区的公正陪审团予以迅速和公开的审理。"法国 1808 年的《刑事诉讼法典》也确认了这一原则。

〔3〕 ［法］孟德斯鸠：《论法的精神》（上册），张雁深译，商务印书馆 1982 年版，第 154 页。

在机会。如果司法人员在行使权力过程中缺乏监督，则会增加其超越权力的界限，乃至利用权力寻租、谋取私利、办人情案、徇私枉法、出入人罪的可能性。因而必须对司法人员行使权力的行为进行有力的监督和制约。其中，作为加强权力监督与制约的重要一环，司法公开是保证"正义之船顺利穿过自由裁量这趟危险之水"[1]的重要手段。阳光是最好的防腐剂，将司法活动置于阳光之下，增强了司法工作的透明度，保障人民群众的知情权，切实加强了监督主体对司法活动的有效监督。可以说，司法公开是遵循权力监督原理的必然结果。

二、我国推进司法公开存在的问题及其成因

为了贯彻落实《宪法》和《刑事诉讼法》等法律关于司法公开的规定，特别是十八大以来，为了推进司法改革，最高人民法院和最高人民检察院先后制定了一系列有关司法公开的文件和规定，如最高人民法院先后发布了《关于严格执行公开审判制度的若干规定》《关于人民法院执行公开的若干规定》《关于加强人民法院审判公开工作的若干意见》《关于司法公开的六项规定》《司法公开示范法院标准》《关于人民法院在互联网公布裁判文书的规定》等；最高人民检察院也先后颁布了《关于"检务公开"具体实施办法》《关于进一步深化人民检察院"检务公开"的意见》《2014-2018年基层人民检察院建设规划》《人民检察院案件信息公开工作规定（试行）》《关于全面推进检务公开工作的意见》等，使司法公开的外延得到不断深化，从审判公开延展至检务公开，有了更大的进步。然而，应当注意的是，在推进司法公开的过程中，一些基本问题仍未得到有效解决，司法活动的实质性公开仍然明显不足，与此同时，信息技术的快速发展也带来了一些深层次问题。从刑事诉讼的角度来看，当前司法公开存在的问题主要体现在以下两个方面：

第一，审判程序公开性不足。这首先表现在有的法院对某些社会关注度较高的案件的庭审限制公开。根据审判公开的要求，符合审判公开要求的案件应当严格公开审判。然而，我国目前司法实践中，对于应当公开审理而属于社会关注度高的重大案件，由于审判压力等原因又不愿意真正地向社会公

---

[1] See Stratos Pahis, "Corruption in Our Courts: What It Looks Like and Where It is Hidden", *Yale Law Journal*, Vol. 118, 2009, p. 1903.

开，因此采取将庭审置于较小的审判庭等方法将旁听人员限制于可控的"内部人"范围，从而达到有限公开的效果。例如，2008 年的杨佳袭警案，案件本身并不涉及法定的不公开审判的情形，但是一审法院为了减少审判的压力，拒绝媒体和民众进入法庭旁听，且选择性地安排了一些"可控"的旁听人员，形成定向公开。[1] 同样，陕西周正龙假老虎案，法庭在不得不公开审判的情况下，以"庭内坐席座位数有限"，旁听需向市委或县委宣传部门提出申请为由，使周正龙案公开审判受到极大的限制。[2] 其次，目前部分审判程序仍然不公开。在我国刑事诉讼中，审判委员会有权对院长提交的重大或疑难案件进行讨论决定。而上级法院对下级法院提出的疑难问题的请示汇报，通常以口头或书面"答复""批复""复函"等形式给出具体处理意见。无论是审判委员会的讨论决定还是上下级法院之间的请示汇报，均被视为法院的内部程序，不对外公开。最后，庭审公开面临着信息时代互联网技术发展所带来的挑战。伴随着信息技术的日新月异，信息传播技术的新发展对司法公开的方式、途径提出了新的要求。在这样的背景下，虽然法院为应当新媒体环境对司法公开的要求，积极探索审判公开的新途径，要求在互联网上公布裁判文书，并积极开通官方微博、微信等推进司法公开。然而，对于如何规范信息传播的途径与内容，现行《刑事诉讼法》与司法解释均无规定，亟待解决。

第二，检察机关的诉讼程序公开性不足。这首先表现为检察机关的终结性法律文书一方面公开的范围仍然较窄，诸如职务犯罪不立案决定书、不抗诉决定书、不提出没收违法所得申请决定书、不提出强制医疗申请决定书等终结性法律文书目前并不在公开之列。另一方面缺乏说理性。法律文书尤其是涉及当事人权利处分的文书说理，是司法公开的重要内容，也是多年来司法改革的重要举措，旨在公开结果的形成过程，增强说服力。但是迄今检察机关的终结性法律文书仍然说理不足。其次，检察机关重要案件信息统一发布制度的范围不够明确，如对何谓"有较大社会影响"等并没有作进一步规定。最后，在我国刑事诉讼中，检察机关承担着审查批准逮捕、决定起诉或不起诉、法律监督等职责。其中，审查批准逮捕涉及对犯罪嫌疑人人身自由

---

〔1〕　参见叶锋："杨佳袭警案开审未宣判"，载《新京报》2008 年 8 月 27 日。
〔2〕　参见萧锐："公审'华南虎'又一次座位有限"，载《中国青年报》2008 年 9 月 24 日。

的剥夺。过去，审查逮捕程序通常在封闭的状态下进行，检察机关主要依据侦查机关单方提供的书面材料作出批准逮捕决定，审查逮捕程序行政化审批色彩较浓，尽管 2012 年《刑事诉讼法》修改时对审查逮捕程序作了较大调整，要求检察机关在审查批准逮捕时讯问犯罪嫌疑人，但是讯问犯罪嫌疑人并不是所有案件的必经程序，批准程序的公开性和透明度仍然不足。同样的，不起诉决定涉及当事人诉讼权利的处分，这要求不起诉案件接受公开审查，尽管如此，检察机关在公开审查时无须就不起诉决定出示证据，而侦查人员与犯罪嫌疑人及其辩护人也不能直接进行辩论，这导致不起诉决定作出的诉讼化程度不足。

造成上述司法公开不足的原因是多方面的，其中最主要原因在于对司法公开的价值认识不足。以下仅以审判公开为例作说明。如前所述，司法公开是基于司法公正的需要、源于人权保障且与权力监督理论相契合，然而，根据一项实证调研数据显示，刑事法官队伍中，仍然有相当一部分刑事法官对于"刑事审判公开"的理论及实践价值没有予以足够的重视，缺乏相应的关注度。当受到来自社会舆论、媒体监督、刑事法官的自身保障等方面的压力时，部分刑事法官会动摇坚持"公开审判"的决心。[1]具体而言，其一，司法机关面对因社会关注度高的案件所带来的舆论压力的承受能力不足。由于多方面的原因，时下我国司法公信力低下，外界对司法工作质疑不断，在巨大的压力下，把关注度高、争议性大的案件的处理纳入舆情控制范围可谓司法机关在压力下的自保行为，实践中法院对社会关注度高的案件进行限制公开审判、控制旁听人员也就变得可以理解。其二，司法程序公开性不足也受近年来司法与媒体之间的紧张关系所影响。一般而言，司法公开离不开媒体报道，而报道案件审判的信息也是媒体的职责所在，如果司法与媒体之间的关系能够得到厘清，那么对司法公开和媒体赢得市场均大有裨益。然而，当下有的媒体在报道案件的审判时往往具有倾向性看法，对于某些社会关注度高的案件，热衷于报道案件的"花边新闻"，即把报道的关注点放在案件背后的故事等。在这种背景下，司法机关当然对媒体存在担心和戒备意识，担心媒体借案件中的某些问题大做文章，推波助澜，误导公众，使本来就难以裁

---

〔1〕 参见叶青、张栋、刘冠男："刑事审判公开问题实证调研报告"，载《法学》2011 年第 7 期。

判的案件更难处理。因此，司法机关对媒体报道重要案件普遍存在戒心，自然不愿意由媒体公开司法的过程。其三，司法活动公开性不足也是我国法律关于司法不公开的范围，尤其是审判不公开的范围不明确所造成的。审判公开是实现司法公正的有效途径，但由于刑事诉讼追求的价值目标多元化，因此并非所有案件的审判均应公开。根据我国刑事诉讼法的规定，涉及国家秘密、个人隐私或经当事人申请不公开审理的商业秘密的案件和未成年人犯罪的案件不需要公开审理。但是，至于"涉及国家秘密、个人隐私或商业秘密"是否包括案件性质不涉及但案件所收集到的证据涉及国家秘密、个人隐私或商业秘密等情形，相关司法解释并没有作进一步细化，同时，一人犯数罪或共同犯罪中只有部分罪行或部分被追诉人涉及国家秘密、个人隐私或商业秘密时应如何处理等，也并不明确，加之上述的一些原因，导致司法实践中法院在适用上倾向于不公开审理。

三、进一步推进司法公开的若干设想

（一）进一步明确限制审判不公开的范围

如前所述，由于刑事诉讼法以及司法解释并没有对涉及国家秘密、个人隐私或商业秘密的案件作进一步细化，致使不公开审判的范围不是很明确，缺乏可操作性，[1]导致司法实践中法院针对一些重要案件、社会关注度高的案件往往以涉及国家秘密等为由对本应当公开审理的案件采取不公开审理的方式。这种做法违反了法律的规定，也不利于司法公信力的提高。实践证明，以涉及国家秘密等为由对某些重要案件、社会关注度高的案件进行不公开审理，虽然有时可能有利于服务大局，但也有可能因为司法不公开而导致质疑声不断，使司法机关更难树立权威。因此，必须进一步明确审判不公开的案件范围，杜绝本应公开审理的案件以涉及国家秘密等为由不公开审理。

众所周知，实践中刑事案件纷繁复杂，不仅有一人犯单一罪行的案件，而且有大量一人犯数罪、数人犯数罪、未成年人与成年人共同犯罪等情形。一人犯单一罪行，而该罪行涉及国家秘密、个人隐私的，固然属于不公开审

---

[1]　一项针对我国目前的法律对于"不公开审判"的范围是否明确的实证调研结果显示，49.1%接受调研的刑事法官认为不是很明确，缺乏可操作性，认为我国现行的刑事诉讼法关于审判不公开范围的规定存在一定的缺陷，不能符合司法实践的现实需要。参见叶青、张栋、刘冠男："刑事审判公开问题实证调研报告"，载《法学》2011年第7期。

理的范围，但是，一人犯数罪或数人犯数罪的案件中，倘若只有一个罪行涉及国家秘密、个人隐私，又或者未成年人与成年人共同犯数罪的案件中，倘若未成年人仅涉嫌犯一个罪行等，这些案件究竟是应当全案不公开审理还是仅涉及国家秘密、个人隐私的部分或未成年人的部分不公开审理，而其他部分公开审理，亟须进一步明确。同样，所谓"涉及国家秘密、个人隐私或商业秘密的案件"是否包括案件性质不涉及但案件所收集到的证据涉及国家秘密、个人隐私等情形，也需要明确解释。否则，司法实践中容易出现把本应公开审判的案件笼统地以案件涉及国家秘密、个人隐私或商业秘密为由而不公开审判的现象。因此，笔者认为，应当对不公开审理的范围作进一步明确。具体而言，第一，在一人犯数罪或多人犯数罪的案件中，除了涉及国家秘密、个人隐私的罪行不公开审理外，其余罪行的部分应当予以公开。在未成年人与成年人共同犯罪的案件中，除了未成年人犯罪部分不公开审理外，成年人犯罪的部分应当予以公开。这是最大限度贯彻落实审判公开原则的需要，也符合世界法治国家的通行做法。在美国，根据《司法会议关于开放案件电子档案的私人查阅与公开的决定》明确规定，不公开审理的范围仅限于涉及国家安全、国家秘密和个人隐私内容的部分。除此以外，案件不涉及国家安全、国家秘密和个人隐私内容的部分一律向社会公开。[1]第二，应当明确"涉及国家秘密、商业秘密或者个人隐私的案件"是就案件性质而言的，而非就案件的证据而言。也就是说，只有案件性质涉及国家秘密、商业秘密或者个人隐私的，才能对全案不公开审理。对于案件中只是某些证据涉及国家秘密、商业秘密或者个人隐私的，除为保守秘密需要遮蔽的内容外，仍应当将案件公开审理。这是全面贯彻审判公开原则的需要，也有利于保障当事人和民众的监督权。

（二）采取有效措施排除公开审理的人为阻力，并防止审判程序"内部化"

实践中法院对一些社会关注度较高的案件人为地限制庭审公开的做法，虽然有时能减少法院的审判压力，但越是限制，就越激发人民群众了解案件处理的好奇心，而且限制公开往往给人一种"暗箱操作"之感，容易使人对案件的审理产生质疑，直接影响司法公信力。事实上，无论是杨佳案还是周

---

〔1〕 参见关升英："美国司法公开制度及其启示——关于赴美学习考察司法公开制度有关情况的报告"，载《山东审判》2014年第6期。

正龙案，最终都引起了人民群众对该案审判公开违法性的强烈质疑。[1]因此，必须采取有效措施，避免实践中发生限制庭审公开的情形。对于限制审判公开的做法，如旁听证制度等，应当严格限制条件，简化旁听手续，禁止以此限制民众旁听案件的审理，且取消不允许旁听人员记录等限制。唯有如此，才能满足民众的知情权，同时对增强司法公信力也大有裨益。

此外，对于实践中将审判委员会的讨论决定与案件的请示答复视为法院的内部程序而不对外公开的问题，必须采取有效措施，防止审判程序"内部化"，使之具有公开性。第一，公开审判委员会的讨论情况。根据刑事诉讼法的规定，审判委员会对案件的最后决定，合议庭应当予以执行。从此意义上来看，审判委员会对刑事案件的讨论决定也属于审判的重要环节，涉及当事人权利义务的处分。因此，按照审判公开原则的要求，审判委员会的讨论也应当接受当事人与民众的监督。具体而言，应当明确在审判委员会对案件进行讨论前向当事人公开成员名单，并在事后及时向当事人公开表决情况，包括多少人同意定罪或不定罪，以及量刑的不同意见情况等，但是，对于每个具体成员如何主张，则不需要公开。第二，应当将下级法院的请示与上级法院的答复内容予以公开。由于下级法院向上级法院请示可以避免案件被上级法院改判发回，成了承办法官逃避责任的一种"好办法"。但是，该制度违背了上下级法院之间监督与被监督的关系，且变相剥夺了当事人的辩论权、上诉权，从长远来看，应当予以废止。在目前没有废止的情况下，如果下级法院向上级法院请示汇报，那么应当将请示与答复的内容予以公开，否则就是一种秘密审判，严重违背审判公开原则。

（三）探索以互联网技术进行审判公开的新途径

伴随着信息时代互联网技术的发展，信息技术、载体日新月异，信息传播技术的新发展对司法公开的方式、途径提出了新的要求。放眼域外，不同程度采用新的互联网技术对司法活动进行公开成为西方法治国家的通行做法。如在英国，最高法院在推特（Twitter）上开通了官方账号，主要用于公布庭期日程表、罪行判决链接地址、官方声明或法庭通讯等信息。[2]而在美国，

---

〔1〕　参见刘晓原："如此公开审理杨佳案，与秘密审判有何异？"，载 http://blog.sina.com.cn/s/blog_49daf0ea0100ap6i.html，最后访问日期：2014 年 12 月 20 日。

〔2〕　参见葛峰："英国最高法院谨慎发微博不谈政治，不评判决，不互粉"，载《南方周末》2012 年 5 月 20 日，第 A5 版。

联邦最高法院诉讼规则规定，最高法院裁决的任何案件宣判之后，判决书都必须在 10 分钟内上传至官方网站，所有案件的判决书一旦上网就不得从网站上撤下。[1]回视我国，为应对新媒体环境对司法公开的要求，我国人民法院也积极探索审判公开的新途径。如《关于司法公开的六项规定》明确规定"人民法院的裁判文书可以在互联网上公开发布"[2]。党的十八大以后，最高人民法院通过的《关于人民法院在互联网公布裁判文书的规定》更是要求人民法院的生效裁判文书应当在互联网公布，且设立中国裁判文书网，统一公布各级人民法院的生效裁判文书。[3]这为裁判文书的公开提供了畅通的途径。据统计，截至 2015 年 2 月底，我国上网公布的裁判文书达 629.4 万份，其中最高人民法院公布 7993 份[4]，这无疑大大增加了司法的透明度。

此外，人民法院还逐步通过开通官方微博、微信等方式推进司法公开。时下，视频直播、微博直播庭审成为引人瞩目的司法公开新举措。据统计，截至 2015 年 2 月底，各级法院通过视频直播庭审 8 万次。[5]毋庸置疑，视频直播、微博直播庭审有利于审判公开，使民众有效行使监督权，确保司法公正。

需要指出的是，视频或微博直播庭审具有两面性，倘若每一个案件的庭审都进行视频或微博直播，则人民法院难以承受因之产生的成本，况且民众并非对每个案件的庭审都感兴趣，视频或微博直播未必能取得较好的效果，加之直播可能会干扰审判的严肃性和平静性，一定程度上会造成法官、检察官、律师和当事人心理紧张。因此，必须对视频或微博直播庭审作"适度"限制。这也是西方法治国家的通行做法。在美国，虽然联邦最高法院并不反对"摄像机进法庭"，但大多数大法官反对对庭审进行直播录播，前大法官苏特曾说道："除非跨过我的尸体，否则摄像机休想进入我们的法庭。"事实上，

---

〔1〕 参见关升英："美国司法公开制度及其启示——关于赴美学习考察司法公开制度有关情况的报告"，载《山东审判》2014 年第 6 期。

〔2〕《关于司法公开的六项规定》明确规定："除涉及国家秘密、未成年人犯罪、个人隐私以及其他不适宜公开的案件和调解结案的案件外，人民法院的裁判文书可以在互联网上公开发布。"（该规定于 2009 年 12 月 8 日颁行）

〔3〕 最高人民法院《关于人民法院在互联网公布裁判文书的规定》于 2016 年 7 月 25 日通过，于 2016 年 10 月 1 日正式施行。

〔4〕 参见周强："最高人民法院工作报告"，载 http://cpc.people.com.cn/n/2014/0318/c64094-24664468.html，最后访问日期：2015 年 6 月 20 日。

〔5〕 同上文。

按照联邦司法会议的授权，即使对庭审进行摄像直播，直播的部分也仅限于庭审口头辩论阶段。[1]在英国，尽管英国最高法院开通了推特账号，但最高法院推特从不直播庭审。[2]因此，为了充分发挥视频或微博直播庭审对审判公开的积极作用，我国应当适度限制视频或微博直播庭审的案件范围。具体而言，可把视频或微博直播的范围限制在少数社会关注度高且具有法制宣传教育意义的案件。唯有如此，才能真正发挥视频或微博直播传递司法公开价值的积极作用。

（四）进一步扩大检察机关终结性法律文书的公开范围，增强文书的说理性

终结性法律文书是办案机关在立案、审查批捕、审查起诉、审判以及处理申诉案件后形成的法律文书。作为诉讼过程中的阶段性总结文件，终结性法律文书的内容可能涉及对诉讼参与人的诉讼权利的处理，因而具有司法裁判的属性。为了切实保障公民的诉讼权利，此类终结性法律文书应当向诉讼参与人和社会公开。

为努力实现检察权在阳光下运行的目标，最高人民检察院自十八大以来积极推进检务公开，努力探索检察机关终结性法律文书公开制度[3]，要求把撤销案件、不批准逮捕等决定，起诉书、抗诉书和不起诉决定书等终结性法律文书向社会公开。这对于保障人民群众对检察机关工作的知情权、参与权、表达权和监督权，提高司法公信力无疑大有裨益。但是，从范围来看，公开的终结性法律文书范围仍然较窄，难以满足实践的需要。因此，应当进一步扩大公开的终结性法律文书范围。具体而言，应当把检察机关负责侦查的职务犯罪不立案决定书、不抗诉决定书、不提出没收违法所得申请决定书、不提出强制医疗申请决定书向社会公开。这是由上述终结性法律文书的性质所决定的。从性质来说，检察机关所作出的不立案决定书、不抗诉决定书、不提出没收违法所得申请决定书、不提出强制医疗申请决定书与不起诉决定书等性质一样，均属于对当事人诉讼权利有重大影响的终结性处理文件，具有

---

〔1〕 参见关升英："美国司法公开制度及其启示——关于赴美学习考察司法公开制度有关情况的报告"，载《山东审判》2014年第6期。

〔2〕 参见葛峰："英国最高法院谨慎发微博不谈政治，不评判决，不互粉"，载《南方周末》2012年5月20日，第A5版。

〔3〕 《2014—2018年基层人民检察院建设规划》明确要求深入推进基层人民检察院检务公开工作，除法律规定需要保密的以外，检察机关终结性法律文书一律向社会公开。

司法裁判的属性，只有把这些决定书向社会公开，才能避免暗箱操作，保障人民群众对检察机关工作的知情权，使诉讼参与人和人民群众对检察机关的工作有效行使监督权。

应当指出的是，终结性法律文书的社会公开制度不仅要求法律文书本身要向社会公开，而且要求法律文书具有说理性，即法律文书应当全面阐释处理案件的过程和案件实体处理结果的理由等。从司法实践来看，目前检察机关的终结性法律文书对主要内容的叙述过于公式化，这使人民群众无法了解决定作出的依据，不利于司法公信力的形成。为了增进当事人和社会公众对检察机关处理决定的理解和认同，应当加强法律文书的说理性，在文书中针对案件的争议焦点，阐明处理决定作出所依据的事实和法律。

（五）健全和完善检察机关重要案件信息统一发布制度

检察机关统一发布一些重要案件信息能够在检察机关与社会公众之间搭建信息沟通桥梁，使社会公众更加畅顺地获取司法机关处理重要案件的信息，也使媒体更好地了解和监督司法活动，从而有利于保障人民群众对司法机关处理重要案件情况的知情权、参与权和监督权，加强社会公众对司法工作的信任与尊重，增强司法公信力。鉴于统一发布重要案件信息对于司法公开的重要性，《人民检察院案件信息公开工作规定（试行）》明确规定了重要案件信息发布制度，要求人民检察院应当及时向社会发布重要案件信息，并规定了重要案件信息的发布途径、发布主体以及发布程序等，以保证重要案件信息得到有效发布。这无疑是深化司法公开的一项突破性改革举措。然而，从现有规定来看，重要案件的范围不够明确，且发布途径不够多元化，有待进一步细化完善。在下一步工作中，可作以下两方面的健全完善：

第一，进一步细化重要案件的范围。根据《人民检察院案件信息公开工作规定（试行）》第11条第1款规定，重要案件包括有较大社会影响的职务犯罪案件、社会广泛关注的刑事案件、已经办结的典型案例以及重大、专项业务工作等，至于何谓"有较大社会影响"等并没有作进一步规定。因此，应当采取措施作进一步细化。

第二，进一步健全完善重要案件信息发布的途径与渠道。根据《人民检察院案件信息公开工作规定（试行）》第12条规定，检察机关发布重要案件信息的途径包括通过新闻发言人召开新闻发布会、提供新闻稿以及在人民检察院案件信息公开系统上发布等。毋庸置疑，这些途径是公开重要案件信息的主要途径，但是，随着科学技术的发展，尤其是网络技术的发展，信息传播手段日新月异，除了传统的新闻媒体外，网络成为社会公众获取信息的重要途径。为了进一步推进司法公开，应当健全完善重要案件信息发布渠道，把检察机关官方网站、微博、微信、新闻客户端等新兴的信息传播媒体作为重要案件信息发布的重要途径，这是积极适应信息传播途径多样化的要求，也有利于重要案件信息的及时公开。

（六）对审查逮捕程序进行"公开听审"化改造，并建立不起诉听证制度

第一，对审查逮捕程序进行"公开听审"化改造。由于逮捕涉及对犯罪嫌疑人人身自由的剥夺，逮捕决定的作出应当体现司法审查的特点，在向犯罪嫌疑人公开的情况下进行。为增强审查逮捕程序的公开性和透明度，我国现行《刑事诉讼法》第88条明确规定了审查批准逮捕讯问犯罪嫌疑人制度。这种重视逮捕决定作出过程中犯罪嫌疑人及其辩护律师或其他诉讼参与人的参与的做法，有利于把逮捕决定的过程公开化。但是，根据这一规定，检察机关在审查批准逮捕时一般案件只是"可以"讯问犯罪嫌疑人，只有在符合特定情形下才是"应当"讯问犯罪嫌疑人。可见，在一般案件中是否讯问犯罪嫌疑人的问题上，现行《刑事诉讼法》赋予了检察机关过大的自由裁量权。这会导致讯问犯罪嫌疑人制度被弱化，审查批准逮捕程序的公开性也会遭到破坏。有鉴于此，为了增强审查逮捕程序的透明度，应当规定检察机关在审查逮捕程序中必须讯问犯罪嫌疑人，只有这样，才能确保逮捕决定作出的公开性和透明度，不断增强审查批准逮捕程序的公信力。

此外，现行《刑事诉讼法》第88条虽然规定检察机关在审查逮捕程序中讯问犯罪嫌疑人，但是并未明确侦查机关和犯罪嫌疑人可以同时在检察机关面前就逮捕必要性等问题提出意见，这显然不利于司法公开。为增强审查逮捕程序的公开性和透明度，最高人民检察院《关于全面推进检务公开工作的意见》明确要求对于在案件事实、适用法律方面存在较大争议或在当地有较大影响的审查逮捕案件，探索实行公开审查。笔者认为，要实行公开审查，必须探索建立检察机关在侦查机关与犯罪嫌疑人同时在场并听取双方关于逮捕必要性的意见基础上作出逮捕决定的机制。在司法实践中，已有一些地方对此进行了积极的探索，例如上海市人民检察院就在2013年出台了《关于开展逮捕必要性听审工作的指导意见》，规定在审查批捕阶段以"听审"的方式

公开听取侦查机关、犯罪嫌疑人及其律师、被害人及其法定代理人等关于犯罪嫌疑人逮捕必要性的意见的工作机制[1]，从而大大提高了该市审查逮捕程序的公开性，取得了良好的法律效果和社会效果，这是值得称赞和推广的。我们应当通过立法和司法解释尽快确立审查逮捕公开听审机制。

第二，建立不起诉听证制度。不起诉是检察机关在审查起诉阶段终止诉讼程序的重要制度。不起诉决定作出的正确与否，直接影响当事人的诉讼权利能否有效行使。检察官在作出不起诉时存在一定程度的自由裁量空间（针对酌定不起诉），这为检察官腐败提供了潜在机会。因此，要防止检察官在行使自由裁量权时出现腐败现象，必须使检察官的决定置于阳光之下，对其进行有力监督和制约。在我国，不起诉裁量权的监督手段包括被不起诉人的监督、被害人的监督、公安机关的监督、检察机关内部的监督、人民监督员的监督等。但是这些监督手段属于事后监督，加之大多不公开进行，监督效果难免不佳，民众对不起诉决定的正当性也产生了质疑。为增强不起诉决定作出的透明度，保证不起诉决定的公正性，最高人民检察院于2001年3月5日印发《人民检察院办理不起诉案件公开审查规则（试行）》，要求对不起诉案件进行公开审查。如对不起诉案件公开审查时，允许公民旁听，经人民检察院许可，新闻记者可以旁听和采访等。不起诉案件公开审查制度的施行无疑有利于增强不起诉决定的透明度，但是该制度允许检察机关阐述不起诉理由时不出示证据，侦查人员与犯罪嫌疑人及其辩护人也不能直接进行辩论[2]，这显然不符合诉讼化的基本要求。为使不起诉的公开审查更加公开透明、公正合理，笔者认为应当建立不起诉听证制度，即在不起诉决定作出之前，公开举行听证会，允许受不起诉决定影响的利害关系人就拟作出的不起诉决定举证、质证，并由主持听证的检察官对不起诉适用是否适当作出评判。这不仅是深化检务公开改革的需要，也有利于充分保障当事人及其他诉讼参与人的合法权益。具体而言，检察机关对于拟作不起诉处理的案件，可以根据侦

---

〔1〕 参见周越强："审查逮捕致力于司法化、公开化"，载《检察日报》2013年8月2日，第3版。

〔2〕 最高人民检察院2001年3月5日印发的《人民检察院办理不起诉案件公开审查规则（试行）》第14条规定："案件承办人应当根据案件证据，依照法律的有关规定，阐述不起诉的理由，但不需要出示证据。参加公开审查的侦查人员，犯罪嫌疑人及其法定代理人、辩护人，被害人及其法定代理人、诉讼代理人可以就案件事实、证据、适用的法律以及是否应予不起诉，各自发表意见，但不能直接进行辩论。"

查机关（部门）的要求或者犯罪嫌疑人及其辩护人的申请，或者依职权主动对重大、复杂案件进行公开听证，允许侦查机关（部门）、犯罪嫌疑人及其辩护人就不起诉决定进行举证、质证，并在结合案件具体情况且充分考虑双方意见基础上作出是否起诉的决定。

认罪认罚从宽制度改革

在刑事司法领域，随着刑事案件的不断增加，紧张的司法资源越来越难以满足刑事案件解决的实践需要，诉讼效率成为世界各国刑事诉讼普遍遵循的基本理念与价值追求。如美国刑事诉讼实行辩诉交易制度，德国司法实践中适用的辩诉交易制度也于 2009 年被写入德国刑事诉讼法。我国在 1996 年、2012 年以及 2018 年三次修改《刑事诉讼法》时，也将诉讼效率作为制度改革与完善的重要价值追求。其中，为了进一步提高诉讼效率，我国 2018 年《刑事诉讼法》修改时正式把认罪认罚从宽制度写入法典，使之成为提升刑事司法效能、在程序上实现繁简分流的重要制度安排。如何理解与适用认罪认罚从宽制度是当前刑事司法改革需要解决的重大理论与实践问题。故此，本章对认罪认罚从宽制度的基本范畴、认罪认罚从宽案件的证明标准以及认罪认罚从宽案件的上诉制度等问题进行讨论。

第一节　认罪认罚从宽制度的基本范畴

一、认罪认罚从宽制度的概念

（一）"认罪""认罚"和"从宽"的理解

概念范畴的厘清是展开命题的基础。从概念构造来看，认罪认罚从宽制度由三个概念范畴构成，即"认罪""认罚"与"从宽"。为此，在对认罪认罚从宽制度概念进行分析之前，有必要厘清"认罪""认罚""从宽"这三个概念。过去，对于这三个概念如何理解存在争议，尤其是对"认罪"一词的理解，存在认犯罪事实说与认罪名说两种截然不同的观点。2019 年两院三部出台的《认罪认罚从宽指导意见》作了统一规定。按照两院三部《认罪认罚从宽指导意见》的规定，所谓"认罪"，即承认犯罪，指犯罪嫌疑人、被告人承认自己所犯罪行，对指控的犯罪事实没有异议。[1]"认罚"亦即真诚悔罪，表示愿意接受刑罚。[2]"从宽"就是对认罪认罚者从宽处理或处罚。从内容上来看，从宽包括实体从宽和程序从宽两方面的内容。[3]其中，实体从宽体现在从轻处罚、减轻处罚、适用缓刑、适用减刑或假释、在法定刑以下量刑等；而程序从宽则体现在变更、解除强制措施、不予逮捕、酌定不起诉、未成年人附条件不起诉、适用刑事简易程序、适用当事人和解程序以及适用刑事速裁程序等。需要指出的是，"认罪认罚"并不必然出现"从宽"的效果。这是由我国《刑法》的基本原理所决定的。根据刑法的基本原理，认罪认罚固然是量刑时从轻处罚予以考虑的情节之一，但能否从宽处罚还必须结合犯罪事实、犯罪性质、情节和社会危害程度等因素进行综合考虑。因此，认罪认罚只是"可以"从宽，而非"应当"从宽。事实上，我国现行《刑事诉讼法》第 15 条也只是规定"可以从宽"而不是"应当从宽"。[4]2021 年最高法《解释》第 355 条第 1 款也明确规定："对认罪认罚案件，人民法院一般应当对被告人从轻处罚；符合非监禁刑适用条件的，应当适用非监禁刑；具有法定减轻处罚情节的，可以减轻处罚。"尽管如此，为了鼓励犯罪嫌疑人、被告人认罪认罚，从总体上来说应当最大限度地体现从宽精神，只有对极少数犯罪性质恶劣、犯罪手段残忍、犯罪结果严重、社会危害严重的犯罪分子，其坦白认罪不足以从轻处罚的，才可以不予从宽。

所谓认罪认罚从宽制度，是指在刑事诉讼中，犯罪嫌疑人、被告人自愿

---

〔1〕 参见两院三部《认罪认罚从宽指导意见》第 6 条规定："'认罪'的把握。认罪认罚从宽制度中的'认罪'，是指犯罪嫌疑人、被告人自愿如实供述自己的罪行，对指控的犯罪事实没有异议。承认指控的主要犯罪事实，仅对个别事实情节提出异议，或者虽然对行为性质提出辩解但表示接受司法机关认定意见的，不影响'认罪'的认定。犯罪嫌疑人、被告人犯数罪，仅如实供述其中一罪或部分罪名事实的，全案不作'认罪'的认定，不适用认罪认罚从宽制度，但对如实供述的部分，人民检察院可以提出从宽处罚的建议，人民法院可以从宽处罚。"

〔2〕 参见两院三部《认罪认罚从宽指导意见》第 7 条第 1 款规定："'认罚'的把握。认罪认罚从宽制度中的'认罚'，是指犯罪嫌疑人、被告人真诚悔罪，愿意接受处罚。'认罚'，在侦查阶段表现为表示愿意接受处罚；在审查起诉阶段表现为接受人民检察院拟作出的起诉或不起诉决定，认可人民检察院的量刑建议，签署认罪认罚具结书；在审判阶段表现为当庭确认自愿签署具结书，愿意接受刑罚处罚。"

〔3〕 参见两院三部《认罪认罚从宽指导意见》第 8 条第 1 款规定："'从宽'的理解。从宽处理既包括实体上从宽处罚，也包括程序上从简处理。……"

〔4〕 参见现行《刑事诉讼法》第 15 条规定："犯罪嫌疑人、被告人自愿如实供述自己的罪行，承认指控的犯罪事实，愿意接受处罚的，可以依法从宽处理。"

认罪认罚后，公安司法机关可以对其进行程序上从宽处理或实体上从轻处罚的法律制度。在刑事诉讼中，认罪认罚从宽制度应从两个视角来理解：一方面，认罪认罚从宽制度并非一项单一的诉讼制度，而是具有集合性的制度，由一系列具体的诉讼制度和程序组成。另一方面，认罪认罚从宽制度除了属于刑事实体法的范畴以外，还属于程序法的范畴。在传统理论上，认罪认罚从宽制度属于《刑法》的范畴，但从刑事诉讼的立法与实践需要来看，认罪认罚从宽制度业已进入到刑事诉讼法领域。如前所述，刑事简易程序、刑事速裁程序、未成人附条件不起诉制度、当事人和解制度等均为刑事诉讼中认罪认罚从宽制度的具体体现。

（二）认罪认罚从宽制度与相关概念的区别

1. 认罪认罚从宽制度与辩诉交易

辩诉交易是英美法系国家快速处理刑事案件的典型制度。据统计，在美国，被追诉人作认罪答辩的案件中 90% 以上通过辩诉交易制度处理。所谓辩诉交易，是指刑事被告人就较轻的罪名或者数项指控中的一项或几项作出有罪答辩，以换取检察官的某种让步，通常是在获得较轻的判决或者撤销其他指控的情况下，检察官和被告人之间经过协商达成的协议。[1]辩诉交易与认罪认罚从宽制度都以犯罪嫌疑人、被告人认罪为适用条件，但二者有着明显的区别，主要表现在以下三个方面：第一，辩诉交易主要适用于审查起诉阶段和审判阶段，被追诉人与检察官在审查起诉阶段经过协商达成协议，并在审判阶段获取法庭认可而发生法律效力。而如前所述，认罪认罚从宽制度是由一系列具体法律制度和诉讼程序组成的集合性法律制度，即包括实体上的自首、坦白与程序上的当事人和解制度、简易程序、速裁程序等。由于自首、当事人和解制度等在侦查阶段即可适用，加之作为宽严相济刑事政策的直接体现，认罪认罚从宽制度可适用于侦查、审查起诉、审判等刑事诉讼全过程。第二，辩诉交易中控辩双方可就罪名、罪数和量刑三个方面进行交易，但由于我国《刑法》规定的犯罪构成要件一般由集合行为构成，罪名之间的交叉包容关系很少，加之数罪并罚采取限制加重原则，因而认罪认罚从宽制度中不存在就罪名和罪数进行交易的可能性，而只限于量刑上的协商。第三，辩诉交易中犯罪嫌疑人、被告人一旦自愿、合法地进行有罪答辩就可视为事实

---

〔1〕 See Bryan A. Garner ed., *Black's Law Dictionary*, West Publishing Company, 1999, p.1173.

真相被发现，法官只需审查认罪的自愿性和明知性即可确认交易。而认罪认罚从宽制度则要求法官在法庭上对被告人认罪的事实及主要证据进行核实，以确保被告人认罪认罚确有事实依据。由于认罪认罚从宽制度以案件事实清楚，证据确实充分为适用前提条件，对于犯罪嫌疑人、被告人而言，即使不选择认罪认罚也不会有更大的损失，而选择了认罪认罚则会获得从宽处理的结果，因此，认罪认罚从宽制度比辩诉交易更容易使犯罪嫌疑人、被告人满意。

2. 认罪认罚从宽制度与以审判为中心

以审判为中心是十八届四中全会《决定》提出的一项司法改革措施，要求以法院的审判活动作为刑事诉讼活动的中心，法院应当严格遵循法定程序和方式，通过庭审的方式认定案件事实并对被追诉人进行裁判。其核心要求是庭审实质化。庭审实质化的要义就在于要求被告人的刑事责任在审判阶段通过庭审方式解决。[1]而认罪认罚从宽制度则要求审判程序和方式的简化，这与以审判为中心的核心要求，即庭审实质化似乎存在不相协调甚至是冲突的地方。然而，不能如此表面地解读二者的关系。对二者关系进行正确解读，须探寻这两种制度的设立主旨。十八届四中全会《决定》要求推进以审判为中心的诉讼制度改革，是针对实践中的"侦查中心主义"倾向而言的。过去，刑事诉讼形成了"侦查中心主义"，即案件事实主要在侦查阶段形成，审判只是对侦查阶段形成的案件事实进行确认。这显然不符合诉讼规律。为扭转此种局面，十八届四中全会《决定》提出推进以审判为中心的诉讼制度改革，使审判真正成为刑事诉讼的中心，保障任何被追诉人都有权要求以庭审实质化的方式对其进行公正审判。提供此种保障是对公安司法机关的应然要求。然而，要求保障被追诉人获得庭审实质化的公正审判并非意味着被追诉人只能选择庭审实质化的方式进行审判。被追诉人可在认罪认罚基础上自愿放弃庭审实质化的审判方式而选择较为简化的诉讼程序和方式，以换取案件从宽处理，这是被追诉人的实然需要。由此可见，以审判为中心与认罪认罚从宽制度并不是天然对立、相互排斥的，而是相辅相成、互相促进的，二者共同构成刑事诉讼中对公安司法机关的应然要求与被追诉人的实然需要。[2]前者是对所有

---

〔1〕 参见汪海燕："论刑事庭审实质化"，载《中国社会科学》2015年第2期。

〔2〕 关于二者的应然要求与实然需要关系的论述，参见顾永忠、肖沛权："'完善认罪认罚从宽制度'的亲历观察与思考、建议——基于福清市等地刑事速裁程序中认罪认罚从宽制度的调研"，载《法治研究》2017年第1期。

案件及被追诉人获得公正审判的保障，后者则是被追诉人自愿放弃前者而选择的结果。

3. 认罪认罚从宽制度与刑事速裁程序

刑事速裁程序是指对于犯罪情节较轻、依法可能判处 3 年以下有期徒刑及以下刑罚，案件事实清楚、证据确实、充分且被追诉人承认自己所犯罪行，对适用法律没有争议并同意人民检察院提出的量刑建议的刑事案件，人民法院采用简化、快速的审判方式进行处理的诉讼程序。刑事速裁程序作为实现繁简分流、提升刑事司法效能的重要制度，在我国现行《刑事诉讼法》于 2018 年修改时被正式写入法典。刑事速裁程序与认罪认罚从宽制度在实际操作中有许多相似之处：两者都以被追诉人认罪认罚为前提；两者都可以依法对被追诉人进行从宽处罚；两者都体现了宽严相济的刑事政策。但是，不能将二者等同起来，认罪认罚从宽制度比刑事速裁程序具有更宽广的涵盖性。如前所述，认罪认罚从宽制度由一系列具体的诉讼制度和程序组成，除了刑事速裁程序外，刑事简易程序、当事人和解程序等也是认罪认罚从宽制度的重要组成部分。事实上，早在认罪认罚从宽制度开始试点时，刑事速裁程序就作为认罪认罚从宽制度的重要组成部分继续进行试点工作。由此可见，认罪认罚从宽制度包含刑事速裁程序，刑事速裁程序是认罪认罚从宽制度的重要组成部分。

二、认罪认罚从宽制度的司法适用

认罪认罚从宽制度的有效适用，需要建立一套与制度运行相配套的具体制度与程序规范作支撑。这主要包括认罪认罚从宽制度的适用范围、反悔机制、证明标准、上诉程序等。以下就认罪认罚从宽制度的适用范围、反悔等问题进行讨论，而认罪认罚从宽案件的证明标准、上诉程序等则在本章第二节、第三节进行探讨。

(一) 认罪认罚从宽制度的适用范围

第一，认罪认罚从宽制度的适用案件范围。在认罪认罚从宽制度的适用案件范围的问题上，学界形成了泾渭分明的两种观点：一是认为认罪认罚从宽制度只在轻罪案件中发挥作用，因而只能适用于可能判处 5 年有期徒刑以下刑罚、拘役、管制或者单处罚金的案件。[1]二是认为原则上可以适用于所

---

[1]　参见陈卫东："认罪认罚从宽制度研究"，载《中国法学》2016 年第 2 期。

有案件，包括可能判处死刑在内的重罪案件，例外情形为"罪行极为严重，没有从宽余地"的案件。[1]从实践来看，司法实践部门主要将认罪认罚从宽制度适用于轻罪案件中。笔者认为，认罪认罚从宽制度的适用应当有更为宽广的思路，既可以适用于轻罪案件，也可以适用于严重犯罪乃至可能判处死刑的案件。这是由认罪认罚从宽制度化解社会矛盾，提高诉讼效率的宗旨所决定的。认罪认罚从宽制度旨在鼓励、引导、保障确实有罪的犯罪嫌疑人、被告人自愿认罪认罚，从而有效化解不断激增的案件压力，提高诉讼效率，因此，只要犯罪嫌疑人、被告人自愿认罪认罚，就可以有机会获得从宽处理或处罚。试想：倘若认罪认罚从宽制度只适用于轻罪案件，那么意味着法律并不鼓励重罪案件的犯罪嫌疑人、被告人认罪认罚，因为重罪案件被追诉人无论认罪认罚与否，均很难获得从宽处理的机会，这显然与立法宗旨相违背。更重要的是，将认罪认罚从宽制度适用于重罪案件中还有利于贯彻"少杀慎杀"的刑事政策。通过鼓励犯罪嫌疑人、被告人自愿认罪认罚，真诚悔罪并积极赔偿被害人经济损失，使案件具有酌定从轻情节，可以减少死刑立即执行的适用。从域外经验来看，将认罪认罚从宽制度适用于重罪案件也是现代法治国家的普遍做法。例如在美国，不管什么犯罪，只要被追诉人对所指控的犯罪作有罪答辩，那么控辩双方就可以进行辩诉交易。同样地，在意大利，不管轻罪案件还是重罪案件，均可适用依当事人请求适用刑罚程序。[2]事实上，从我国目前的立法来看，也并没有把认罪认罚从宽制度的适用范围限制在轻罪案件中。现行《刑事诉讼法》第15条规定："犯罪嫌疑人、被告人自愿如实供述自己的罪行，承认指控的犯罪事实，愿意接受处罚的，可以依法从宽处理。"由此可见，立法并没有限制认罪认罚从宽制度的适用案件范围，因此，将认罪认罚从宽制度适用于轻罪案件和重罪案件符合我国的立法精神。

第二，认罪认罚从宽制度的适用阶段。过去，有学者指出侦查阶段的主要任务是取证，若允许侦查机关促成犯罪嫌疑人认罪，将会导致侦查人员放弃法定查证职责，难以查清案件事实，加之担心侦查机关存在采取威胁、利诱等方式迫使犯罪嫌疑人选择认罪认罚造成冤假错案之虞，因而认为认罪认

---

〔1〕　参见陈光中、马康："认罪认罚从宽制度若干重要问题探讨"，载《法学》2016年第8期。
〔2〕　参见陈超："权利主导模式下的意大利刑事特别程序研究"，载《河南财经政法大学学报》2015年第3期。

罚从宽制度只能在审查起诉阶段和审判阶段发挥特定优势，而不能适用于侦查阶段。[1]这是学界较有代表性的观点。诚然，侦查机关全面侦查取证，使案件事实清楚，证据确实充分，这是适用认罪认罚从宽制度的前提条件。由于侦查过程中案件事实未必已经查清，加之存在侦查机关迫使犯罪嫌疑人认罪认罚之虞，因此，学者基于此种担心认为侦查阶段不能适用认罪认罚从宽程序有一定的合理性，但失之偏颇。从认罪认罚从宽制度的性质来看，侦查阶段适用认罪认罚从宽制度有必要性和可能性。如前所述，认罪认罚从宽制度强调犯罪嫌疑人、被告人自愿承认自己所犯罪行并表示愿意接受惩罚。无论在刑事诉讼哪个阶段，只要犯罪嫌疑人、被告人真诚悔过，自愿认罪认罚，都应当准许。至于犯罪嫌疑人、被告人在哪个阶段作出自愿认罪认罚的表示，则取决于其本人的意愿。从有利于查明案件事实真相以及减少犯罪危害后果的角度来看，应当鼓励犯罪嫌疑人、被告人尽早认罪认罚。因此，认罪认罚从宽制度不仅在审查起诉和审判阶段可以适用，而且也可以适用于侦查阶段。试想，倘若犯罪人在犯罪后就一直对自己的罪行悔过，案件立案侦查后却被告知只能到了审查起诉阶段才能认罪认罚，这显然是不符合逻辑的。令人欣喜的是，现行《刑事诉讼法》于2018年修改时对认罪认罚从宽制度的适用阶段已经作出了明确规定。按照《刑事诉讼法》的规定，我国认罪认罚从宽制度适用于刑事诉讼全过程。在此基础上，两院三部《认罪认罚从宽指导意见》以及2021年最高法《解释》还明确了不同阶段认罪认罚从宽的幅度有所不同，如2021年最高法《解释》第355条第2款明确规定："对认罪认罚案件，应当根据被告人认罪认罚的阶段早晚以及认罪认罚的主动性、稳定性、彻底性等，在从宽幅度上体现差异。"

（二）认罪认罚的反悔

认罪认罚从宽制度以被追诉人自愿认罪认罚作为适用的前提条件。倘若被追诉人的认罪认罚是在被威胁、胁迫的状况下作出的，那么适用认罪认罚从宽制度只会增加冤案错案发生的概率。因此，如何确保犯罪嫌疑人、被告人的认罪表示完全出于自愿是需要解决的基础性问题。放眼域外，赋予犯罪嫌疑人、被告人对认罪认罚的反悔权作为打消被追诉人认罪顾虑的重要途径，获得诸多国家的青睐。比较典型的有美国、日本等。在美国，被告人在法官

---

[1] 参见陈卫东："认罪认罚从宽制度研究"，载《中国法学》2016年第2期。

确认辩诉交易协议之前有权撤销认罪，且对于被告人撤销认罪的，不能将其之前的认罪表述作为对其不利的证据或推论。在日本，对于非重大刑事案件的被告人在认罪之后使用建议公审程序审理过程中，如果被告人撤回认罪供述，法院应当撤销简易公审程序而恢复正式公审程序。[1]回视我国，要确保认罪认罚从宽制度的有效适用，也应当赋予犯罪嫌疑人、被告人对认罪认罚的反悔权，允许其撤回先前的认罪认罚。具体而言：

第一，应当明确规定在法院对案件作出裁判前，被追诉人可无条件地撤回认罪认罚的供述，并不得据此产生对被追诉人不利的后果。需要指出的是，在一审法院作出裁判后，允许被告人针对一审裁判而提起上诉也是被追诉人反悔权的重要体现，此问题将在本章第三节详述，此处不赘。

第二，建立被追诉人反悔后的程序回转机制。所谓被追诉人反悔后的程序回转机制，是指在法院作出裁判之前，被告人推翻先前的认罪认罚的，法院应当中止审判程序，适用普通程序进行审理。[2]被追诉人撤回原来的认罪认罚，意味着定罪与量刑问题成为控辩双方争议的焦点所在，因此，应当保障被追诉人有权获得以庭审实质化为核心内容的公正审判。绝不能因为被追诉人撤回认罪认罚就剥夺其获得公正审判的权利。具体而言，对于被追诉人反悔的，法院应当中止审判程序，将案件转为普通程序进行审理。当然，在程序回转阶段，应当允许检察机关申请补充侦查，这是由检察机关作为承担证明责任的主体所决定的。认罪认罚案件在一定程度上会带来证据规则的简化，一旦转为普通程序审理，就要求庭审程序严格遵守证据规则，这种情况下允许检察机关申请补充侦查有助于检察机关弥补因先前证据规则的简化而带来的证据缺乏状态。

第二节 认罪认罚案件的证明标准

一、认罪认罚案件的定罪要求

从目的上来说，刑事诉讼旨在解决被追诉人的刑事责任，这要求国家专

---

〔1〕 参见顾永忠："关于'完善认罪认罚从宽制度'的几个理论问题"，载《当代法学》2016年第6期。

〔2〕 参见陈瑞华："'认罪认罚从宽'改革的理论反思——基于刑事速裁程序运行经验的考察"，载《当代法学》2016年第4期。

门机关按照法定程序收集证据并运用证据认定案件事实。由于准确认定案件事实是确定刑事责任的关键所在，因而，刑事诉讼的核心就在于如何保证公安司法人员能够正确认定案件事实，准确追究犯罪。过去，我国学界曾就认定被告人有罪是否要坚持客观真实以及能否达到客观真实进行理论争论，即客观真实说与法律真实说之争。尽管争论各方众说纷纭，但有一点是毋庸置疑的，即我国刑事司法实践仍然坚持追求客观真实的司法传统，任何刑事案件要认定被告人有罪，必须依据已经查明的事实真相。可以说，查明事实真相是认定有罪的正当性基础。所谓查明案件事实真相就是保证公安司法人员对案件的主观认识符合案件的客观事实。

保证司法人员对案件的主观认识符合案件客观真相，主要做法当属充分发挥庭审程序的实质作用，使证人、鉴定人、侦查人员出庭并接受质证，因为以实质化的庭审程序进行审判，法官能够亲自接触证据并通过亲自讯问或询问等方式获得对案件最直接的感受，进而准确认定案件事实。然而，以庭审程序实质化的方式进行审判并非保证司法人员对案件的主观认识符合案件客观真相的唯一途径。有的案件被追诉人已经自愿认罪认罚，倘若这种情况下仍然一味地要求控辩双方在庭审时充分举证、质证，则容易导致诉讼冗长，对准确认定案件事实也未必有益。因此，在被追诉人认罪认罚的案件中，确保犯罪嫌疑人、被告人认罪认罚的真实性是保证司法人员对案件的主观认识符合案件客观事实的关键所在。倘若认罪认罚缺乏真实性，那么即使公安司法机关给予了最大幅度的从宽，也是错误的处理。

需要指出的是，由于庭审程序实质化并不是所有认罪认罚案件的必然要求，因此，要确保认罪认罚的真实性，在准确定罪上必然落实到诉讼证明尤其是证明标准的把握上。众所周知，刑事证明过程是收集证据、运用证据认定刑事案件事实的过程，证明标准正是贯穿此过程的一根主线，可以说证明标准的设置与正确把握直接影响刑事案件质量，涉及冤错案件的防范问题。因此，认罪认罚案件要准确认定案件事实并在此基础上准确定罪，必然要求制定科学的、反映诉讼客观规律的证明标准并予以严格遵守。一方面，设置的证明标准应当是科学的、反映诉讼客观规律的。倘若证明标准本身不符合诉讼客观规律，亦或缺乏科学性，那么容易出现冤错案件。诚如波斯纳指出，"倘若设置过高的标准，导致错误定罪率为零，则事实有罪者被定罪率也将会是零……倘若设置过低的标准，则无辜者只要被起诉就会被定罪，事实有罪者被定罪率也将会百分之百。"〔1〕因此，设置的证明标准本身应当是科学的、反映诉讼客观规律的。另一方面，对法定的证明标准应当予以坚守。裁判者在运用证据认定案件事实的过程中，对达到法定证明标准的案件认定有罪；对证明达不到证明标准的案件，则应当作出无罪判决。如果对案件的证明达不到证明标准的情况下仍然定罪，则不仅给无辜者带来深重灾难，而且可能沉重打击司法的公信力。聂树斌案正是在对案件的证明达不到证明标准而定罪所形成的样板冤案。该案中，在多个关键证据无法确认且有罪供述真实性存疑，不能排除他人作案可能性的情况下，法院仍以故意杀人罪判处聂树斌有罪，最终酿成了冤案。司法实践证明，不严格遵守法定证明标准是导致冤错案件发生的重要原因。需要指出的是，在认罪认罚案件中不严格遵守法定证明标准可能导致的危害更甚，因为被告人不仅不能通过认罪认罚获取法定范围内从宽的"好处"，而且还要蒙受错案之苦。由此可见，在认罪认罚案件中，只有制定科学的、反映诉讼客观规律的证明标准并予以坚守，才能确保司法人员对案件的主观认识符合案件的客观事实，进而准确定罪。

二、认罪认罚案件证明标准的司法适用

科学的认罪认罚案件证明标准对于准确查明案件事实真相至关重要，是防止认罪认罚案件发生冤错案件的重要保障。然而，饶有趣味的是，我国现行《刑事诉讼法》于 2018 年修改时对认罪认罚案件的证明标准付诸阙如。〔2〕这种做法颇堪玩味，不禁让人产生疑窦，为什么立法不明确规定认罪认罚案件的证明标准？难道是因为被追诉人认罪认罚致使控辩双方产生合意而无须明确规定？答案显然是否定的。然而，立法者在立法时采取了这种模棱两可的做法容易让人产生疑惑。更甚的是，这种缺乏明确规定的做法导致理论界

---

〔1〕　Richard A. Posner, "An Economic Approach to Legal Procedure and Judicial Administrationv", *The Journal of Legal Studies*, Vol. 2, 1973, pp. 399~458.

〔2〕　现行《刑事诉讼法》第 201 条规定："对于认罪认罚案件，人民法院依法作出判决时，一般应当采纳人民检察院指控的罪名和量刑建议，但有下列情形的除外：（一）被告人的行为不构成犯罪或者不应当追究其刑事责任的；（二）被告人违背意愿认罪认罚的；（三）被告人否认指控的犯罪事实的；（四）起诉指控的罪名与审理认定的罪名不一致的；（五）其他可能影响公正审判的情形。人民法院经审理认为量刑建议明显不当，或者被告人、辩护人对量刑建议提出异议的，人民检察院可以调整量刑建议。人民检察院不调整量刑建议或者调整量刑建议后仍然明显不当的，人民法院应当依法作出判决。"不难看出，上述规定没有明确规定认罪认罚案件的证明标准。

在此问题上产生较大争议。学者在认罪认罚案件应当遵循何种证明标准的问题上形成了泾渭分明的两种观点，即证明标准降低说与证明标准同等说。

证明标准降低说主要以刑事速裁程序为视角，围绕认罪案件因为庭审程序已经简化，所以无法支撑较高的证明标准体系而展开。例如，有学者指出，在认罪认罚案件中，被告人自愿选择认罪是其在查阅全案证据材料后无法反驳指控而为了实现最佳利益作出的选择，因此对此类案件证明标准的要求可适当低于普通程序的要求。[1] 有学者则从刑事速裁程序庭审虚化的角度论证认罪案件降低证明标准的正当性，指出适用速裁程序审理的认罪认罚案件的庭审程序将大幅压缩，这势必导致审理方式由原来的开庭审理转为书面审理。此种审理方式的变化客观上要求降低证明标准。[2]

证明标准同等说同样承认认罪案件庭审程序简化所带来的影响，但一致认为不能因为认罪认罚案件的庭审程序大幅度压缩而降低证明标准，相反，应当坚持"事实清楚，证据确实、充分"的证明标准，并进一步从不同的进路进行阐述。具体而言，一是证明对象限定说，即主张坚持法定的证明标准，但只要求对影响被追诉人定罪量刑的主要犯罪事实和情节要达到此种程度，而对一些次要的事实、情节则不作要求。[3] 二是严格证明形式性要求降低说，即认为认罪认罚所导致的程序简化只是降低了对案件事实进行严格证明的形式性要求，这种降低严格证明形式性要求的证明机理并不意味着允许放弃严格证明原则。基于职权主义的诉讼价值追求，严格证明原则仍需要坚持，因此，应当将法定证明标准落到实处。[4] 三是证明负担减轻说，即认为犯罪嫌疑人、被告人主动认罪认罚的案件仍须坚持"事实清楚、证据确实、充分"的证明标准，只不过由于被告人在此类案件中已经认罪认罚，客观上减轻了控方在举证、质证等方面的证明负担，但这并不意味着证明标准的降低。[5] 四是灵活把握说，即主张坚持法定证明标准，并根据案件特点、证明对象不同而进行灵活把握。对于定案证据，应当正确理解和严格执行口供补强规则。[6]

---

〔1〕 参见谢登科："论刑事简易程序中的证明标准"，载《当代法学》2015 年第 3 期。
〔2〕 参见高通："刑事速裁程序证明标准研究"，载《法学论坛》2017 年第 2 期。
〔3〕 参见陈光中、马康："认罪认罚从宽制度若干重要问题探讨"，载《法学》2016 年第 8 期。
〔4〕 参见汪海燕："认罪认罚从宽案件证明标准研究"，载《比较法研究》2018 年第 5 期。
〔5〕 参见陈卫东："认罪认罚从宽制度研究"，载《中国法学》2016 年第 2 期。
〔6〕 参见孙长永："认罪认罚案件的证明标准"，载《法学研究》2018 年第 1 期。

五是定罪量刑事实区分说，即主张不能降低认罪认罚案件的证明标准，但为了保证控辩双方在量刑协商上有一定的空间，应区分定罪事实与量刑事实而在证明标准上有所不同，具体而言对定罪事实的证明应当坚持法定的最高证明标准，而对量刑事实的证明则可以有所降低。[1]

立法上缺乏统一的规定，加之理论上的争论，必然导致司法实践在认罪认罚案件证明标准适用上的无所适从。事实上，从不同地区关于认罪认罚从宽制度试点的实施细则来看，不同地区在此问题上也呈现出与理论争议相同的图景。具体而言：一是坚守法定的证明标准。例如，有的地区明确要求认罪认罚案件必须坚持"事实清楚，证据确实、充分"的证明标准，不能因为被追诉人认罪而降低证明标准。[2]二是坚持法定证明标准但仅限于对与犯罪构成以及重要量刑情节有关的事实和相关证据的证明达到此要求。如有的地区要求认罪认罚案件坚持法定证明标准，但法定证明标准并非适用于所有的犯罪事实和证据，而只在主要犯罪事实与主要证据中适用。[3]三是降低证明标准。如有的地区基于控辩双方已经就认罪认罚协商达成一致，对认罪认罚案件的证明没有坚持最严格的证明标准，而是适用"主要犯罪事实清楚、基本证据确实充分"的证明标准。[4]

不同地区在认罪认罚案件证明标准上有如此迥异的做法令人顿生疑窦，究竟是坚守法定证明标准不能提高诉讼效率，还是降低证明标准也能实现公正价值？更甚的是，证明标准的不统一将会产生较为严重的危害后果。一方面，适用不同的证明标准有损司法公正。毫无疑问，证明标准是裁判者认定

---

〔1〕　参见陈瑞华："认罪认罚从宽制度的若干争议问题"，载《中国法学》2017年第1期。

〔2〕　如Y市关于认罪认罚从宽制度的实施细则第8条规定："办理认罪认罚案件，应当坚持下列原则：……（3）坚持依法收集证据与证据裁判。办案机关应当依照法律规定收集、固定、审查和认定证据。不因犯罪嫌疑人、被告人认罪而放弃关键证据的收集、固定；不因犯罪嫌疑人、被告人认罪而降低证明标准。"参见孙长永："认罪认罚案件的证明标准"，载《法学研究》2018年第1期。

〔3〕　如C市关于认罪认罚从宽制度的实施细则在"证明标准"一条中规定："办理认罪认罚案件要做到主要犯罪事实清楚，主要证据确实充分。"其中，按照该条的解释，主要犯罪事实是指与犯罪构成以及重要量刑情节有关的事实；主要证据确实充分是指主要犯罪事实和量刑事实都有相关证据证实；证据与证据之间、证据与案件事实之间无矛盾或矛盾得以合理排除。参见孙长永："认罪认罚案件的证明标准"，载《法学研究》2018年第1期。

〔4〕　如根据Z市认罪认罚从宽制度实施办法的规定，对于适用普通程序审理的认罪认罚案件，经认罪认罚协商达成一致，可以适用"主要犯罪事实清楚、基本证据确实充分"的证明标准。参见孙长永："认罪认罚案件的证明标准"，载《法学研究》2018年第1期。

案件事实所要达到的标准,裁判者对案件适用不同的证明标准,案件事实认定的标准则有所不同,这将会导致同一个案件在不同地区审理得出截然相反的结论,这显然不是司法公正的要义所在。试想,倘若两个类似的案件仅仅因为在不同地区审理就有不同的裁判,那么公正又如何得到保障?另一方面,证明标准不统一直接损害司法权威。司法活动要求把法律运用于具体案件事实中。法律完备、周延,诉讼规则之间相互协调、没有矛盾是法律具有权威性的前提,也是实现司法权威的基础。可以说,诉讼规则是否相互协调直接影响司法权威性。不同地区在认罪认罚案件中适用不同的证明标准,这显然与"相互协调、没有矛盾"的要求不相符,越适用,越容易令民众对司法产生质疑,司法越难以获得权威。

三、认罪认罚案件中对法定证明标准的坚守

如前所述,由于立法上没有明确规定,实践中对认罪认罚案件证明标准的适用出现不同的做法。毋庸置疑,为了统一法律的适用,切实在保证司法公正的前提下通过认罪认罚有效提高诉讼效率,应当进一步明确认罪认罚案件的证明标准。

一般而言,证明标准是关于主张某项假设已经得到证明所应当达到的最低要求。作为证明某项假设成立的标准是反复试验后所形成的。在形成标准的过程中,通过反复试验揭示假设事项的固有属性和客观规律,进而提出和确立相应的标准。例如,在医学证明中,一项医学技术的高低会对诊断结果产生重要影响,并对公民健康乃至生命安全产生影响,因此,医学上判断一项医学技术是否过关的实验通常要求达到95%左右。而刑事诉讼由于直接涉及公民人身自由甚至生命权的限制或剥夺,因此,对证明标准的要求,必须达到诉讼认识所能达到的最高程度。由此可见,认罪认罚案件证明标准的确定也应当体现出诉讼认识所能达到的最高程度。

那么,需要进一步追问的是,认罪认罚案件应当坚持何种证明标准?如前所述,在这关键性问题上,法律界出现了证明标准降低说与证明标准同等说之争。那么,认罪认罚案件能否降低证明标准呢?诚然,从审理模式来看,认罪认罚案件的证明标准似乎无须坚守法定证明标准,因为只要被追诉人承认犯罪,并表示愿意接受惩罚,控辩双方很大程度上呈现出协商配合的程序样态,这必然导致证明难度的降低,审理程序也不可避免地趋于简化,因而

似乎存在降低此类案件证明标准之可能。然而，解读认罪认罚与证明标准的关系，需要进一步探寻导致认罪认罚案件庭审程序简化的原因。认罪认罚案件庭审程序之所以可以相对简化，是因为控辩双方对指控的犯罪事实已经达成一致意见，这大大降低了法官在证据审查乃至案件事实认定上的难度，这种难度的降低将促使对认罪认罚案件的证明相对于其他非认罪案件而言更容易达到证明标准。[1]

然而，庭审程序相对简化以及容易达到证明标准只是促使程序推进方式的转变，而非降低证明标准。基于职权主义的诉讼价值追求，无论庭审程序是否简化，我国法官均担负着查明案件事实真相的职责，在此点上认罪认罚案件概莫能外。换言之，认罪认罚案件的证明标准不能因为庭审程序简化而降低，相反，为使"事实认定符合客观真相"，应当坚持法定证明标准。这是由证明标准作为"最终对证明活动的结果加以衡量和评价的尺度"的地位所决定的。[2]较不认罪案件的对抗性而言，认罪认罚案件往往通过协商模式处理，加之庭审程序简化，在此种背景下倘若要求降低认罪认罚案件的证明标准，恐怕有导致冤错案件发生之虞。更令人担忧的是，由于可能判处死刑的案件也可以适用认罪认罚从宽制度，证明标准的降低很有可能导致错杀无辜。因此，认罪认罚从宽制度强调提高诉讼效率的同时，不能牺牲司法公正。认罪认罚案件由于被告人认罪而适用较为简化、简易的审判程序，这是被告人自愿选择的结果，而坚持法定证明标准是确保认罪认罚符合客观真相的关键所在，诚如有学者指出的，坚持法定证明标准"是公正司法的内在要求"，"离开对法定证明标准的坚守，公正司法的目标就不可能得到实现"。[3]

此外，坚持事实清楚，证据确实、充分的证明标准也是证明标准一元化的客观需要。从域外立法经验来看，在坚持职权主义诉讼传统和诉讼价值目标的大陆法系国家里，对被告人认罪的案件通常适用与其他案件相同的证明标准。例如，在德国的认罪协商实践中，尽管不存在对抗基础，诉讼程序趋于简化，证据调查方法也发生转变，大大降低了法官审理此类案件的负担。然而，庭审的首要目标仍然为发现实质真实，因此对定罪的要求仍须坚持严

---

〔1〕 参见刘铭："认罪案件证明模式的转变及其限度"，载《人民论坛》2016年第11期。

〔2〕 参见陈光中主编：《证据法学》，法律出版社2015年版，第356页。

〔3〕 孙长永："认罪认罚案件的证明标准"，载《法学研究》2018年第1期。

格证明。具体而言，在证明要求上，只有在对被告人的证明已经达到"内心确信"证明标准的情况下才能认定被告人有罪。[1]与德国一样，我国也坚持职权主义的诉讼传统与诉讼价值目标，因而对认罪认罚案件证明标准的把握亦可以遵循相同的逻辑进路。事实上，我国立法尽管没有明确规定认罪认罚案件的证明标准，但现行《刑事诉讼法》第 200 条第 1 项关于法定证明标准的规定并未区分认罪案件与不认罪案件而在适用上有所不同，因而其对所有刑事案件均可适用。[2]

值得注意的是，我国现行《刑事诉讼法》对以认罪作为适用前提的简易程序的证明标准也规定为"事实清楚，证据确实、充分"。[3]同样的，现行《刑事诉讼法》于 2018 年修改时将速裁程序作为认罪认罚从宽制度重要组成写入法典时，也明确规定了速裁程序适用"事实清楚，证据确实、充分"的证明标准。[4]因此，要求认罪认罚案件适用"事实清楚，证据确实、充分"的证明标准也是与简易程序及速裁程序证明标准相协调的体现，符合同一制度适用相同证明标准的要求。

还需要指出的是，实务界在讨论认罪认罚案件应否降低证明标准时有一种观点认为，在美国辩诉交易中，被追诉人一旦作出有罪答辩就意味着放弃了"无罪推定"的保护，在证明标准上适用低于"排除合理怀疑"的"压倒性证据"标准，并以此论证我国认罪认罚案件证明标准也可以降低。这种观点在实务界较具代表性。那么，美国辩诉交易制度是否降低了证明标准呢？答案是否定的。根据美国检察官在中美认罪认罚从宽比较研究研讨会上的发言，辩诉交易制度在适用时并未降低证明标准，相反，控方与辩方进行辩诉

---

〔1〕 参见陈光中、马康："认罪认罚从宽制度若干重要问题探讨"，载《法学》2016 年第 8 期。

〔2〕 现行《刑事诉讼法》第 200 条第 1 项规定："在被告人最后陈述后，审判长宣布休庭，合议庭进行评议，根据已经查明的事实、证据和有关的法律规定，分别作出以下判决：（一）案件事实清楚，证据确实、充分，依据法律认定被告人有罪的，应当作出有罪判决；……"

〔3〕 现行《刑事诉讼法》第 214 条规定："基层人民法院管辖的案件，符合下列条件的，可以适用简易程序审判：（一）案件事实清楚、证据充分的；（二）被告人承认自己所犯罪行，对指控的犯罪事实没有异议的；（三）被告人对适用简易程序没有异议的。人民检察院在提起公诉的时候，可以建议人民法院适用简易程序。"

〔4〕 现行《刑事诉讼法》第 222 条规定："基层人民法院管辖的可能判处三年有期徒刑以下刑罚的案件，案件事实清楚，证据确实、充分，被告人认罪认罚并同意适用速裁程序的，可以适用速裁程序，由审判员一人独任审判。人民检察院在提起公诉的时候，可以建议人民法院适用速裁程序。"

交易必须以控方"确信被追诉人排除合理怀疑地有罪"为前提。[1]那么,为什么控方在"确信被追诉人排除合理怀疑地有罪"的情况下仍然愿意与辩方进行辩诉交易?其原因有二:第一,在美国,检察官隶属于司法部(Department of Justice),其中"Justice"一词本身包含了"公正"的要求,这意味着检察官也有客观公正的义务。基于客观公正的义务,对一些初犯或者偶然犯罪的人,倘若控方认为没有起诉必要,或者不起诉的价值大于起诉的价值时,则可以选择与辩方进行辩诉交易。第二,检察官在美国并非终身职业。倘若当地民众普遍认为某起案件无起诉必要,而检察官却认为排除合理怀疑地确信有罪而选择起诉,那么容易失去民众信任,检察官有可能因此丢掉"饭碗"。因此,即使检察官认为有的案件已经达到排除合理怀疑的定罪标准,其也不会轻易选择起诉该案。由此可见,以辩诉交易制度降低证明标准来论证我国认罪认罚案件证明标准也可以降低的做法是不可取的。况且,英美法系国家坚持以当事人主义为传统,在对实质真实的追求上与我国的传统显然不同。我国对辩诉交易制度证明标准的借鉴,要有分析地吸收,而不能全盘搬用。

当然,如前所述,认罪认罚虽然坚持法定证明标准,但认罪认罚必然带来庭审程序简化以及程序推进方式的转变,这要求在证明规则上有别于普通程序。如果认罪认罚仍然严格遵循普通程序的证明规则,那么将难逃诉讼累赘的诘难。放眼域外,在认罪案件中不同程度地适用较普通程序更为灵活的证据规则是各国的主要做法。如在德国的认罪协商制度中,直接言词原则并非需要严格的遵守。[2]又如,在美国,辩诉交易制度是传闻证据规则适用的例外,亦即在辩诉交易中,传闻证据是可采的。因此,为了提高认罪认罚案件的诉讼效率,必然要求对认罪认罚案件适用的证据规则进行简化。当然,简化证据规则是一项系统工程,包括对定罪量刑的事实、证据中不利于被告

---

〔1〕 这是笔者参加 2018 年国家检察官学院主办的"中美认罪认罚从宽制度比较研究研讨会"时一名美国检察官就辩诉交易是否降低证明标准时的回答。其当时指出,控方要与辩方进行交易,控方必须确信被追诉人是排除合理怀疑地有罪的情况下才能交易(be sure that the accused must be guilty beyond reasonable doubt)。

〔2〕 德国《刑事诉讼法》在"简易程序"部分第 420 条对直接言词原则作了限制性规定:"对证人、鉴定人或者共同犯罪嫌疑人的讯(询)问,允许宣读以前的讯(询)问笔录以及宣读含有出自他们的书面声明的文件进行代替。"参见《德国刑事诉讼法典》,岳礼玲、林静译,中国检察出版社 2016 年版,第 154 页。

人的部分进行质证、核实，对可能判处无期徒刑、死刑的认罪认罚案件的关键证据进行重点调查、核实等，非一朝一夕之功所能完成，但又得采取措施进一步完善，只有这样，才能充分发挥认罪认罚从宽制度的功能。

第三节　认罪认罚案件的上诉制度

一、价值平衡下认罪认罚案件被告人上诉权的确立

我国 2018 年修改后的现行《刑事诉讼法》在认罪认罚案件被告人上诉的问题上没有明确作出规定。然而，饶有趣味的是，两院三部《认罪认罚从宽指导意见》却对速裁案件的二审审理结果明确作出了规定。这种模棱两可的立法方式不禁让人产生疑窦，也导致理论界与实务界在应否赋予认罪认罚案件被告人上诉权的问题上产生了较大争议，并形成泾渭分明的两种观点，即反对说与赞成说。

反对说认为不应赋予认罪认罚案件被告人上诉权，该说主要以速裁程序为切入点，围绕认罪认罚案件允许被告人上诉会造成对诉讼效率价值的严重影响而展开。例如，有学者指出，"由于（速裁程序——笔者注）是经协商处理的简单轻微刑事案件，且被告人也已经认罪认罚，再允许其上诉将严重影响该制度带来的效率价值"[1]。又如，实务界也有观点从速裁程序的效率价值出发，指出在认罪认罚的轻刑案件中实行一审终审制不仅有必要，而且具有可行性。[2]此外，也有观点围绕认罪认罚案件被告人上诉是对之前认罚承诺的违背因而不应再上诉而展开论述。例如，实务界有观点指出，一审法院对被告人判处较轻的刑罚是基于被告人与公安司法机关签署的认罪认罚协议。基于协议的效力要求，被告人就应当对从轻的判决进行认罚，而不应再上诉。[3]

赞成说则认为应当赋予认罪认罚案件被告人上诉权，并根据不同的进路

---

[1]　陈卫东："认罪认罚从宽制度研究"，载《中国法学》2016 年第 2 期。

[2]　参见方俊民、胡妃华："从宽从简：刑事速裁程序实行一审终审制可行性分析——以认罪认罚从宽制度的二维属性为视角"，载贺荣主编：《深化司法改革与行政审判实践研究（上）——全国法院第 28 届学术讨论会获奖论文集》，人民法院出版社 2017 年版，第 855 页。

[3]　参见张薇、李磊："适用认罪认罚制度后被告人反悔上诉不应加重刑罚（检察院因此抗诉）"，载 https://www.sohu.com/a/306194372_654603，最后访问日期：2020 年 11 月 18 日。

进行论证。具体而言，一是无条件的上诉权说，即主张赋予认罪认罚案件被告人上诉权，且不能对被告人的上诉权作任何限制。如有学者基于认罪认罚从宽制度的职权色彩以及该制度尤其是速裁程序的适用范围广、量刑建议精准性不足、量刑指南不够完善以及被告人诉讼权利保障不够充分等因素考虑，主张不宜限制认罪认罚案件被告人的上诉权。[1]二是附条件的上诉权说，即主张应当赋予被告人上诉权，但须有正当理由。如有观点指出，倘若检察机关起诉时提出精准量刑建议且法院采纳后被告人无正当理由上诉的，检察机关"原则上应当提出抗诉"[2]。

理论上的争论，加之立法上缺乏明确的规定，必然使实务部门在如何处理认罪认罚案件被告人的上诉问题上无所适从，导致对认罪认罚案件被告人的上诉问题的处理出现司法适用的不统一，这无疑会产生不利的影响，尤其是不利于司法公信力的树立，因为司法公信力要求法律统一适用于具体刑事案件中。倘若不同的法院在同一问题上适用不同的规则，那么又如何保障法律的统一适用？遑论司法公信力的树立了。由此可见，为了统一法律的适用，树立司法公信力，应当进一步明确认罪认罚案件被告人是否享有上诉权。

那么，是否应当赋予认罪认罚案件被告人上诉权呢？从诉讼效率的角度来看，似乎不应当允许被告人上诉，因为此类案件以被告人认罪认罚为前提，被告人一旦上诉，那么一审程序即宣告无效，致使原来一审程序所付出的诉讼资源白白浪费。然而，对认罪认罚案件被告人上诉权的设置不能如此简单地作解读。探寻认罪认罚案件被告人的上诉权设置问题，必须回到刑事诉讼制度设置的价值选择上。

从价值论的角度来看，刑事诉讼的价值是多元化的。多元价值之间总体而言是统一的，因此刑事诉讼制度的设置可以同时体现多元的价值。但是多元价值之间有时不可避免地发生冲突。当多元价值发生冲突时，就需要进行价值平衡与选择，这是因为"如果其中的一项价值得到完全的实现，难免在一定程度上牺牲或者否定另一价值"[3]。例如，"在有些情形中，程序正义

---

〔1〕 参见熊秋红："比较法视野下的认罪认罚从宽制度——兼论刑事诉讼'第四范式'"，载《比较法研究》2019年第5期。

〔2〕 参见苗生明："认罪认罚后反悔的评价与处理"，载《检察日报》2020年2月20日，第3版。

〔3〕 徐国栋：《民法基本原则解释——成文法局限性之克服》，中国政法大学出版社1992年版，第333页。

和结果正义是冲突的，至于那时会产生什么结果，就是一个判断问题。但并没有什么理由非得在两种公平之间制造出孤注一掷的选择"[1]。认罪认罚案件上诉权的设置同样存在多元价值冲突的情形。基于诉讼效率的考量，不赋予被告人上诉权可以节约诉讼资源，较大幅度地提高诉讼效率，但这在一定程度上牺牲了司法公正。而倘若赋予被告人上诉权，那么能够最大限度保障被告人的诉讼权利，使二审法院有机会审查一审法院的裁判是否存在错误，保证公正的实现，但存在降低诉讼效率的风险。这要求在解决此问题时应当在公正价值与效率价值之间进行平衡和选择。

毋庸置疑，司法公正必然是刑事诉讼的首要追求价值目标。罗尔斯曾指出："某些法律和制度，不管它们如何有效率和有条理，只要它们不正义，就必须加以改造或废除。"[2]因此，在认罪认罚案件被告人上诉权的设置上，也应以司法公正为首要价值追求。对于此点，两院三部《认罪认罚从宽指导意见》的制定主旨也已阐明，即规定适用认罪认罚从宽制度旨在确保严格公正司法，"推动国家治理体系和治理能力现代化"。也就是说，在认罪认罚案件的上诉权设置问题上应坚持以司法公正作为首要价值取向。

为了确保认罪认罚案件的公正性，应当赋予被告人在此类案件中上诉的权利，这是由二审程序的制度功能所决定的。从功能主义的角度来看，赋予认罪认罚案件被告人上诉权只是一种手段，目的在于启动二审程序纠正一审裁判的错误，保障司法公正。由于案件的复杂情况，加之可能存在的人为因素等，司法实践中时常不可避免地出现冤枉无辜或者放纵犯罪的错判现象。这就要求在刑事诉讼中必须有途径纠正一审法院已经作出的错误裁判。赋予被告人针对一审法院裁判上诉的权利是纠正一审法院错误裁判的有效途径。被告人通过上诉可以启动二审程序，使二审法院能够对案件进行重新审判，进而发现一审法院裁判中的错误并予以纠正。正因为如此，联合国《两权公约》第14条第5款明确规定了被告人有权获得一个较高的法庭对其定罪及刑罚进行复审的权利，即规定："凡被判定有罪者，应有权由一个较高级法庭对其定罪及刑罚依法进行复审。"由此可见，认罪认罚案件被告人上诉有助于纠

---

〔1〕 [英]戴维·米勒：《社会正义原则》，应奇译，江苏人民出版社2001年版，第117~118页。

〔2〕 [美]约翰·罗尔斯：《正义论》，何怀宏、何包钢、廖申白译，中国社会科学出版社1988年版，第3页。

正一审的错误裁判，实现司法公正。

需要指出的是，赋予被告人在此类案件中上诉的权利，并不必然牺牲效率价值。在认罪认罚案件中，公安司法机关通过实体或程序上从宽处理，促使被告人自愿认罪认罚，"不仅充实了诉讼权利的内涵"，"而且强化了被追诉人意愿对诉讼进程变化的实质影响"[1]。应当承认，如果允许认罪认罚案件被告人上诉，一旦被告人上诉就会使一审程序所耗费的诉讼资源宣告无效，然而对诉讼效率的解读不能仅看到耗费的诉讼资源所产生的成本，而忽视错误判决所带来的社会成本。由于认罪认罚案件中被告人承认犯罪并愿意接受惩罚，因而弱化了控辩双方之间的对抗性，不可避免地促使程序推进方式发生转变，庭审程序也在一定程度上简化，大大减弱了一审程序的防错功能。通过赋予被告人上诉权，能够发挥二审程序防止错误裁判的功能，减少因为错误裁判所带来社会成本。诚如有美国学者指出："上诉法院给审判法院提供关于它们决定适当性的反馈信息。通过这个复审程序，上诉法院将法律传达给管辖区内所有法院和法院参与者。"[2]由此可见，赋予被告人上诉权并不一定与诉讼效率相矛盾。

二、认罪认罚案件被告人上诉权的设置

在围绕认罪认罚案件被告人上诉问题的讨论中，一个需要继续追问的关键性问题是：对认罪认罚案件被告人的上诉是否应当附加条件？质言之，是否应当要求认罪认罚案件被告人上诉具有正当理由？在这个问题上，学术界与实务界也存在较大分歧。如有学者指出，倘若要求被告人的上诉需要正当理由，则"有变相剥夺被告人上诉权之嫌"，因此不应要求认罪认罚案件的上诉需要正当理由。[3]

那么，要求认罪认罚案件被告人上诉需要正当理由是否存在变相剥夺被告人上诉权之嫌？诚然，从外在表现来看，此种要求似乎存在变相剥夺被告人的上诉权之虞，因为上诉具有正当理由意味着被告人的上诉需要经过二审

---

〔1〕　步洋洋："简化审理程序的意蕴与重构：基于认罪认罚从宽的应然向度"，载《暨南学报》（哲学社会科学版）2018 年第 6 期。

〔2〕　[美] 爱伦·豪切斯泰勒·斯黛丽、南希·弗兰克：《美国刑事法院诉讼程序》，陈卫东、徐美君译，中国人民大学出版社 2002 年版，第 599 页。

〔3〕　参见汪海燕："被追诉人认罪认罚的撤回"，载《法学研究》2020 年第 5 期。

法院的审查，能否成功启动二审程序取决于二审法院审查的结果。然而，二审法院的审查并不当然构成对被告人上诉权的剥夺，而只是一种限制，因为只要有正当理由，认罪认罚案件的被告人仍然可以上诉。那么，是否有必要对认罪认罚案件被告人的上诉权进行适当的限制？答案是肯定的。一般来说，犯罪嫌疑人、被告人一旦选择认罪认罚，就"意味着对获得无罪判决或者更轻量刑结果的可能性（权利）、适用普通程序审理（同意适用简易程序、速裁程序的场合）及附带权利的放弃"〔1〕，并以此换取实体上和程序上的从宽处罚。然而，需要指出的是，刑事诉讼程序首先表现为动态向前推进的过程，在这个过程中，随着对案件的认识不断加深，加之诉讼过程中可能会出现新事实、新证据影响定罪量刑，作为犯罪嫌疑人、被告人认罪认罚基础的案件事实也有可能发生变化。在此种情况下，允许犯罪嫌疑人、被告人对认罪认罚反悔并重新获得公正审判的正当性自不待言。放眼域外，允许被追诉人认罪认罚后反悔并重新选择审判程序是现代法治国家的普遍做法。如在美国，辩方与控方达成辩诉交易选择认罪答辩程序后，法官审查辩诉交易的协议时被追诉人仍可以反悔，即放弃认罪协议而进入审判程序。从这个角度而言，我国认罪认罚案件中赋予被告人上诉权正是被告人对一审阶段认罪认罚反悔的体现。

然而，允许认罪认罚案件被告人对一审判决提出上诉并非意味着被告人可以无条件上诉，在轻刑案件中更是如此。因为"轻罪案件的处理，不仅仅关系到司法资源的合理配置，更关系到那些轻罪案件的犯罪嫌疑人、被告人的法治感受与法治信念"〔2〕。事实上，在认罪认罚的轻刑案件中，被告人在一审程序中已经自愿认罪认罚，并且基于认罪认罚获得了实体上的从宽处理，也以此带来了一定程度上的程序简化。倘若不对被告人的上诉权加以限制，则容易出现滥用上诉权的现象，导致诉讼效率低下。司法实践中已经出现认罪认罚的轻刑案件被告人滥用上诉权的现象。有研究者通过对认罪认罚的轻刑案件进行实证调研后指出，在认罪认罚的轻刑案件中，很多被告人滥用上诉权拖延诉讼时间从而达到留在看守所服刑的目的。如有研究者就以 T 市 8 家试点法院为例，针对认罪认罚案件被告人上诉的理由进行了实证调研。实

---

〔1〕 董林涛："论认罪认罚程序中的被追诉人同意"，载《法学杂志》2020 年第 9 期。
〔2〕 吴宏耀："认罪认罚从宽制度的体系化解读"，载《当代法学》2020 年第 4 期。

证统计数据显示，在对 T 市辖区法院 169 件适用刑事速裁程序审理的案件中，其中 5 件案件的被告人上诉，而"被告人提起上诉并非是对判罚不满，而是基于拖延上诉时间以实现在看守所服刑的目的"[1]。从其他学者的实证研究结果来看，认罪认罚的轻刑案件被告人上诉的目的主要也是为了利用二审的审限拉长诉讼周期，从而使刑期折抵后余刑留在看守所执行。[2]这种为了留在看守所服刑而上诉的做法，从本质上来看是对上诉权的滥用。正是这种滥用上诉权的做法导致了诉讼的拖延。对于被告人可能滥用上诉权带来的诉讼拖延问题，应当采取现实的态度，寻找权利保障与诉讼效率之间的平衡点。笔者认为，要平衡认罪认罚的轻刑案件中被告人的权利保障与诉讼效率，就应当对认罪认罚的轻刑案件被告人上诉权加以适度限制，要求被告人上诉须具有正当理由。只有这样才能有效防止被告人明明对一审判决结果以及一审程序并无实质异议的情况下仍然滥用上诉权，通过耗费司法资源的方式达到其他目的，在确保司法公正的基础上提高诉讼效率。

需要指出的是，要求对认罪认罚案件被告人上诉权加以限制限于轻刑案件，而对重刑案件则不应当限制。这是由重刑案件的性质所决定的。重刑案件往往涉及对被告人人身自由较长时间的剥夺。由于较长时间剥夺人身自由的案件，尤其被判处 10 年及以上刑罚的案件难以通过滥用上诉权达到留在看守所服刑之目的，因此，对重刑案件被告人上诉权的设置应当采取更加谨慎的态度，亦即更加强调二审程序在纠正一审的错误判决和救济被告人的功能。试想，倘若被告人在一审阶段认罪认罚但仍被判处死刑，此时若限制其上诉权，只会削弱二审程序对一审判决的监督作用，难以发挥二审程序的纠错功能。笔者认为，基于认罪认罚案件的严重程度等考虑，对于适用速裁程序审理的认罪认罚案件，应当对被告人的上诉权进行限制，要求上诉应当具有正当理由。而对于适用普通程序或简易程序审理的认罪认罚案件，则不作此要求。

那么，需要进一步追问的是，对于适用速裁程序审理的认罪认罚案件，被告人上诉的理由有哪些？笔者认为，适用速裁程序审理的认罪认罚案件中

---

〔1〕 廖大刚、白云飞："刑事案件速裁程序试点运行现状实证分析——以 T 市八家试点法院为研究样本"，载《法律适用》2015 年第 12 期。

〔2〕 参见董坤："认罪认罚从宽案件中留所上诉问题研究"，载《内蒙古社会科学（汉文版）》2019 年第 3 期。

被告人的上诉理由应当由以下三个方面构成：定罪问题、量刑问题以及程序问题。具体而言：

一是定罪问题。此种理由最典型的表现是被告人在一审程序的认罪是非自愿的。犯罪嫌疑人、被告人自愿认罪认罚是适用认罪认罚从宽制度的基础。倘若被告人明确表示其在一审程序中的认罪认罚是在违背意愿甚至受到强迫的情况下作出的，那么一审裁判所依据的事实基础就会发生变化，一审裁判有可能出现错误。例如，侦查机关通过暴力、威胁等非法方法强迫犯罪嫌疑人认罪认罚，犯罪嫌疑人有可能因为无法忍受非法手段折磨之苦而违背意愿认罪认罚，导致颠倒是非，造成冤案错案。因此，认罪是非自愿的作为被告人上诉的理由具有正当性。事实上，我国现行《刑事诉讼法》第201条也明确将"违背意愿认罪认罚的"作为法院不采纳人民检察院量刑建议的法定情形之一。[1]定罪问题作为被告人上诉的正当理由还表现为认罪认罚案件一审判决作出后可能出现影响定罪的新事实、新证据。如果被告人在认罪后发现新的事实、新的证据，则可能会影响一审裁判的正确性。譬如，在一审判决作出后，有新的证据表明实施犯罪的另有他人，那么原来根据认罪认罚的事实基础而作出的一审裁判即有可能发生错误，倘若此种情况不允许被告人上诉，对被告人而言显然是不公平的，因此一审判决后出现影响定罪问题的新事实、新证据，应当成为上诉的正当理由。

二是量刑问题。作为上诉理由的量刑问题首先表现为一审裁判作出后出现影响量刑的新事实、新证据。在一审判决作出后，不仅定罪的事实和证据基础会发生变化，量刑所依据的事实和证据同样会发生变化。譬如，被告人与被害人达成和解是影响量刑的重要因素之一。如果一审法院作出量刑后，被告人一方在上诉期内真诚悔罪并获得被害人的谅解且双方达成和解协议，那么应当构成针对量刑问题上诉并获得从轻、减轻处罚的重要依据。又如，被告人有自首情节但一审法院没有认定或者只认定为坦白，被告人有权以此

---

〔1〕 现行《刑事诉讼法》第201条规定："对于认罪认罚案件，人民法院依法作出判决时，一般应当采纳人民检察院指控的罪名和量刑建议，但有下列情形的除外：（一）被告人的行为不构成犯罪或者不应当追究其刑事责任的；（二）被告人违背意愿认罪认罚的；（三）被告人否认指控的犯罪事实的；（四）起诉指控的罪名与审理认定的罪名不一致的；（五）其他可能影响公正审判的情形。人民法院经审理认为量刑建议明显不当，或者被告人、辩护人对量刑建议提出异议的，人民检察院可以调整量刑建议。人民检察院不调整量刑建议或者调整量刑建议后仍然明显不当的，人民法院应当依法作出判决。"

为理由上诉要求二审法院重新认定一审法院量刑依赖的事实基础和相关量刑情节。

需要指出的是，正确理解量刑问题作为被告人上诉的正当理由，还有一个需要澄清的问题：在没有新事实、新证据且一审法院没有对量刑的事实认定错误的情况下，被告人能否以"量刑不当"为由提起上诉？在此问题上，如前所述，实务界有观点反对被告人以量刑过重为由提出上诉。[1]诚然，在被告人认罪认罚的案件中，由于认罪认罚体现了控辩双方的协商因素，被告人之所以认罪认罚，"主要是由于他们清楚地知道如果认罪认罚会得到从宽的处理"[2]。倘若法院在作出判决时采纳了检察机关量刑建议，则被告人不应以量刑不当为由提起上诉。然而，根据我国现行《刑事诉讼法》第201条第2款规定，法院审理后在符合一定条件下可以不按检察机关的量刑建议进行裁判。[3]质言之，法院在判决时并非一律采纳检察机关的量刑建议。在法院没有采纳检察机关量刑建议的情况下，就意味着认罪认罚具结书的内容没有实现，因此，被告人同样可以以此为由提起上诉。

三是程序问题。在刑事诉讼中，公正的诉讼程序能保障刑事案件处理的公正性。倘若公安司法机关在办理案件时违反法定程序，甚至刑讯逼供等，就有可能造成冤案错案。事实上，聂树斌案、呼格案、浙江张氏叔侄案等均是侦查机关非法取证特别是刑讯逼供造成的样板冤案。此外，公正的诉讼程序还能够体现刑事司法的人权保障，增加当事人对判决的可接受程度。倘若诉讼程序不公正，那么即使实体问题处理是正确的，被告人仍有可能不接受。由此可以看出，赋予被告人针对程序问题的上诉权十分有必要。在认罪认罚的轻刑案件中也是如此。尽管被告人认罪认罚，但一审法院可能违反公开审判原则进行审判，抑或裁判者应当回避而没有回避等导致一审裁判结果存在不公正之虞，此时若不允许被告人上诉，则只会使被告人对处理结果不理解或不接受，更甚的是即使出现错误也无法通过二审程序进行纠正。因此，

---

〔1〕　参见苗生明："认罪认罚后反悔的评价与处理"，载《检察日报》2020年2月20日，第3版。

〔2〕　杨宇冠、王洋："认罪认罚案件量刑建议问题研究"，载《浙江工商大学学报》2019年第6期。

〔3〕　现行《刑事诉讼法》第201条第2款规定："人民法院经审理认为量刑建议明显不当，或者被告人、辩护人对量刑建议提出异议的，人民检察院可以调整量刑建议。人民检察院不调整量刑建议或者调整量刑建议后仍然明显不当的，人民法院应当依法作出判决。"

认罪认罚轻刑案件中一审程序有重大违法的，应当构成被告人上诉的正当理由。

三、认罪认罚案件被告人上诉程序的完善

如前所述，对认罪认罚案件适用普通程序或简易程序审理的，被告人的上诉权不受限制，因此此两类案件被告人的上诉权坚持目前立法的程序规范自不待言。而由于适用速裁程序审理的认罪认罚案件上诉要求有正当理由，因此此类案件的上诉程序与前两类案件有所不同。以下仅就速裁案件上诉程序的完善进行探讨。毫无疑问，速裁案件被告人上诉程序的完善，需要建立一整套制度体系，特别是与正当理由审查相配套的具体程序规范，以确保上诉程序的有效运转。这主要包括被告人提出上诉申请、二审法院的审查程序、二审法院的审理原则等问题。以下对上述问题进行探讨。

第一，被告人提出上诉申请。按照我国现行《刑事诉讼法》的规定，被告人上诉既可以向一审法院提出也可以向二审法院提出，这种制度上的设计与现行立法对被告人上诉不作限制的做法是相适应的。然而，在认罪认罚的轻刑案件中，被告人提出上诉申请不能向一审法院提出，这是由一审法院已经具有利害关系所决定的。一审法院一旦对案件作出裁判就已经产生利害关系，倘若要求被告人向一审法院提出上诉申请，那么就由一审法院对上诉是否具有正当理由进行审查。一审法院又怎会愿意看到自己所作出的裁判遭到质疑？因此，认罪认罚的轻刑案件中，应当规定被告人只能向二审法院提出上诉申请。唯有如此，才能避免一审法院因利害关系而进行不公正的审查。需要指出的是，由于认罪认罚轻刑案件被告人上诉需要有正当理由，因此，被告人向二审法院提出上诉申请时应当对上诉理由加以说明。

有学者担心要求被告人说明上诉理由不具有可操作性。[1]应当承认，此种担心有一定合理性，被告人确实有可能在没有正当理由的情况下任意套用某种法定理由或正当理由而上诉，使上诉权成为其纠缠诉讼的借口。然而，这种风险可以通过要求被告人上诉时承担一定的推进责任来加以防控。具体而言，就是要求被告人上诉时应当就上诉理由提供相关的线索或材料。倘若被告人不能就上诉理由提供相关线索或材料，则二审法院不启动审查程序。

---

[1] 参见汪海燕："被追诉人认罪认罚的撤回"，载《法学研究》2020 年第 5 期。

事实上，要求被告人就上诉理由提供相关线索或材料可以有效防止被告人滥用上诉权，因为被告人在提出上诉申请时就要考虑能否提供线索或材料，从而有效限制上诉程序启动的任意性。同时，还可以确定二审法院审查的范围。被告人就上诉理由提供线索或材料后，二审法院才能根据被告人提供的线索或材料对上诉理由进行审查。

第二，二审法院的审查程序。二审法院对被告人上诉申请的审查，主要涉及以下两个方面：一是审查的方式。由于二审法院只是审查被告人的上诉是否符合条件而不涉及实体争议问题的处理，因此应当以书面审查为主。但是，如果二审法院对是否有正当理由有疑问的，可以讯问被告人、听取辩护律师的意见。二是审查的期限。由于二审法院对被告人的上诉申请只作形式性审查，加之速裁程序旨在提高诉讼效率，因此二审法院审查应当迅速进行，审查期限不宜过长。笔者建议二审法院应当在 3 日内审查完毕并作出是否准许上诉的决定。

第三，二审法院的审理原则。二审法院对认罪认罚被告人诉案件审理应当遵循的基本原则问题，主要有二：一是重点审查原则的构建问题。自我国 1979 年《刑事诉讼法》确立以来，二审法院审理案件遵循"全面审查原则"。[1] 全面审查能使二审法院全面、客观地了解案件情况，无疑有利于保障司法公正的实现。笔者认为，二审程序实行全面审查原则固然必要，但如果在认罪认罚的轻刑案件中实行全面审查原则，显然不利于诉讼效率的提高。应当承认，认罪认罚轻刑案件的二审程序中也存在公正与效率的平衡问题。在二者的平衡问题上应当采取更加现实的态度，寻找保障司法公正与提高诉讼效率之间的平衡点。平衡二者的有效措施是实行重点审查原则，即对于认罪认罚轻刑案件被告人上诉的，二审法院审理时应当重点审查上诉理由所指向的事项，而不进行全面审查。放眼域外，二审程序实行重点审查原则是诸多国家与地区刑事诉讼立法的选择。如德国《刑事诉讼法》第 352 条第 1 款规定："（法律审）上诉法院只是根据所提出的（法律审）上诉申请进行审查，如果（法律审）上诉是依据程序错误的，只审查提出（法律审）上诉申请时所说明的

---

〔1〕　现行《刑事诉讼法》第 233 条规定："第二审人民法院应当就第一审判决认定的事实和适用法律进行全面审查，不受上诉或者抗诉范围的限制。共同犯罪的案件只有部分被告人上诉的，应当对全案进行审查，一并处理。"

事实。"[1]事实上，以上诉理由所指向的事项为审查重点，可以使二审法院集中精力审理有争议的部分，避免对无争议部分进行重复审理，有助于节约诉讼资源，提高诉讼效率。因此，基于司法公正与诉讼效率的平衡需要，笔者建议在认罪认罚的轻刑案件二审程序中实行重点审查原则。

二是上诉不加刑原则的适用问题。2018 年修改后的现行《刑事诉讼法》及相关司法解释在速裁案件的二审程序是否应当遵循上诉不加刑原则的问题上并没有明确规定。[2]实务界有观点从防止认罪认罚案件被告人无理上诉的角度出发，主张"上诉可以加刑"，指出倘若被告人违反认罪认罚具结协议而无理上诉，二审法院则应当将案件发回重审并且一审法院不需要按认罪认罚从宽程序进行重新审理，从而让无理上诉的被告人"付出程序与实体双重代价"。[3]在笔者看来，预防认罪认罚案件被告人无理上诉固然必要，因为被告人在没有正当理由的情况下上诉，对司法公正可能没有实质性的帮助。但防止无理上诉不应通过适用上诉加刑的途径。这是因为允许上诉加刑本身也存在降低诉讼效率之虞。试想，倘若被告人无理上诉而发回重审且不再按认罪认罚案件从宽程序处理，则只会增加诉讼成本，又如何提高诉讼效率呢？因此，防止无理上诉应有不同的思路，对此，前文已有详述，此处不赘。其实，从上诉不加刑原则的立法宗旨来看，在认罪认罚轻刑案件中应当坚持上诉不加刑原则。毫无疑问，上诉不加刑原则旨在减轻被告人提出上诉的心理负担，让被告人无顾虑地提出上诉。由此可见，上诉不加刑原则是保障被告人诉讼权利的重要手段，也有利于二审法院发现下级法院的错误裁判进而予以纠正。因此，认罪认罚轻刑案件只有适用上诉不加刑原则，才能实现公正与效率之间的平衡。

需要指出的是，为了保障上诉不加刑原则在认罪认罚案件中的正确适用，

---

[1] 《德国刑事诉讼法典》，岳礼玲、林静译，中国检察出版社 2016 年版，第 131 页。

[2] 两院三部《认罪认罚从宽指导意见》第 45 条规定："速裁案件的二审程序。被告人不服适用速裁程序作出的第一审判决提出上诉的案件，可以不开庭审理。第二审人民法院审查后，按照下列情形分别处理：（一）发现被告人以事实不清、证据不足为由提出上诉的，应当裁定撤销原判，发回原审人民法院适用普通程序重新审理，不再按认罪认罚案件从宽处理；（二）发现被告人以量刑不当为由提出上诉的，原判量刑适当的，应当裁定驳回上诉，维持原判；原判量刑不当的，经审理后依法改判。"

[3] 参见胡云腾："去分歧凝共识确保认罪认罚从宽制度贯彻落实"，载《法制日报》2019 年 12 月 11 日，第 9 版。

还应当对检察机关的抗诉作出限制。根据我国现行《刑事诉讼法》的规定，检察机关只有认为一审裁判确有错误才能提起二审抗诉。[1]然而，在认罪认罚案件中检察机关却出现"技术性抗诉"的做法，即检察机关认为一审裁判没有错误却以认罪认罚案件被告人上诉的"动机不纯"为由提起抗诉，从而规避上诉不加刑原则的适用，达到二审法院加重被告人刑罚的目的。例如，在姜某贩毒一案中，被告人姜某在案件适用认罪认罚从宽制度作出一审判决后上诉，检察机关认为其是"动起了'歪脑筋'"，想通过上诉不加刑的方式减轻刑罚，属于"以认罪认罚形式换取较轻刑罚"，因此以被告人姜某"认罪动机不纯"为由提起抗诉。最终姜某被二审法院加重刑罚。[2]毋庸置疑，检察机关提起"技术性抗诉"的做法在一定程度上能够增加被告人上诉的心理负担，起到防止被告人无理上诉的作用，但是难逃"此种抗诉于法无据"的诘难。况且，要求被告人上诉必须有正当理由已经对被告人的上诉权加以限制，倘若仍允许检察机关提起"技术性抗诉"，则只会对被告人造成更大的上诉压力。因此，应当严格执行现行《刑事诉讼法》关于检察机关提起二审抗诉的规定，在一审裁判没有错误的情况下，禁止检察机关提起"技术性抗诉"。

---

〔1〕 现行《刑事诉讼法》第 228 条规定："地方各级人民检察院认为本级人民法院第一审的判决、裁定确有错误的时候，应当向上一级人民法院提出抗诉。"

〔2〕 参见钟亚雅、黄泽龙、储颖超："认罪认罚被从宽处理后又想上诉获减刑——广州：支持抗诉一宗认罪认罚上诉案件被告人被取消从宽"，载《检察日报》2019 年 4 月 9 日，第 1 版。

辩护制度改革

作为刑事司法制度的重要组成部分，辩护制度的发达程度反映一个国家刑事司法人权保障与诉讼文明的程度。刑事诉讼的历史就是一部保障犯罪嫌疑人、被告人诉讼权利尤其是辩护权的历史。可以说，"刑事诉讼的历史就是辩护权扩充的历史"[1]。我国辩护制度经历了从无到有、逐渐发展的过程。《宪法》第130条规定了被告人有权获得辩护。现行《刑事诉讼法》明确规定了辩护制度的具体内容。2012年《刑事诉讼法》修改把辩护制度进行重点改革，不仅确认了侦查阶段参与刑事诉讼的律师的辩护人地位，还将法律援助辩护的适用阶段提前至侦查阶段、扩大法律援助辩护的适用案件范围、完善了辩护律师的会见权、阅卷权等，使我国辩护制度进一步民主化、科学化。在新一轮刑事司法改革背景下，十八届四中全会《决定》明确提出"完善法律援助制度，扩大援助范围"，十九届四中全会《决定》明确提出"加强人权法治保障""深化司法体制综合配套改革""完善律师制度"。本章拟就有效辩护制度的构建、刑事法律援助制度的改革等问题进行探讨。

第一节　有效辩护制度

一、有效辩护制度的内涵

（一）有效辩护的概念

有效辩护（effective assistance of counsel）的概念最初起源于美国。从有

---

〔1〕〔日〕田口守一：《刑事诉讼法》，张凌、于秀峰译，中国政法大学出版社2010年版，第107页。

效辩护的渊源来看，开始并没有成文法的规定，而是通过司法判例确立下来的。最早提出有效辩护概念为美国 1932 年的鲍威尔诉阿拉巴马州案（Powell v. Alabama）。在此案中，联邦最高法院明确提出被告人获得律师有效帮助是其宪法性权利。[1]而后，在 1970 年的麦克曼诉理查德森案（McMann v. Richardson）中，美国联邦最高法院对联邦宪法第六修正案"被告人有权获得律师帮助为其辩护"进行解释，指出有效辩护是被告人认罪自愿性、明知性以及明智性的重要保障，并将其作为被告人的宪法权利予以确认。[2]需要指出的是，美国刑事诉讼中的有效辩护权一开始只适用于死刑案件，且只适用于审判阶段。后来，基于被追诉人诉讼权利保障的需要，美国联邦最高法院通过系列案例将之扩展适用于所有案件，且延伸适用于审前阶段。[3]有效辩护权作为被追诉人诉讼权利的重要表现，逐渐被其他国家、地区以及联合国公约所确立。如，"英国、加拿大、牙买加、澳大利亚以及我国香港特别行政区等国家和地区亦通过判例确立被告有效辩护权和审查无效辩护的标准。"[4]又如，联合国《律师作用基本原则》在阐明宗旨时明确指出："要求所有人都能有效地得到独立的法律专业人员所提供的法律服务。"

从内容上来看，有效辩护有广义与狭义之分。前者以实现被指控人的公正审判权为目标，探讨辩护权及其保障体系。[5]后者则主要关注律师辩护的质量，并确立律师有效辩护的行为标准以及无效辩护的认定标准。[6]美国刑事诉讼中的有效辩护主要就狭义而言，要求律师提供有效辩护的内容主要包括以下四个方面：一是辩护律师本身须具备代理案件的法律知识、技能、洞

---

〔1〕 参见［美〕伟恩·R.拉费弗等：《刑事诉讼法》，卞建林、沙丽金等译，中国政法大学出版社 2003 年版，第 599 页。

〔2〕 See McMann v. Richardson, 397 U. S. 759, 771 n, 14 (1970).

〔3〕 参见申飞飞："美国无效辩护制度及其启示"，载《环球法律评论》2011 年第 5 期。

〔4〕 吴常青、王彪："论我国死刑案件无效辩护制度构建"，载《西部法学评论》2012 年第 2 期。

〔5〕 关于被告人获得律师帮助及其制度保障体系的问题，欧洲大陆的学者作了一项充分的研究，提炼出了"有效刑事辩护的三角模式"，包括刑事程序和证据规则角度的无罪推定、沉默权、对质权的确立，权利获得保障和执行的机制，如权利告知、获得解释、证据调查权等，以及被告人行使权利的前提性权利的保障，如翻译，法律援助等。参见 Ed Cape 等主编：《欧洲四国有效刑事辩护研究——人权的视角》，丁鹏等编译，法律出版社 2012 年版，第 23~26 页。

〔6〕 参见熊秋红："有效辩护、无效辩护的国际标准和本土化思考"，载《中国刑事法杂志》2014 年第 6 期。

察力和充分的准备；二是在法律的界限内全心全意地为了被告人的利益作出职业判断；三是及时会见当事人，并与当事人进行充分沟通协商形成辩护方案；四是及时调查案件事实，尽可能发现有利于被告人定罪量刑的事实并收集相关证据。[1]

在我国，对有效辩护概念的理解，学界从不同的角度进行论述。有学者从辩护指向的内容不同出发，认为有效辩护有形式辩护与实质辩护之分。其中，形式辩护也即辩护制度本身的内容，而辩护制度运行的外围环境则被视为实质辩护。[2]有学者则从话语选择的角度出发，指出中国语境中的"有效辩护"其实是指"有效果辩护"，强调辩护的有效果性。[3]解读有效辩护的概念，可以回到有效辩护的词源的追问上。从词义来看，有效辩护由"有效"与"辩护"二词组成，即犯罪嫌疑人、被告人有权获得辩护，且要求辩护具有实质意义，而不能是形式化的。从这一角度来看，有效辩护是指辩护人积极履行辩护职责，依据法律充分、有效维护被追诉人的实体和程序权利。[4]

需要进一步追问的是，应当如何保障有效辩护的实现？质言之，确保辩护"有效性"实现的要素包括哪些。笔者认为，有效辩护的实现需要以下因素支撑：第一，辩护人具备基本的职业技能和从业经验，而且必须有良好的律师职业伦理。第二，辩护人享有充分的诉讼权利，包括会见权、阅卷权、核实证据权、质证权、辩论权等权利，并且保障辩护律师能够有效地行使这些权利。第三，法律援助辩护的保障。据有关学者的统计数据显示，我国当前刑事诉讼中律师辩护率并不理想。总体而言，平均律师辩护率仅为22.5%。[5]在被告人普遍缺乏律师辩护的情况下讨论有效辩护问题，难逃无源之水的诘难。因此，有效辩护要求法律援助辩护提供制度保障。

（二）有效辩护与无效辩护的关系

在论述有效辩护制度时，有一个需要论及的概念是：无效辩护。毫无疑问，无效辩护是相对有效辩护而言的。根据《布莱克法律词典》的解释，无

---

〔1〕 American Bar Association, *Model Rules of Professional Conduct*, 2004.

〔2〕 参见熊秋红："有效辩护、无效辩护的国际标准和本土化思考"，载《中国刑事法杂志》2014年第6期。

〔3〕 参见左卫民："有效辩护还是有效果辩护？"，载《法学评论》2019年第1期。

〔4〕 参见汪海燕：《刑事诉讼法律移植研究》，中国政法大学出版社2015年版，第201页。

〔5〕 参见顾永忠："以审判为中心背景下的刑事辩护突出问题研究"，载《中国法学》2016年第2期。

效辩护（ineffective assistance of counsel） 是指 "被告人因律师不合理地处理案件而被剥夺公正审判的机会"。具体表现为，辩护律师在从事辩护活动时表现不称职，或者不尽全力帮助被告人，特别是律师的辩护活动存在利益冲突等情形。[1]从制度内容来说，无效辩护是指辩护人在进行辩护的过程中，因存在重大过错或失职行为，导致了对被追诉人不利的裁判结果。无效辩护由以下三个方面构成：一是被追诉人遭受了相对更加不利的结果；二是辩护人在进行辩护过程中有重大的失职行为；三是不利的裁判结果是由辩护律师的失职造成的。[2]

毫无疑问，无效辩护制度是有效辩护制度运行的重要保障。基于无效辩护制度的要求，被追诉人在刑事诉讼中倘若认为辩护人提供的辩护无效，可以以此为理由获得重新审判的机会。而且，如果辩护人提供的辩护被确认为无效，那么该辩护人的声誉将会受影响，辩护人出于执业前景等考虑，必然会想方设法提高辩护质量，由此可以看出来，无效辩护制度可以保障有效辩护制度的运行。

无效辩护制度的作用如此重要，那么，应当如何判断辩护人提供的辩护是否 "无效"？放眼域外，美国通过司法实践中的判例确立了无效辩护的判断标准。在1984年的斯特里克兰诉华盛顿州案（Strickland v. Washington） 中，[3]美国联邦最高法院对 "无效的律师帮助" 的宪法标准进行解释，指出律师有效辩护关乎公正审判的实现，"判断任何有效性主张的基本点必须是，律师的行为是否损害了对抗制诉讼的基本功能，以至于难以依赖审判得到一个公正的结果"[4]，并进一步指出判断被追诉人是否获得无效律师帮助时，一般考虑以下因素：（1）律师以前是否处理过刑事案件（律师是否有辩护经验）；（2）不称职行为是否涉及所采取的审判策略（错误是否是刻意制造的辩护破绽）；（3）被告人是否以及在多大程度上因为辩护律师无效辩护行为受到偏见（辩护错误与被告人受到的影响之间的关系）；（4）无效辩护行为是否由律师无法

---

〔1〕 利益冲突主要是指辩护律师为利害相反的两个共同被告辩护。相关判例参见：Holloway v. Arkansas, 435 U. S. 475 (1978).

〔2〕 参见林劲松："对抗制国家的无效辩护制度"，载《环球法律评论》2006年第4期。

〔3〕 See Strickland v. Washington, 466 U. S. 668 (1984).

〔4〕 [美] 约书亚·德雷斯勒·艾伦·C. 迈克尔斯：《美国刑事诉讼法精解》（第二卷·刑事审判），魏晓娜译，北京大学出版社2009年版，第81页。

控制的事项引起（是否存在不可抗力的情形）。需要指出的是，律师辩护行为存在错误不一定导致律师的提供的法律帮助无效，仅仅在错误很严重的情况下，如可能导致完全不同的审判结果，才足以要求进行新的审判。[1]

回视我国，目前立法并没有确立无效辩护制度，遑论无效辩护的判断标准。事实上，由于缺少辩护质量的司法审查机制、辩护率并不高等，我国缺乏确立无效辩护制度的基础，诚如有学者指出的，"在可预见的未来，中国引入无效辩护制度的可能性是很小的"。[2]在目前制度背景下，我国刑事诉讼对无效辩护制度应该采取宽广的思路，针对司法实践中存在的辩护人无效辩护行为，可借助已有制度条件构建我国本土意义上的无效辩护的制度。从我国诉讼传统出发，可对辩护人无效辩护行为设置程序性制裁机制与职业惩戒措施。就程序性制裁而言，如果辩护人提供的辩护行为被认定为无效，则被告人可提出程序性上诉，法院经审查确认辩护无效的，应当将判决撤销，发回重审。此外，由于辩护人提供无效辩护行为在本质上属于失职行为，也违反了职业伦理道德，因此，可以设置针对辩护人无效辩护的惩戒措施，如警告、罚款、暂停执业等，对于无效辩护造成严重后果的，甚至可以取消辩护人资格等。

二、有效辩护制度的构建

如前所述，确保辩护"有效性"实现，主要包括辩护人尤其是辩护律师的职业伦理、辩护人充分的诉讼权利以及法律援助辩护提供制度保障等因素支撑。因此，要构建我国的有效辩护制度，应当对上述影响因素进行改革完善。此处仅就辩护律师的职业伦理、辩护律师的诉讼权利保障等问题进行探讨，而法律援助辩护的改革与完善将在本章第二节进行讨论，此处不赘。

（一）辩护律师的职业伦理规范

要构建有效辩护制度，必须厘清辩护律师职业伦理的基本问题。一般而言，职业伦理包括从事某一职业应当遵守的职业行为准则和社会公共道德。职业不同，所要遵守的职业伦理规范也有所不同。例如，在医学领域，医生对病人的诊断直接关系着病人的健康乃至生命安全，因此，医务人员职业伦

---

[1] Bryan A. Garner ed., *Black's Law Dictionary*, Jhomson West, 2004, p. 372.

[2] 参见陈瑞华："刑事诉讼中的有效辩护问题"，载《苏州大学学报（哲学社会科学版）》2014年第5期。

理规范必然要求医生救死扶伤、治病救人，同疾病作斗争，并不断提高医务技术水平。而辩护律师由于参与刑事诉讼的目的在于维护犯罪嫌疑人、被告人的合法权益，加之刑事诉讼直接涉及对被追诉人人身自由甚至生命权的限制或剥夺，因此，对辩护律师职业伦理规范的要求，必然有着高的标准。

那么，需要进一步追问的是，辩护律师需要遵循哪些职业伦理规范？如前所述，辩护律师参与刑事诉讼旨在维护犯罪嫌疑人、被告人的合法权益，因此，辩护律师的职业伦理规范首先表现为维护被追诉人的合法权益。质言之，辩护律师应当遵守忠诚义务，这主要表现为一方面辩护律师进行辩护只能维护被追诉人的合法权益，而不能损害被追诉人的利益，即实施积极的辩护活动最大限度维护被追诉人的利益，另一方面则表现为恪守辩护行为底线，不实施损害被追诉人利益的辩护活动的消极忠诚义务。〔1〕需要指出的是，辩护律师进行辩护、维护被追诉人合法权益过程中，不得损害国家社会利益。与此同时，辩护律师还应当承担特定的公益义务，即维护司法廉洁性的义务、遵守司法程序的义务，以及消极的实体真实义务。辩护律师不负积极的实体真实义务已成为共识，〔2〕这意味着辩护律师没有协助公安司法机关发现真实的义务。辩护人的真实义务是不得积极实施歪曲真实的行为，包括不能伪造或毁灭证据，不得通过教唆伪证等行为主动掩盖案件事实。

（二）辩护律师诉讼权利的完善

有效辩护制度的构建，还要求辩护律师享有充分的诉讼权利。为了完善辩护律师的诉讼权利，2012年《刑事诉讼法》修改把辩护制度作为重点改革领域，不仅确认了侦查阶段参与刑事诉讼的律师的辩护人地位，将法律援助辩护的适用阶段提前至侦查阶段、扩大法律援助辩护的适用案件范围、完善了辩护律师的会见权、阅卷权等。2021年最高法《解释》修订进一步扩大了辩护律师阅卷的范围，这大大促进了辩护制度的发展，也为有效辩护制度的构建提供了制度支持。然而，从诉讼权利的角度来看，目前辩护律师诉讼权利的行使仍然存在诸多问题，如在一定程度上2012年《刑事诉讼法》修改前司法实践中存在的"阅卷难""会见难""调查取证难"等问题依然存在，而

---

〔1〕　参见陈瑞华："论辩护律师的忠诚义务"，载《吉林大学社会科学学报》2016年第3期。

〔2〕　参见〔日〕佐藤博史：《刑事辩护的技术与伦理——刑事辩护的心境、技巧和体魄》，于秀峰、张凌译，法律出版社2012年版，第37页。

且在此基础上还出现了"质证难""发问难""辩论难"等问题。这些问题的存在必然对有效辩护制度的构建无益。试想,倘若辩护律师行使上述权利困难,甚至无法行使上述权利,那么辩护律师又如何进行辩护?遑论有效辩护了。因此,应当采取措施完善辩护律师的诉讼权利,使辩护律师的诉讼权利从"纸面上"的权利变成"行进中"的权利,促进有效辩护制度的建立。

第一,会见权的完善。辩护人与被追诉人会见并进行充分沟通交流是其为被追诉人提供有效辩护的重要保障。辩护人会见被追诉人可以保证其充分了解案件情况,并根据案件具体情况提出辩护意见。过去,我国辩护律师在司法实践中存在会见难问题。为了解决此问题,我国 2012 年《刑事诉讼法》修改在吸收《律师法》规定的基础上,明确规定辩护律师凭律师执业证书、律师事务所证明和委托书或者法律援助公函等"三证"即可要求会见在押的被追诉人,且看守所应当及时安排会见。[1]这是值得肯定的。需要指出的是,辩护律师要求会见以其知晓被追诉人的羁押地点为前提。然而,根据我国现行《刑事诉讼法》之相关规定,无论是拘留还是逮捕后,法律并没有要求办案机关将羁押场所通知被追诉人家属。[2]也就是说,辩护律师只能向办案机关了解羁押场所,但办案机关并不负有告知义务。在办案机关不愿意告知的情况下,辩护律师则无从申请会见。这可能成为阻碍辩护律师会见的因素。因此,应当明确规定拘留或逮捕后办案机关通知家属时须写明羁押地点,这是辩护律师有效行使会见权的需要。应当指出的是,公安部《规定》与最高法《解释》均已明确要求通知家属时须写明羁押的处所,[3]然而 2021 年最高

---

〔1〕 现行《刑事诉讼法》第 39 条第 2 款规定:"辩护律师持律师执业证书、律师事务所证明和委托书或者法律援助公函要求会见在押的犯罪嫌疑人、被告人的,看守所应当及时安排会见,至迟不得超过四十八小时。"

〔2〕 现行《刑事诉讼法》第 85 条第 2 款规定:"拘留后,应当立即将被拘留人送看守所羁押,至迟不得超过二十四小时。除无法通知或者涉嫌危害国家安全犯罪、恐怖活动犯罪通知可能有碍侦查的情形以外,应当在拘留后二十四小时以内,通知被拘留人的家属。有碍侦查的情形消失以后,应当立即通知被拘留人的家属。"第 93 条第 2 款规定:"逮捕后,应当立即将被逮捕人送看守所羁押。除无法通知的以外,应当在逮捕后二十四小时以内,通知被逮捕人的家属。"

〔3〕 公安部《规定》第 127 条第 1 款规定:"除无法通知或者涉嫌危害国家安全犯罪、恐怖活动犯罪通知可能有碍侦查的情形以外,应当在拘留后二十四小时以内制作拘留通知书,通知被拘留人的家属。拘留通知书应当写明拘留原因和羁押处所。"最高法《解释》第 167 条规定:"人民法院作出逮捕决定后,应当将逮捕决定书等相关材料送交公安机关执行,并将逮捕决定书抄送人民检察院。逮捕被告人后,人民法院应当将逮捕的原因和羁押的处所,在二十四小时以内通知其家属;确实无法通知的,应当记录在案。"

检《规则》对此问题并没有涉及，因此，应当将通知家属时须写明羁押地点写入 2021 年最高检《规则》，并在《刑事诉讼法》再修改时写入法典。

第二，阅卷权的完善。辩护律师有效阅卷是其提供有效辩护的重要保障。辩护律师通过充分阅卷，可以较为全面了解案件具体情况，并在此基础上提出有针对性的辩护意见。1996 年《刑事诉讼法》对辩护律师在不同诉讼阶段的阅卷范围作了区分，即在审查起诉阶段阅卷的范围仅限于诉讼文书、技术性鉴定材料，而到了审判阶段阅卷范围才扩展至本案所指控的犯罪事实的材料，[1]加之阅卷的程序规定并不完善，导致司法实践中出现"阅卷难"问题。为解决辩护律师"阅卷难"问题，2012 年《刑事诉讼法》修改时突破了1996 年《刑事诉讼法》的规定，不仅明确了辩护律师自审查起诉之日起有权查阅、摘抄、复制本案的案卷材料，而且相关司法解释明确了办案机关为辩护律师阅卷提供便利，这为辩护律师充分行使阅卷权提供了重要支撑。

关于阅卷权的完善问题，还有一个需要解决的问题是：被追诉人本人是否享有阅卷权？在此问题上，理论界存在较大分歧，且在讨论中形成 3 种不同的观点：一是辩护人固有权说，即认为阅卷权是辩护人基于自己独立的诉讼地位所必然拥有的权利，无须获得被追诉人授权即可享有。[2]二是被追诉人固有权说，即主张被追诉人是阅卷权的权利主体，但基于多元利益平衡的需要，被追诉人的阅卷权由被追诉人和辩护人共同行使。[3]三是辩护律师与被追诉人共有权说，这种观点从有效辩护的角度出发，指出阅卷权既是辩护律师的权利，也是被告人的诉讼权利。而被追诉人行使阅卷权的方式，既可以通过辩护人行使，也可以由本人直接阅卷。[4]从有效辩护的角度来看，应当赋予被追诉人本人阅卷权，这是保障被追诉人质证权的重要途径。毫无疑

〔1〕 1996 年《刑事诉讼法》第 36 条规定："辩护律师自人民检察院对案件审查起诉之日起，可以查阅、摘抄、复制本案的诉讼文书、技术性鉴定材料，可以同在押的犯罪嫌疑人会见和通信。其他辩护人经人民检察院许可，也可以查阅、摘抄、复制上述材料，同在押的犯罪嫌疑人会见和通信。辩护律师自人民法院受理案件之日起，可以查阅、摘抄、复制本案所指控的犯罪事实的材料，可以同在押的被告人会见和通信。其他辩护人经人民法院许可，也可以查阅、摘抄、复制上述材料，同在押的被告人会见和通信。"

〔2〕 参见蔡墩铭："辩护人之阅卷权"，载《月旦法学教室》2002 年第 1 期。

〔3〕 参见杨波："被追诉人阅卷权探究——以阅卷权权属为基点的展开"，载《当代法学》2012年第 1 期。

〔4〕 参见陈学权："论被追诉人本人的阅卷权"，载《法商研究》2019 年第 4 期。

问，被追诉人在开庭前只有充分了解案件证据材料情况，才能在法庭上进行有效质证。试想，法律虽然赋予被追诉人在法庭上针对不利于自己的证据进行对质，但是被追诉人对所要对质的证据却一无所知，那么其在法庭上又如何进行质证？更甚的是，倘若被追诉人没有辩护人，加之缺乏阅卷的情况下，被追诉人就无法发现那些对自己有利的证据材料，也就无法提交证据了。因此，基于有效辩护的需要，应当赋予被追诉人本人阅卷权。

第三，调查取证权的完善。辩护律师为被追诉人提供有效辩护，以其全面了解案情、掌握案件证据材料为前提。调查取证权作为辩护律师的一项重要权利，为其了解案情、掌握案件证据材料提供保障。在我国，司法实践中辩护律师的调查取证权面临着诸多问题，不仅存在辩护律师"调查取证难"问题，而且由于种种原因，诸多律师不敢行使调查取证权。

其一，调查取证难问题。辩护律师调查取证难主要集中在侦查阶段。虽然 2012 年《刑事诉讼法》明确了律师在侦查阶段具有辩护人地位，但是对辩护律师在侦查阶段是否享有调查取证权却作出模棱两可的规定。一方面，现行《刑事诉讼法》第 38 条关于辩护律师在侦查阶段的诉讼权利，对调查取证权只字未提；[1]另一方面，从现行《刑事诉讼法》第 43 条第 1 款中"辩护律师经证人或者其他有关单位和个人同意，可以向他们收集与本案有关的材料"的规定来看，[2]辩护律师在侦查阶段似乎享有调查取证权，但该条第 2 款明确规定"辩护律师经人民检察院或者人民法院许可，并且经被害人或者其近亲属、被害人提供的证人同意，可以向他们收集与本案有关的材料。"[3]也就是说，辩护律师向控方证人取证在审查起诉阶段须事先获得人民检察院许可，而在审判阶段则须事先获得人民法院的许可。据此，辩护律师的调查取证权似乎仅限于审查起诉阶段和审判阶段。这种模棱两可的立法必然导致司法实践的无所适从。事实上，司法实践中一些办案机关出现以辩护律师在

---

〔1〕 现行《刑事诉讼法》第 38 条规定："辩护律师在侦查期间可以为犯罪嫌疑人提供法律帮助；代理申诉、控告；申请变更强制措施；向侦查机关了解犯罪嫌疑人涉嫌的罪名和案件有关情况，提出意见。"

〔2〕 现行《刑事诉讼法》第 43 条第 1 款规定："辩护律师经证人或者其他有关单位和个人同意，可以向他们收集与本案有关的材料，也可以申请人民检察院、人民法院收集、调取证据，或者申请人民法院通知证人出庭作证。"

〔3〕 现行《刑事诉讼法》第 43 条第 2 款规定："辩护律师经人民检察院或者人民法院许可，并且经被害人或者其近亲属、被害人提供的证人同意，可以向他们收集与本案有关的材料。"

侦查阶段不享有调查取证权为由否定辩护律师侦查阶段收集证据的资格。这显然不利于辩护律师提供有效辩护。因此，应当明确规定侦查阶段辩护律师有权调查取证。这不仅是律师在侦查阶段辩护人地位的重要体现，而且符合国际社会上的通行做法。放眼域外，不管是在英美法系国家还是大陆法系国家，基于有效辩护的考量，均在刑事诉讼中赋予辩护律师在侦查阶段的调查取证权。例如，在日本，收集有利于被追诉人的证据就是辩护人在侦查阶段的主要工作。[1]而在美国，由于刑事诉讼中实行的是双轨制侦查，因此在侦查阶段享有调查取证权是辩护律师的当然权利。因此，我国应当明确规定辩护律师在侦查阶段享有调查取证权。

其二，不敢行使调查取证权问题。根据我国《刑法》第306条之规定，辩护律师在调查取证过程中毁灭、伪造证据，帮助当事人毁灭、伪造证据，威胁、引诱证人违背事实改变证言或者作伪证的，追究辩护人毁灭、伪造证据、妨害作证罪（以下称"辩护人伪证罪"）。[2]毋庸置疑，倘若辩护律师毁灭证据、伪造证据，威胁、引诱作伪证等，以此追究其伪证罪并无不妥。然而，证人改变证言的原因有很多，并不一定是辩护律师威胁、引诱所致。倘若辩护律师按照法律规定向证人取证，而证人改变证言的，也难逃辩护人伪证罪的诘难。事实上，据有关实证调研数据显示，在1997年至2005年间，最少有500名律师因涉嫌辩护人伪证罪被立案追究刑事责任，尽管其中80%最终未被定罪。[3]正是这种调查取证面临的刑事责任风险，导致司法实践中很多辩护律师不敢调查取证。这显然不利于辩护律师提供有效辩护。因此，应当采取有效措施降低辩护律师调查取证的风险，使之充分行使调查取证权，为被追诉人提供有效辩护。具体而言，应当将《刑法》第306条中"改变证言"而追究辩护人伪证罪的规定删除。需要指出的是，按照现行《刑事诉讼法》第44条第2款的规定，辩护人涉嫌辩护人伪证罪需要追究刑事责任的，"应当由办理辩护人所承办案件的侦查机关以外的侦查机关办理"。这个规定

---

〔1〕 参见［日］田口守一：《刑事诉讼法》，张凌、于秀峰译，中国政法大学出版社2010年版，第110页。

〔2〕 《刑法》第306条第1款规定："在刑事诉讼中，辩护人、诉讼代理人毁灭、伪造证据，帮助当事人毁灭、伪造证据，威胁、引诱证人违背事实改变证言或者作伪证的，处三年以下有期徒刑或者拘役；情节严重的，处三年以上七年以下有期徒刑。"

〔3〕 参见张大海："司法职业共同体视角下的律师执业困境与对策"，载《中州学刊》2010年第5期。

并未明确启动程序追究辩护人伪证罪的时间节点。在实践中往往一旦发现辩护律师涉嫌犯罪即启动程序追究，即使辩护律师正为被追诉人提供辩护。这显然不利于辩护律师所承办案件的辩护工作。因此，笔者认为应明确追究辩护律师的辩护人伪证罪的时间。具体而言，应当明确规定对辩护律师涉嫌辩护人伪证罪的，应当在辩护律师所承办案件裁判生效以后才能立案侦查。只有这样，才能有效保障辩护律师为被追诉人提供有效辩护。

第二节　法律援助辩护制度

法律援助辩护制度是指国家为经济困难和符合法定条件的犯罪嫌疑人、被告人无偿提供辩护的法律制度。法律援助辩护制度作为一项实现司法公正、保障人权的重要制度，已为联合国人权国际公约所确认。[1]我国法律援助辩护制度的内容主要由《刑事诉讼法》《律师法》等相关法律和司法解释予以规定。从我国法律援助辩护制度的运行情况来看，当前立法关于法律援助辩护的相关规定已不能完全适应司法实践的需要，尤其是刑事案件律师辩护全覆盖试点工作开展后，亟需对法律援助辩护制度进行改革与完善。在此背景下，立法部门进行法律援助立法，并于 2021 年 1 月在中国人大网公布了《法律援助法（草案）》，正式向社会公众征求意见。本节就法律援助辩护的责任主体、法律援助辩护的范围、法律援助辩护的质量保障等问题进行讨论。

一、法律援助辩护的责任主体

法律援助辩护的责任主体，是指在刑事诉讼中为因经济困难或其他原因而难以获得辩护服务的社会弱者提供法律援助辩护的责任承担者。责任主体归属是法律援助辩护制度的基础问题，也是法律援助的受援人获得法律帮助的根据，直接影响受援人合法权益能否有效实现。

---

〔1〕 联合国《两权公约》第 14 条第 3 款规定："在制定对他提出的任何刑事指控时，人人完全平等地有资格享受以下的最低限度的保证：……（丁）出席受审并亲自替自己辩护或经由他自己所选择的法律援助进行辩护；如果他没有法律援助，要通知他享有这种权利；在司法利益有此需要的案件中，为他指定法律援助，而在他没有足够能力偿付法律援助的案件中，不要他自己付费；……"

（一）域外法律援助辩护责任主体的源流

法律援助辩护制度并非自古有之，而是刑事法制观念发展到一定历史阶段的产物。它在西方社会产生与发展的历史，经历了慈善事业阶段（18世纪、19世纪）、个人权利阶段（20世纪前半段）和福利国家政策阶段（"二战"以后）三个阶段，法律援助辩护的责任主体也经历了由最初民间组织或个人自发地向穷人提供免费服务的慈善行为，逐步演化为国家保障公民实现合法权益的国家行为的过程。

第一，民间组织或个人自发地向穷人提供法律援助辩护。在19世纪末以前，由于作为新兴政治力量的资产阶级刚刚走上历史舞台，宗教组织和慈善机构呈现出空前的生机和活力。为了赢取社会赞誉、吸引更多信徒或证明他们的道义观的高尚性，宗教团体或慈善机构等将目光投向社会的弱者，把为穷人提供力所能及的法律援助辩护服务视为彰显乐善好施精神的一项慈善事业。例如，在意大利统一之前，在某些城邦存在为穷人服务的公共律师组织，就把为穷人提供法律援助辩护视为一种积德行善的行为。[1]又如，在1771年，西班牙开始实行"穷人律师"轮换制度，律师协会在处理涉及关押在法院拘留所的穷人的案件时，由律师轮换为穷人提供免费服务。由此可见，在19世纪末以前，提供法律援助辩护只是宗教团体或慈善机构基于道义或者良心要求的一项慈善事业，这种慈善行为必然具有随意性。

第二，国家基于国家职能的要求为公民提供法律援助辩护。19世纪末20世纪初，随着资产阶级人权观念的确立以及"法律社会主义"观念的出现，刑事法律援助作为人人享有的一项政治权利，在资产阶级国家逐渐得到确立。通过法律援助辩护为公民提供向法院申诉的机会开始被视为国家的责任，提供法律援助辩护开始从单纯的宗教团体或慈善机构的慈善行为向国家行为转变。将法律援助辩护视为国家责任的典型表现是国家公共辩护者机构的出现。如美国在1910年成立了第一家公共辩护者机构，为刑事案件中贫穷的被告人提供辩护的责任全部由领取工资的律师承担，这些律师的工资由辩护者基金支付，而辩护者基金75%以上来自税收。二战以后，在福利国家思想的影响下，西方国家纷纷通过立法明确规定法律援助辩护的国家责任原则。如《1946年日本国宪法》第37条第3款规定："在任何时候，如果被告不能够通

---

〔1〕 参见严军兴：《法律援助制度理论与实务》，法律出版社1999年版，第6页。

过自己能力获得胜任的律师的帮助，他应得到国家指派的律师的帮助。"法国1793 年《雅各宾宪法》第 96 条也规定："被告人应有自行选定的辩护人或公设辩护人。"其中，公设辩护人一般附属于法院，领取固定薪金，其职责是为无力聘请或不愿聘请律师的被告人辩护。〔1〕在英国，由刑事法庭负责刑事案件中被告人辩护的法律援助。尽管英国法律并未规定统一的刑事案件的法律援助手段，但是 1974 年《法律援助法案》明确规定，"在合适的法院，为了审判的利益"，刑事法律援助必须实施；并且，只要是在法院认为被告人没有经济能力支付诉讼费用的情况下，都有权决定为其提供法律援助。〔2〕

（二）我国法律援助辩护的责任主体

从我国现行的法律规定来看，我国承担法律援助辩护的责任主体包括政府和律师两种。一方面，法律明确规定提供法律援助辩护是一种政府责任。《法律援助条例》第 3 条第 1 款明确规定："法律援助是政府的责任。"为落实政府的援助责任，《法律援助条例》还规定了相关政府司法行政部门应当"根据需要确定本行政区域的法律援助机构"（第 5 条第 1 款），并由政府"为法律援助提供财政支持"（第 3 条第 1 款）。另一方面，法律还规定了提供刑事法律援助辩护是律师的义务。《法律援助条例》第 6 条规定："律师应当依照律师法和本条例的规定履行法律援助义务，为受援人提供符合标准的法律服务，依法维护受援人的合法权益，……"《律师法》第 42 条规定："律师、律师事务所应当按照国家规定履行法律援助义务，为受援人提供符合标准的法律服务，维护受援人的合法权益。"

我国立法关于法律援助辩护的双重义务主体的规定在司法实践中导致国家作为提供法律援助辩护责任的承担者往往只扮演管理者、监督者的身份，而由律师承担绝大部分的法律援助辩护义务。这种不合理的义务导致一些承担法律援助责任的律师不愿意提供法律援助辩护，以缴纳一定数量的金钱敷衍了事；即使律师愿意承担法律援助辩护义务，也会因为费用的严重不足而制约辩护的质量。因此，应当明确为被追诉人提供法律援助辩护是国家和政府的责任，而非律师之义务。这不仅是为了适应世界潮流，而且是真正落实国家为被追诉人提供法律援助辩护责任的需要。根据权利义务的一般原理，

---

〔1〕 参见张耕主编：《法律援助制度比较研究》，法律出版社 1997 年版，第 8 页。
〔2〕 参见张耕主编：《法律援助制度比较研究》，法律出版社 1997 年版，第 145 页。

法律一旦明确国家承担法律援助辩护的责任，国家就不得拒绝履行，也不得将其责任转嫁给其他主体。试想，在政府和律师都有义务承担法律援助辩护义务的情况下，如果国家和政府利用手上的权力设定义务履行的先后顺序，将政府履行责任的顺序放在律师义务之后，这实际上是将其责任转嫁给律师。因此，明确法律援助辩护责任仅由国家承担，可以避免政府推卸责任，真正为被追诉人提供实质性的法律援助辩护服务。

二、法律援助辩护的范围

就现行的立法而言，法律援助辩护的范围比较广泛，贯穿了侦查、起诉和审判等刑事诉讼中的各个阶段，有经济困难的犯罪嫌疑人、被告人经申请有权获得法律援助辩护，对于盲、聋、哑人和尚未完全丧失辨认或控制自己行为能力的精神病人，未成年人，可能被判处无期徒刑、死刑的被追诉人，以及缺席审判的被告人，更能获得强制法律援助辩护。那么，是否应当进一步扩大法律援助辩护的范围？

我国 2012 年《刑事诉讼法》不仅延展了法律援助辩护的适用阶段，即从原来的审判阶段延展至侦查阶段、审查起诉阶段也能适用，而且扩大了强制法律援助辩护的适用范围。即在原来的盲、聋、哑、未成年人或者可能被判处死刑的案件的基础上，[1]增加了尚未完全丧失辨认或控制自己行为能力的精神病人的案件以及犯罪嫌疑人、被告人可能被判处无期徒刑的案件。[2] 2018 年《刑事诉讼法》又增加了缺席审判案件适用强制法律援助辩护制度。[3]

---

〔1〕 1996 年《刑事诉讼法》第 34 条规定："公诉人出庭公诉的案件，被告人因经济困难或者其他原因没有委托辩护人的，人民法院可以指定承担法律援助义务的律师为其提供辩护。被告人是盲、聋、哑或者未成年人而没有委托辩护人的，人民法院应当指定承担法律援助义务的律师为其提供辩护。被告人可能被判处死刑而没有委托辩护人的，人民法院应当指定承担法律援助义务的律师为其提供辩护。"

〔2〕 2012 年《刑事诉讼法》第 34 条第 2、3 款规定："犯罪嫌疑人、被告人是盲、聋、哑人，或者是尚未完全丧失辨认或者控制自己行为能力的精神病人，没有委托辩护人的，人民法院、人民检察院和公安机关应当通知法律援助机构指派律师为其提供辩护。犯罪嫌疑人、被告人可能被判处无期徒刑、死刑，没有委托辩护人的，人民法院、人民检察院和公安机关应当通知法律援助机构指派律师为其提供辩护。"

〔3〕 现行《刑事诉讼法》第 293 条规定："人民法院缺席审判案件，被告人有权委托辩护人，被告人的近亲属可以代为委托辩护人。被告人及其近亲属没有委托辩护人的，人民法院应当通知法律援助机构指派律师为其提供辩护。"

目前，根据现行《刑事诉讼法》第35条、第278条以及第293条规定，我国刑事诉讼中强制法律援助辩护的范围包括：因经济困难或者其他原因没有委托辩护人且提出申请的犯罪嫌疑人、被告人；犯罪嫌疑人、被告人是盲、聋、哑人，或者是尚未完全丧失辨认或者控制自己行为能力的精神病人；可能被判处无期徒刑、死刑的犯罪嫌疑人、被告人；未成年犯罪嫌疑人、被告人；缺席审判的被告人。毋庸置疑，我国刑事诉讼中法律援助辩护的范围在逐步扩大，这对犯罪嫌疑人、被告人权利保障大有裨益。但随着我国刑事诉讼改革的进一步深入，尤其是近年来刑事案件律师辩护全覆盖试点工作的开展，现行法律援助辩护的范围已经不能满足司法实践的需要，法律援助辩护的范围亟待扩大。因此，应当通过立法适当扩大我国法律援助辩护的范围。

第一，法律援助辩护的案件范围。笔者认为应当将以下案件列入法律援助辩护的范围：一是犯罪嫌疑人、被告人是年满75周岁老年人的案件。这是考虑到老年人身心特点的需要，也是为了与我国关于老年人权益保障的有关规定和立法精神相接轨的要求。根据我国《老年人权益保障法》第56条第1款规定，老年人需要获得律师帮助，但无力支付律师费用的，可以获得法律援助。[1]因此，将犯罪嫌疑人、被告人是老年人的案件列入法律援助辩护的范围符合我国关于老年人权益保障的立法精神。至于老年人的范围，可参照《中华人民共和国刑法修正案（八）》的相关内容，把年龄限定在75周岁以上。二是可能判处3年有期徒刑以上刑罚的案件。随着以审判为中心的刑事诉讼制度改革的推进，为了充分发挥辩护律师在审判中的作用，最高人民法院、司法部于2017年10月联合印发了最高法、司法部《刑事案件辩护全覆盖试点办法》，进一步扩大了法律援助辩护适用案件的范围，即在现有立法基础上，把法律援助辩护制度扩大适用于"适用普通程序审理的一审案件、二审案件、按照审判监督程序审理的案件"。[2]值得注意的是，《法律援助法

---

〔1〕《老年人权益保障法》第56条第1款规定："老年人因其合法权益受侵害提起诉讼交纳诉讼费确有困难的，可以缓交、减交或者免交；需要获得律师帮助，但无力支付律师费用的，可以获得法律援助。"

〔2〕最高法、司法部《刑事案件辩护全覆盖试点办法》第2条第3款规定："除前款规定外，其他适用普通程序审理的一审案件、二审案件、按照审判监督程序审理的案件，被告人没有委托辩护人的，人民法院应当通知法律援助机构指派律师为其提供辩护。"

（草案）》也将适用普通程序审判的案件列入法律援助辩护的范围。[1]毫无疑问，将法律援助辩护的范围扩展至适用普通程序审判的案件以及按照审判监督程序审理的案件，有利于保障犯罪嫌疑人、被告人的合法权益，但实践中效果并不显著。据有关学者的实证数据显示，有的试点地区自开展刑事案件律师辩护全覆盖试点工作以来，审判阶段通知辩护案件的数量仅从 2017 年上半年的 988 件上升至 2018 年上半年的 2358 件，效果并不显著。[2]应当承认，效果不显著是多方面原因造成的，其中，立法上法律援助辩护范围仍然较窄是重要原因之一。虽然最高法、司法部《刑事案件辩护全覆盖试点办法》和《法律援助法（草案）》将法律援助辩护扩展至适用普通程序审理的案件，但我国刑事诉讼中适用普通程序审理的案件不足 1/3。也就是说，大约 2/3 的刑事案件是适用简易程序或者速裁程序审理的，这些案件却不能适用法律援助辩护制度。更甚的是，由于我国简易程序适用于可能判处无期徒刑以下刑罚的一审案件，因此即使案件属于可能判处 10 年有期徒刑以上刑罚的重罪案件，只要一审不是适用普通程序审理，被告人也无法获得法律援助辩护。由此可见，我国法律援助辩护制度的范围仍然有所不足。为了保障犯罪嫌疑人、被告人的诉讼权利，应当将部分适用简易程序审理的重罪案件也纳入法律援助辩护的范围。具体而言，笔者建议将法律援助辩护制度扩展适用于可能判处 3 年有期徒刑以上刑罚的案件。这不仅是因为可能判处 3 年有期徒刑以上刑罚的案件属于重罪案件，而且具有可行性。据有关统计数据显示，2012 年至 2014 年 3 年间判处 3 年有期徒刑以下刑罚的案件占生效判决的比例分别为 76.65%、80.61% 和 82.73%。[3]也就是说，判处 3 年有期徒刑以上刑罚的案件只占 20% 左右，加之有的案件被告人已经委托了辩护人，因此，扩展至可

〔1〕《法律援助法（草案）》第 20 条第 1 款规定："刑事案件的犯罪嫌疑人、被告人有下列情形之一，没有委托辩护人的，人民法院、人民检察院、公安机关应当通知法律援助机构指派律师为其提供辩护：（一）未成年人；（二）盲、聋、哑人；（三）尚未完全丧失辨认或者控制自己行为能力的精神病人；（四）可能被判处无期徒刑、死刑的人；（五）适用普通程序审判案件的被告人；（六）缺席审判案件的被告人；（七）死刑复核案件的被告人；（八）法律法规规定的其他情形。"

〔2〕参见陈凯、董红民、唐晔旎："刑事案件律师辩护全覆盖的实践和思考——以杭州市为例"，载《中国司法》2018 年第 11 期。

〔3〕参见刘洪庆、魏婧："全国法院判处三年有期徒刑及拘役以下刑罚人数逐年递增"，载 http://news.china.com.cn/txt/2015-11/02/content_ 36958074.htm，最后访问日期：2020 年 12 月 13 日。

能判处 3 年有期徒刑以上刑罚的案件并不会导致法律援助辩护的案件骤增。另外，从有的地区试点来看，将法律援助辩护制度扩展适用于可能被判处 3 年有期徒刑以上刑罚的案件可以取得良好的效果。[1]因此，应当将法律援助辩护制度扩展适用于可能判处 3 年有期徒刑以上刑罚的案件。

第二，法律援助辩护的适用阶段。如前所述，2012 年《刑事诉讼法》将法律援助辩护的适用阶段扩展至侦查阶段、审查起诉阶段、审判阶段，而最高法、司法部《刑事案件辩护全覆盖试点办法》进一步将适用阶段扩展至二审程序乃至审判监督程序，这无疑对保障被追诉人的合法权益大有裨益。但是，从人权保障的角度来看，还应当将适用阶段扩展至死刑复核程序。这不仅是由死刑复核程序所涉及案件的严重性决定的，而且符合联合国公约的要求。联合国《死刑犯权利保障措施》第 5 条规定："只有在经过法律程序提供确保审判公正的各种可能的保障，至少相当于联合国《两权公约》第 14 条所载的各项措施，包括任何被怀疑或被控告犯了可判死刑之罪的人有权在诉讼过程的每一阶段取得适当法律协助后，才可根据主管法院的终审执行死刑。"需要指出的是，我国 2015 年颁布的两办《完善法律援助制度意见》对死刑复核程序适用法律援助辩护制度持肯定态度，明确要求"建立法律援助参与刑事和解、死刑复核案件办理工作机制，依法为更多的刑事诉讼当事人提供法律援助"。令人欣喜的是，《法律援助法（草案）》也正式将法律援助辩护的适用扩展至死刑复核程序，即第 20 条明确规定，死刑复核案件的被告人没有委托辩护人的，公安司法机关应当通知法律援助机构指派律师为其提供辩护。[2]下一步应当将死刑复核案件的被告人适用法律援助辩护的情形写入现行《刑事诉讼法》。唯有如此，才能切实保障被追诉人的诉讼权利，保证死刑

---

〔1〕 如在浙江，浙江省高级人民法院、浙江省人民检察院、浙江省公安厅、浙江省司法厅于 2014 年颁布《关于加强和规范刑事法律援助工作的意见》，第 5 条第 6 项规定基层法院管辖的一审刑事案件，被告人经济困难且可能被判处 3 年以上有期徒刑的案件，经被追诉人申请的，法院、检察院可以商请法律援助机构指派律师为其提供辩护。此制度在实践中取得良好效果。参见陈光中、张益南："推进刑事辩护法律援助全覆盖问题之探讨"，载《法学杂志》2018 年第 3 期。

〔2〕《法律援助法（草案）》第 20 条第 1 款规定："刑事案件的犯罪嫌疑人、被告人有下列情形之一，没有委托辩护人的，人民法院、人民检察院、公安机关应当通知法律援助机构指派律师为其提供辩护：（一）未成年人；（二）盲、聋、哑人；（三）尚未完全丧失辨认或者控制自己行为能力的精神病人；（四）可能被判处无期徒刑、死刑的人；（五）适用普通程序审判案件的被告人；（六）缺席审判案件的被告人；（七）死刑复核案件的被告人；（八）法律法规规定的其他情形。"

复核案件的质量。

三、法律援助辩护的质量保障

法律援助辩护的质量保障，建立在完整的保障体系基础之上。这主要包括保证法律援助辩护提供者具有专业知识、法律援助辩护提供者有畅通的途径为受援者提供辩护以及对法律援助辩护提供者的辩护行为进行监督等。关于法律援助辩护提供者提供辩护的途径，我国现行《刑事诉讼法》及相关司法解释完善了辩护律师的会见权、阅卷权、调查取证权等，一定程度上为律师提供法律援助辩护消除了障碍，有利于保障律师畅通地提供法律援助辩护。对此，本章第一节已有详述，此处着重就法律援助辩护提供者的专业化与如何监督法律援助辩护问题进行探讨。

（一）如何保证法律援助辩护提供者的专业知识

由于现代刑事诉讼呈现精密化、专业化的趋向，加之受援人在刑事诉讼过程中往往缺乏专业的法律知识以及人身自由受到限制或者剥夺，其辩护权能否得到有效行使在很大程度上依赖于法律援助辩护提供者的法律知识和业务能力。如果援助机构提供的辩护人不具备专业知识和业务水平，那么很难保证他们有能力提供有效的辩护。因此，应当保证法律援助辩护的提供者具备专业知识和一定的业务水平。为了保证法律援助辩护提供者的专业知识和业务水平，我国现行《刑事诉讼法》第35条规定了法律援助辩护的提供者只能是承担法律援助义务的律师。[1]《法律援助法（草案）》也明确将法律援助辩护的提供者限定为律师（第20条）。应当说，由律师提供法律援助辩护对犯罪嫌疑人、被告人的权利保障大有裨益。但是，现行《刑事诉讼法》并没有限定律师的条件，而《法律援助法（草案）》虽然对律师的条件作出了限定，但仅限定的条件是针对法律援助机构的律师而言，并不涉及执业律师，而且，即使是法律援助机构的律师，也只要求"从事相关法律工作一年以上"。[2]这

---

〔1〕 现行《刑事诉讼法》第35条第1款规定："犯罪嫌疑人、被告人因经济困难或者其他原因没有委托辩护人的，本人及其近亲属可以向法律援助机构提出申请。对符合法律援助条件的，法律援助机构应当指派律师为其提供辩护。"

〔2〕《法律援助法（草案）》第13条规定："法律援助机构律师应当具备以下条件：（一）拥护中华人民共和国宪法；（二）具有国家统一法律职业资格；（三）品行良好；（四）具有正常履行职责的身体条件和心理素质；（五）从事相关法律工作一年以上。"

无疑容易导致司法实践中出现由刚执业的律师或者没有任何刑事辩护经验的律师担任法律援助辩护人的现象。律师在执业年限较短或者没有刑事辩护经验的情况下,很难保证其提供辩护的质量。因此,笔者认为,应当对提供法律援助辩护的律师限定条件,具体而言,可将法律援助辩护的律师限定在执业 3 年以上且具有刑事辩护业务经历的律师。这既是保证法律援助辩护质量的需要,也是联合国公约的一项重要要求。联合国《律师作用基本原则》第 6 条规定:"任何没有律师的人在司法需要情况下均有权获得按犯罪性质指派给他的一名有经验和能力的律师以便得到有效的法律协助,如果他无足够力量为此种服务支付费用,可不交费。"

(二) 法律援助辩护的监督

法律援助辩护制度的直接目的是帮助犯罪嫌疑人、被告人能有效地行使辩护权。如果援助提供者拒绝提供辩护,或者不愿提供辩护而敷衍了事,那么,设置法律援助辩护制度的目的就会落空。正因为如此,现代法治国家普遍采取多种措施积极对法律援助辩护案件进行严格的监督,如规定法律援助辩护律师向法律援助机构履行报告义务、通过受援人的报告监督法律援助人员的工作和设立法律援助监督机构或者人员实施监督等。[1]与西方国家多种监督措施的做法不同,我国《法律援助法(草案)》第 40 条明确规定:"法律援助人员接受指派办理法律援助事项,应当在办理结束后向法律援助机构报告,提交有关的法律文书副本或者复印件以及办理情况报告等材料。"据此,法律援助辩护的提供者应当接受法律援助机构的监督。这样的规定存在问题有二:一是监督渠道单一,无法有效监督法律援助辩护的质量。对此,应当扩大监督的渠道,可增加当地律师协会对律师提供的法律援助辩护进行监督。即律师协会通过查阅律师承办法律援助辩护案件的法律文书和案卷材料、听取受援人的反馈、征求法律援助机构的意见等,对律师办理法律援助辩护案件的质量进行评价,并据此对律师实行奖惩制度。二是第 40 条规定的援助提供者提交"有关的法律文书的副本或者复印件以及办理情况报告等材料"过于原则,实践中难以准确把握。如情况报告应当包括哪些内容并未细言,案卷材料包括技术性鉴定材料、所指控的犯罪事实的材料是否属于"等"的范围也未明确,导致司法实践中容易出现法律援助辩护律师怠于行使辩护

---

〔1〕 参见宫晓冰主编:《中国法律援助立法研究》,中国方正出版社 2001 年版,第 188~191 页。

职责的现象，严重制约了我国法律援助辩护的质量。因此，应当细化法律援助辩护律师提交的情况报告的内容，要求法律援助辩护律师在结案后提交的情况报告应当包含与被追诉人会谈的次数与时间、阅卷的次数、调查取证的次数与证据的数量等内容。唯有如此，才能保障法律援助辩护的质量，真正保障被追诉人的合法权益。

刑事证据制度改革

　　刑事诉讼活动围绕收集证据、审查判断证据并运用证据认定案件事实而展开，证据制度对刑事诉讼任务的完成、司法公正的实现发挥着关键作用，可以说是司法公正的基石。我国 2012 年《刑事诉讼法》修改及新一轮的司法改革均把刑事证据制度作为重点改革领域进行改革完善，确立了非法证据排除规则、排除合理怀疑标准等。十八届四中全会《决定》明确要求"健全落实罪刑法定、疑罪从无、非法证据排除等法律原则的法律制度。完善对限制人身自由司法措施和侦查手段的司法监督，加强对刑讯逼供和非法取证的源头预防，健全冤假错案有效防范、及时纠正机制"。本章拟对非法证据排除规则、刑事证明标准和排除合理怀疑等问题进行探讨。

第一节　非法证据排除规则

一、非法证据排除规则的历史源流

（一）非法证据排除规则在域外的发展

　　溯源非法证据排除规则，可以发现非法证据排除规则首先在美国确立，且以非法实物证据排除规则的确立为标志。美国联邦最高法院在 1914 年威克斯诉合众国一案（Weeks *v.* United States）中首次采纳了非法证据排除规则的做法。[1]在该案中，联邦警察在未持任何司法令状的情况下从被告人家里搜查、扣押了被告人的文件、信件、财物等。被告人要求排除这些非法取得的证据。联邦最高法院认为联邦警察非法扣押证据的行为违反了美国联邦宪法

───────────

〔1〕　See Weeks *v.* United States，232 U. S. 383（1914）.

第四修正案，因此裁定非法搜查和扣押所获得的证据不得在联邦法庭上使用。但这只适用于联邦案件。在随后的判例中，联邦最高法院并不强制各州在审判中排除通过不合理的搜查或扣押手段违宪获得的"具有逻辑关联性的证据"。[1]直到 1961 年，联邦最高法院在马普诉俄亥俄州（Mapp v. Ohio）一案的判决中才正式将非法搜查、扣押证据的排除规则适用于各州。联邦最高法院在该案的判决中指出，如果不这样判决，将会导致"尽管法律赋予了（不受不合理搜查、扣押的）权利，但是，实践却抑制该权利的实现和行使"。[2]从 1914 年威克斯案到 1961 年马普案，非法证据排除规则在美国的确立表现为对警察非法侦查行为有效惩戒而排除违反联邦宪法第四和第十四修正案的规定所获得的物证、书证。这可以说是美国法院对公民宪法权利寻求救济机制的一种突破：通过排除违反宪法规定所获得的物证、书证，达到救济公民宪法权利的目的。

虽然非法证据排除规则得以确立，但排除的范围仅限于非法取得的实物证据。直至 1966 年，美国联邦最高法院审理了米兰达诉亚利桑那州案（Miranda v. Arizona），[3]创建了米兰达警告（Miranda Warnings），[4]才正式确认非法证据排除规则也适用于非法取得的言词证据，宣告了非法证据排除规则的完全确立。在该案中，警察逮捕米兰达后对他讯问时没有以任何方式告知米兰达有与律师商量的权利和在讯问的时候可以有律师在场的权利。联邦最高法院认为，米兰达的不被强迫作不利于己的陈述的权利没有得到充分的保护，并裁定没有事先的警告，米兰达的陈述是不可以采纳的。可见，米兰达案是把非法证据排除规则与被告人的权利紧密联系起来的一个新的里程碑，使非法证据排除规则的适用范围从非法获得的实物证据扩展到非法取得的言词证据，即把宪法第五修正案不得强迫自证其罪的权利纳入到非法证据排除规则保护的范围。

随着司法实践的推进，美国刑事诉讼中确立了"毒树之果"理论。"毒树

----

〔1〕 See Wolf v. Colorado, 338 U. S. 25（1949）.

〔2〕 See Mapp v. Ohio, 367 U. S. 643（1961）.

〔3〕 See Miranda v. Arizona, 384 U. S. 436（1966）.

〔4〕 根据米兰达警告的要求，在第一次讯问被逮捕人之前，必须明确告诉被逮捕人：（1）你有权保持沉默；（2）如果你选择回答，那么你所说的一切都可能会作为对你不利的证据；（3）你有权在审讯时有律师在场；（4）如果你没有钱请律师，法庭有义务为你指定律师。

之果"理论确立的直接结果是非法证据排除规则的适用范围大为扩张，[1]不仅适用于通过违宪行为所取得的证据，而且扩大适用于一切以违宪行为所取得的证据所衍生的证据。"毒树之果"理论是在西尔弗索恩·伦巴公司诉美国案（Silverthorne Lumber Co. *v.* United State）中确立的。[2]在该案中，联邦特工人员从西尔弗索恩公司非法扣押了一些书籍和记录，法院命令控方把这些文件退还被告人。但是，在退还这些文件之前，检察官进行了拍照，并据此请求大陪审团签发证据提出命令，要求西尔弗索恩公司交出这些曾经被其扣押的文件。联邦最高法院认为以非法搜查获得的信息为依据而请求签发证据提出命令是无效的。排除规则适用于违宪搜查直接获得的证据，而且适用于以违宪搜查得来的证据为基础所派生的其他证据。这些派生证据也受到了"污染"，因此属于"毒树之果"。

虽然非法证据排除规则取得了较大发展，但20世纪70年代、80年代以来，随着美国社会犯罪率的快速攀升以及保守势力的逐渐抬头，在新一轮犯罪浪潮的冲击下，惩罚犯罪的诉讼功能开始受到重视，要求限制非法证据排除规则适用范围的呼声愈发高涨。在这种背景下，美国联邦最高法院审理案件时关注的焦点开始转移到"如果在待处理的案件中适用证据排除规则是否会产生威慑未来违法行为的效果"上。[3]这种焦点的转移导致"独立来源例外""最终或必然发现的例外""污点稀释的例外""善意例外"等一系列例外情形出现。

需要指出的是，导致这一系列例外情形出现的原因是多样的，主要表现为：第一，新的理论基础开始影响非法证据排除规则的适用。美国联邦最高法院在1984年美国诉利昂案（U.S. *v.* Leon）中开始考虑排除非法证据的"社会代价"的大小问题，[4]并创设了"善意例外"规则。联邦最高法院在判决书中指出，"排除规则带来的威慑效果应大于'沉重的社会代价'"。所谓"沉重的社会代价"，是指排除非法证据成为犯罪分子逃脱牢狱惩罚的通行证。

---

〔1〕 See Jennifer Diana, "Apples and Oranges and Olives? Oh My Fellers, the Sixth Amendment, and the Fruit of the poisonous Tree Doctrine", *Brooklyn L. Rev.*, Vol. 71, 2005, p. 985.

〔2〕 See Silverthorne Lumber Co. *v.* United State, 251 U. S. 385 (1920).

〔3〕 See Jennifer Diana, "Apples and Oranges and Olives? Oh My Fellers, the Sixth Amendment, and the Fruit of the poisonous Tree Doctrine", *Brooklyn L. Rev.*, Vol. 71, 2005, p. 1009.

〔4〕 See U. S. *v.* Leon, 468 U. S. 897 (1984).

换言之，当决定是否排除非法证据时，应当考虑如果排除非法证据是否会导致把犯罪分子放回社会的危险大于该规则对警察的威慑作用。显然，这种考虑倾向于有效惩罚犯罪。美国联邦最高法院在嗣后的案例中也证实了这种倾向。联邦最高法院在哈得逊诉密歇根案（Hudson *v.* Michigan）指出，"除非威慑效果压倒了由此带来的实质性社会成本，否则，根本不会适用排除规则"。[1]毋庸置疑，美国联邦最高法院在确立非法证据排除规则之初选择威慑作用说作为理论基础很大程度上是基于实用主义的考虑，指出司法正直说的作用是潜在的，而威慑警察违法才是"主要目的，尽管并非唯一的目的"。[2]之后，为了缓解犯罪浪潮给公共利益带来的压力，再不断地创造例外。可见，不论以何种理念为出发点，在现实环境下始终无法脱离相对性之解决方法。[3]

第二，美国法律界对排除规则威慑警察违法行为有效性的质疑愈演愈烈。有观点尖锐地指出，"在理论上，排除规则可以威慑那些故意违反第四修正案的执法人员。但是，作为一种制裁手段，排除规则过于间接和微弱，以至于根本无法发挥其应有的功能"。[4]有学者则通过实证研究指出，排除规则并没有富有成效地威慑警察的违法行为，而且，它也不可能具有这种能力。[5]事实上，法官在思考并适用排除规则及其例外的过程中对排除规则的威慑作用也产生了动摇。"污点稀释"的例外足以说明法官的上述立场。美国联邦最高法院通过1963年的王申诉美国（Wong Sun *v.* United States）案确立了"污点稀释"的例外。[6]根据该规则，在发生了非法取证行为之后，如果因为被告人自愿的行为的介入而中断了最初的违法性，那么不再影响警察在被告人行为后所取得的证据。污点稀释意味着在被告人自愿行为介入这个点上，警察非法行为的危害结果变得如此稀薄，以至于排除规则的威慑作用已经不再那么有效。

非法证据排除规则作为一项证据法治的重要规则，由于美国法律文化的

---

〔1〕　See Hudson *v.* Michigan, 547 U. S. 586 (2006).

〔2〕　See United States *v.* Janis, 428 U. S. 433, 466 (1976).

〔3〕　参见黄朝义：《刑事证据法研究》，元照出版公司2000年版，第81页。

〔4〕　See Slobogin, 374, 377, 104th Cong. , Ist Sess. (1995).

〔5〕　Ronald L. Akers & Lonn Lanza-Kaduce, "The Exclusionary Rule: Legal Doctrine and Social Research on Constitutional Norms", 2 *Sam Houston St. U. Crim. Just. Center Res. Bull.* 1, 1986.

〔6〕　See Wong Sun *v.* United States, 371 U. S. 471 (1963).

影响，逐渐被其他国家和地区所采纳与适用。在德国，德国刑事诉讼通过证据禁止理论来规范非法证据排除问题。根据证据禁止阶段的不同，将证据禁止分为证据取得禁止（Beweiserhebungsverbote）和证据使用禁止（Beweisverwertungsverbote），前者是国家机关取证的行为规范，后者是法官在审判中裁判证据能力的行为规范。根据证据使用禁止是否源于国家法律明文规定的取得禁令，而将其分为自主性的证据使用禁止和非自主性证据使用禁止两类。[1]其中，自主性证据使用禁止是指尽管取证行为并不违反有关证据取得禁止的规定，即取证行为合法，但是基于"利益权衡"而禁止使用某些证据。非自主性证据使用禁止则是指违反有关证据取得禁止的规定而导致的证据使用的禁止。需要指出的是，在德国，证据取得禁止并不必然导致非自主性证据使用禁止。证据是否被禁止使用，还需要考虑以下 3 个方面的条件：一是对非法取证行为侵害主体的要求。非法取证行为必须侵害被告人的权利才导致不能使用该证据给被告人定罪；二是排除非法证据的目标应当与非法取证行为所违反的刑事诉讼程序的目标相一致；三是证据使用禁止的"利益权衡"原则。[2]

非法证据排除规则由于与人权保障、程序公正等现代法治理念紧密相联，因此逐渐被国际公约所确认。1984 年通过的联合国《禁止酷刑公约》第 15 条明确规定："每一缔约国应确保在任何诉讼程序中，不得援引任何确属酷刑逼供作出的陈述为根据。但这类陈述可引作对被控施用酷刑逼供者起诉的证据。"

（二）非法证据排除规则在我国的发展

从历史的维度来看，非法证据排除规则写入我国刑事诉讼法并非一蹴而就，而是经历了曲折迂回之路。我国理论界对非法证据的认识源于对刑讯逼供行为的认识，并主要关注刑讯逼供的危害性，一方面认为刑讯逼供是"历代反动统治阶级镇压和迫害劳动人民的一种残酷手段，是反革命暴力的重要组成部分，也是唯心主义世界观在办案中的具体反映"；[3]另一方面，则指

---

〔1〕 参见陈瑞华：《比较刑事诉讼法》，北京大学出版社 2021 年版，第 425 页。

〔2〕 参见张吉喜："德国刑事诉讼中的证据禁止"，载《人民法院报》2005 年 12 月 16 日，第 B04 版。

〔3〕 中央政法干校刑法、刑事诉讼法教研室编著：《中华人民共和国刑事诉讼法讲义》，群众出版社 1982 年版，第 220 页。

出刑讯逼供"不仅是违法行为，而且它可能使无罪的人违心地承认犯罪，也可能使有罪的人乱供乱辩，造成真假难分，给收集证据和准确认定案情造成困难，甚至造成冤案"。[1]1979年《刑事诉讼法》第32条规定："审判人员、检察人员、侦查人员必须依照法定程序，收集能够证实被告人有罪或者无罪、犯罪情节轻重的各种证据。严禁刑讯逼供和以威胁、引诱、欺骗以及其他非法的方法收集证据。……"对于非法取证行为构成犯罪的，《刑法》第247条规定了相应的制裁措施："司法工作人员对犯罪嫌疑人、被告人实行刑讯逼供或者使用暴力逼取证人证言的，处三年以下有期徒刑或者拘役。致人伤残、死亡的，依照本法第二百三十四条、第二百三十二条规定定罪从重处罚"。由此可见，我国立法对刑讯逼供等非法取证行为持严厉禁止的态度。但是，对于非法取得的证据如何处理，当时立法并未作出任何规定。

随着诉讼法学理论的不断发展和程序正义理念的弘扬，理论界对非法取证尤其是刑讯逼供的危害性理解更为深刻。有学者明确指出，之所以严禁刑讯逼供和以威胁、引诱、欺骗等非法方法收集证据，是因为从证据合法性或者证据能力的角度来看，上述证据不符合"证据必须是法定人员依法定程序以合法方法收集"这一基本要求从而使得证据不具有证据能力。[2]然而，1996年《刑事诉讼法》修改时在此问题上完全保留了1979年《刑事诉讼法》的规定。[3]

由于1996年《刑事诉讼法》的规定过于原则，可操作性不强，随后出台的司法解释在非法证据排除的问题上作了进一步细化规定。1998年最高法《解释》第61条规定："严禁以非法的方法收集证据。凡经查证确实属于采用刑讯逼供或者威胁、引诱、欺骗等非法的方法取得的证人证言、被害人陈述、被告人供述，不能作为定案的根据。"此外，1999年最高检《规则》也作出

---

〔1〕　徐静村、樊崇义主编：《刑事诉讼法学》，中国政法大学出版社1994年版，第164页。
〔2〕　参见樊崇义主编，卞建林副主编：《刑事诉讼法学》，中国政法大学出版社1996年版，第197页。
〔3〕　1996年《刑事诉讼法》第43条规定："审判人员、检察人员、侦查人员必须依照法定程序，收集能够证实犯罪嫌疑人、被告人有罪或者无罪、犯罪情节轻重的各种证据。严禁刑讯逼供和以威胁、引诱、欺骗以及其他非法的方法收集证据。必须保证一切与案件有关死了解案情的公民、有客观地充分地提供证据的条件，除特殊情况，并且可以吸收他们协助调查。"

了类似规定。[1]由此可以看出，最高人民法院、最高人民检察院的司法解释对于采用刑讯等特定违法方法收集的证据不能作为定案根据的态度是鲜明的。但是，上述司法解释对非法证据排除仅涉及言词证据的排除问题，未涉及非法取得的实物证据问题。而且，对于如何确认相关证据是非法取得的，非法证据排除的证明责任、证明标准如何，应通过何种程序将其排除等仍然缺乏具体规定。在司法实践中，即使对于非法取得的言词证据也因缺乏具体排除程序也难以排除。可以说，此时的规定仍然较为原则，不具有可操作性。

由于立法上的粗疏以及司法实践排除非法证据的现实需要，理论界从 21 世纪初开始对非法证据排除规则进行了广泛的探讨，关于我国如何确立非法证据排除规则的论著大量涌现。例如，有学者以非法证据排除规则为研究对象，系统研究了非法证据排除规则的基础理论，并对国外司法实践进行了探讨，并从中国实际情况出发提出了中国阶段式确立非法证据排除规则的设想。[2]也有学者从非法证据排除的标准、排除证明责任以及排除程序等方面对我国非法证据排除的若干问题进行论述，以期对我国非法证据排除规则的立法与司法实践有所裨益。[3]有关学者关于非法证据排除规则立法建议的专家建议稿更是对我国非法证据排除规则的立法条文设计作出了积极探讨和倡议。[4]毫无疑问，这些学术成果对于推动我国非法证据排除规则理论研究的发展发挥了重要作用，也为我国确立非法证据排除规则提供了智力支持。

2004 年我国通过《宪法》修正案，正式把"国家尊重和保障人权"原则

---

〔1〕 1999 年最高检《规则》第 265 条规定："严禁以非法的方法收集证据。以刑讯逼供或者威胁、引诱、欺骗等非法的方法收集的犯罪嫌疑人供述、被害人陈述、证人证言，不能作为指控犯罪的根据。人民检察院审查起诉部门在审查中发现侦查人员以非法方法收集犯罪嫌疑人供述、被害人陈述、证人证言的，应当提出纠正意见，同时应当要求侦查机关另行指派侦查人员重新调查取证，必要时人民检察院也可自行调查取证。侦查机关未另行指派侦查人员重新调查取证的，可以依法退回侦查机关补充侦查。"

〔2〕 参见杨宇冠：《非法证据排除规则研究》，中国人民公安大学出版社 2002 年版。

〔3〕 参见卞建林："我国非法证据排除的若干重要问题"，载《国家检察官学院学报》2007 年第 1 期。

〔4〕 参见陈光中：《中华人民共和国刑事证据法专家拟制稿（条文、释义与论证）》，中国法制出版社 2004 年版；陈光中：《中华人民共和国刑事诉讼法再修改专家建议稿与论证》，中国法制出版社 2006 年版；徐静村：《中国刑事诉讼法（第二修正案）学者拟制稿及立法理由》，法律出版社 2005 年版；毕玉谦：《中国证据法草案建议稿及论证》，法律出版社 2003 年版；等等。

写入《宪法》。2009 年国务院批准发布《国家人权行动计划（2009-2010年）》，明确要求"强化行政执法和司法中的人权保障，提高公民权利与政治权利的保障水平"，"完善预防和救济措施，在执法、司法的各个环节，依法保障人身权利。"而司法实践中存在着令人焦虑的刑讯逼供和冤案错案情况，尤其是见诸报端的杜培武案、佘祥林案、赵作海案等许多冤案错案，直到"亡者归来""真凶出现"才揭开这些所谓"铁案"的遮羞布。探究造成这些冤错案件的原因，几乎全部与刑讯逼供有关，这不仅冲击着司法的权威，甚至动摇着整个司法体系的权威，带来无法估量的负面影响。

正是在这种背景下，作为对理论界以及实务界呼吁的回应，中央司法机关开始充分重视和关注非法证据排除问题。2010 年 6 月 13 日最高人民法院、最高人民检察院、公安部、国家安全部和司法部联合发布《非法证据排除规定》和《办理死刑案件证据规定》。两个证据规定的颁布标志着我国证据制度的基本框架基本确立。有学者称其为"司法改革的重大成果"。[1]其中，两院三部《非法证据排除规定》对非法证据的概念、认定、排除程序、举证责任、证明标准等作出了比较详细的规定，标志着我国非法证据排除规则以司法解释的形式得以确立。

2010 年非法证据排除规则在司法解释上得以确立，也呼唤着在刑事诉讼立法上作出回应。我国 2012 年《刑事诉讼法》进行了第二次修改。从 2012 年《刑事诉讼法》来看，证据制度得到了较大改革完善。不仅增加规定了"不得强迫任何人证实自己有罪"原则，将"排除合理怀疑"作为定罪证明标准的重要组成写入立法，而且在吸收两院三部《非法证据排除规定》有关内容的基础上，以立法的形式正式确立了非法证据排除规则。[2]为进一步完善非法证据排除规则，而后修订的 2012 年最高法《解释》与 2012 年最高检《规则》对非法证据排除的范围、非法证据排除程序等问题作了进一步细化

---

〔1〕　参见樊崇义："司法改革的重大成果"，载《检察日报》2010 年 6 月 2 日，第 3 版。

〔2〕　2012 年《刑事诉讼法》第 54～58 条明确规定了非法证据排除规则的有关内容。其中，2012 年《刑事诉讼法》第 54 条规定："采用刑讯逼供等非法方法收集的犯罪嫌疑人、被告人供述和采用暴力、威胁等非法方法收集的证人证言、被害人陈述，应当予以排除。收集物证、书证不符合法定程序，可能严重影响司法公正的，应当予以补正或者作出合理解释；不能补正或者作出合理解释的，对该证据应当予以排除。在侦查、审查起诉、审判时发现有应当排除的证据的，应当依法予以排除，不得作为起诉意见、起诉决定和判决的依据。"第 55 条、第 56 条、第 57 条、第 58 条分别对非法证据排除的阶段、排除的程序、证明责任与证明标准等作出规定。

规定。

需要指出的是，虽然 2012 年《刑事诉讼法》、2012 年最高法《解释》以及 2012 年最高检《规则》进一步细化了非法证据排除规则的内容，但有些规定可操作性仍然不强。例如，疲劳讯问是否属于非法取证手段仍然缺乏明确规定；又如，以非法方法收集的证据为线索进一步收集到的证据是否应当排除缺乏规定；再如，威胁、引诱、欺骗与侦查人员的讯问策略之间如何区分，缺乏可操作的标准，需要在实践过程中摸索、总结更具指导性的操作指南。正是在这样的背景下，最高人民法院于 2013 年 10 月出台了《防范冤假错案意见》，对非法证据的排除作出了进一步细化规定。最高法《防范冤假错案意见》第 8 条规定，"采用刑讯逼供或者冻、饿、晒、烤、疲劳审讯等非法方法收集的被告人供述，应当排除。除情况紧急必须现场讯问以外，在规定的办案场所外讯问取得的供述，未依法对讯问进行全程录音录像取得的供述，以及不能排除以非法方法取得的供述，应当排除"。

随着司法实践的不断发展，2013 年 11 月 12 日十八届三中全会《决定》在"推进法治中国建设"中明确提出要"完善人权司法保障制度。国家尊重和保障人权""健全错案防止、纠正、责任追究机制，严禁刑讯逼供、体罚虐待，严格实行非法证据排除规则"。2014 年 10 月召开的十八届四中全会更是以"依法治国"作为会议主题，非法证据排除规则在十八届四中全会《决定》中再次被重申。十八届四中全会《决定》在"保证公正司法，提高司法公信力"中提出"加强人权司法保障""健全落实罪刑法定、疑罪从无、非法证据排除等法律原则的法律制度。完善对限制人身自由司法措施和侦查手段的司法监督，加强对刑讯逼供和非法取证的源头预防，健全冤假错案有效防范、及时纠正机制"。

两院三部于 2017 年 6 月 20 日发布了《严格排除非法证据规定》。两院三部《严格排除非法证据规定》在刑事诉讼法和相关司法解释基础上，从侦查、审查逮捕、审查起诉到审判的刑事诉讼全过程对非法证据排除规则作出了更为全面、系统的规定。具体而言，首先，扩大了非法证据的范围。两院三部《严格排除非法证据规定》不仅将"威胁""非法拘禁"纳入非法证据之列，而且突破性地规定了"毒树之果"也要排除，即"重复性供述"的排除。其次，详细规定了非法证据排除程序在庭前会议的启动、基本功能、初步审查的效力以及与庭审的衔接等。庭前会议是 2012 年《刑事诉讼法》新增加的一项制度，旨在"确定庭审重点，便于法官把握庭审重点"，以便充分发挥庭审在审判中的中心地位。但是，2012 年《刑事诉讼法》对庭前会议的规定，不仅只有一个条文，而且内容过于原则，可操作性不强。两院三部《严格排除非法证据规定》不仅细化了庭前会议的启动及其基本功能，而且明确了庭前会议对非法证据排除申请初步审查的要求、方法、效力以及与庭审的衔接。[1]最后，进一步完善了非法证据排除的法庭规则。例如，明确要求非法证据的排除要以庭审为中心，对控辩双方在庭前会议中对证据收集是否合法未达成一致意见，人民法院对证据收集合法性有疑问的，要求在庭审中审查。[2]又如，两院三部《严格排除非法证据规定》第 33 条第 1 款规定："法庭对证据收集的合法性进行调查后，应当当庭作出是否排除有关证据的决定。必要时，可以宣布休庭，由合议庭评议或者提交审判委员会讨论，再次开庭时宣布决定。"这些庭审规则的确立，进一步完善了非法证据排除的庭审规则，明确了非法证据排除的程序标准，要求法庭先解决证据的资格问题。毋庸置疑，两院三部《严格排除非法证据规定》进一步细化和完善了我国的非法证据排除规则体系，标志着我国非法证据排除规则走向成熟，体现了我国越来越重视保障司法人权和实现司法公正。

　　还需要指出的是，为了贯彻十八届三中全会《决定》、十八届四中全会《决定》的要求，尤其是推进以审判为中心的诉讼制度改革要求，并进一步落实两院三部《严格排除非法证据规定》的相关规定，最高人民法院于 2017 年 11 月发布了《庭前会议规程》《排除非法证据规程》《一审普通程序法庭调查规程》三个规程。其中，最高法《排除非法证据规程》进一步重申了两院三部《严格排除非法证据规定》中关于非法证据排除的范围，并对法院审查和

---

　　〔1〕　两院三部《严格排除非法证据规定》第 25 条规定："被告人及其辩护人在开庭审理前申请排除非法证据，按照法律规定提供相关线索或者材料的，人民法院应当召开庭前会议。人民检察院应当通过出示有关证据材料等方式，有针对性地对证据收集的合法性作出说明。人民法院可以核实情况，听取意见。人民检察院可以决定撤回有关证据，撤回的证据，没有新的理由，不得在庭审中出示。被告人及其辩护人可以撤回排除非法证据的申请。撤回申请后，没有新的线索或者材料，不得再次对有关证据提出排除申请。"

　　〔2〕　两院三部《严格排除非法证据规定》第 26 条规定："公诉人、被告人及其辩护人在庭前会议中对证据收集是否合法未达成一致意见，人民法院对证据收集的合法性有疑问的，应当在庭审中进行调查；人民法院对证据收集的合法性没有疑问，且没有新的线索或材料表明可能存在非法取证的，可以决定不再进行调查。"

排除非法证据的具体规则和流程作了进一步明确规定，丰富了我国非法证据排除规则的内容。

2018 年 3 月 20 日，第十三届全国人民代表大会第一次会议正式通过《监察法》。《监察法》第 33 条第 3 款明确规定"以非法方法收集的证据应当依法予以排除，不得作为案件处置的依据"。需要指出的是，《监察法》对监察机关以非法方法收集的证据排除程序等付诸阙如。2021 年最高法《解释》明确将监察机关非法收集的证据列入排除的范围，如根据最高法《解释》第 124 条规定，重复性供述原则上应当一并排除，但调查期间，监察机关根据控告、举报或者自己发现等，确认或者不能排除以非法方法收集证据而更换调查人员，其他调查人员再次讯问时告知有关权利和认罪的法律后果，被告人自愿供述的，该重复性供述不排除。[1] 与此同时，将监察机关非法收集证据的排除程序纳入已有非法证据排除程序的规定之中。如 2021 年最高法《解释》第 135 条第 1 款规定："法庭决定对证据收集的合法性进行调查的，由公诉人通过宣读调查、侦查讯问笔录、出示提讯登记、体检记录、对讯问合法性的核查材料等证据材料，有针对性地播放讯问录音录像，提请法庭通知有关调查人员、侦查人员或者其他人员出庭说明情况等方式，证明证据收集的合法性。"这无疑为法院排除监察机关非法收集的证据提供了法律依据。

二、非法证据排除的范围

从我国非法证据排除规则的发展来看，我国非法证据排除的范围随着司法实践的需要不断扩大，且 2017 年两院三部《严格排除非法证据规定》更是突破性地扩展至"毒树之果"的排除。这无疑对我国非法证据排除规则的适用大有裨益，大大提升了刑事司法保障人权的水平。然而，从现有规定来看，我国非法证据的排除范围仍然存在问题。

第一，非法言词证据排除的规定用词欠明确性，在适用上难以准确把握。

---

[1] 2021 年最高法《解释》第 124 条规定："采用刑讯逼供方法使被告人作出供述，之后被告人受该刑讯逼供行为影响而作出的与该供述相同的重复性供述，应当一并排除，但下列情形除外：（一）调查、侦查期间，监察机关、侦查机关根据控告、举报或者自己发现等，确认或者不能排除以非法方法收集证据而更换调查、侦查人员，其他调查、侦查人员再次讯问时告知有关权利和认罪的法律后果，被告人自愿供述的；（二）审查逮捕、审查起诉和审判期间，检察人员、审判人员讯问时告知诉讼权利和认罪的法律后果，被告人自愿供述的。"

一方面，现行《刑事诉讼法》第 52 条明确规定"严禁刑讯逼供和以威胁、引诱、欺骗以及其他非法方法收集证据"，亦即立法确认了"引诱、欺骗"取证属于非法取证行为；另一方面，现行《刑事诉讼法》第 56 条关于非法言词证据排除的表述用语为"采用刑讯逼供等非法方法""采用暴力、威胁等非法方法"。而后的司法解释对"等"字进一步扩展至"冻、饿、晒、烤、疲劳审讯""威胁""非法拘禁""重复性供述"以及"非法限制人身自由"。也就是说，按照现行《刑事诉讼法》及相关司法解释规定，通过"引诱、欺骗"方式取得的供述、证人证言、被害人陈述是否属于"等"的范围并未明言，导致法律界对"引诱、欺骗"取得的证据是否需要排除存在不同认识。

第二，"毒树之果"的排除范围仍然较窄。"毒树之果"的排除是指对非法证据衍生而来的证据应当予以排除。过去，我国刑事立法与司法解释对"毒树之果"应否排除没有作出明确规定，2017 年两院三部《严格排除非法证据规定》突破性地扩展至"毒树之果"的排除，即第 5 条规定采取刑讯逼供方法使犯罪嫌疑人、被告人作出供述，之后犯罪嫌疑人、被告人受该刑讯逼供行为影响而作出的与该供述相同的重复性供述，原则上一并排除。[1] 2021 年最高法《解释》第 124 条作出了相同的规定。这对发挥非法证据排除规则的作用大有裨益。然而，从现行规定来看，我国刑事诉讼中"毒树之果"的排除仅限于以非法方法取得的供述衍生而来的重复性供述。也就是说，以非法证据衍生而来的实物证据并不在排除之列，这显然仍旧较窄。

第三，非法实物证据排除的条件过于原则，实践中非法实物证据排除有沦为一纸空文之虞。根据现行《刑事诉讼法》第 56 条第 1 款的规定，排除非法取得的物证、书证须同时满足以下 3 个条件：一是收集物证、书证不符合法定程序；二是可能严重影响司法公正；三是不能补正或作出合理解释。虽然 2021 年最高法《解释》第 126 条要求"认定'可能严重影响司法公正'，应当综合考虑收集证据违反法定程序以及所造成后果的严重程度等情况"，但

---

〔1〕　两院三部《严格排除非法证据规定》第 5 条："采用刑讯逼供方法使犯罪嫌疑人、被告人作出供述，之后犯罪嫌疑人、被告人受该刑讯逼供行为影响而作出的与该供述相同的重复性供述，应当一并排除，但下列情形除外：（一）侦查期间，根据控告、举报或者自己发现等，侦查机关确认或者不能排除以非法方法收集证据而更换侦查人员，其他侦查人员再次讯问时告知诉讼权利和认罪的法律后果，犯罪嫌疑人自愿供述的；（二）审查逮捕、审查起诉和审判期间，检察人员、审判人员讯问时告知诉讼权利和认罪的法律后果，犯罪嫌疑人、被告人自愿供述的。"

按照此规定司法机关在把握时仍有较大自由裁量的空间，致使司法机关在非法实物证据是否排除上有较大的自由裁量权。由于实物证据客观性较大，可信度较高，采纳实物证据有助于案件实体真实的发现，在我国重惩罚轻保障、重实体轻程序的现实背景下，非法实物证据的排除规则注定很难得到有效执行。

排除范围存在的问题导致了非法证据排除规则适用界限的模糊，使司法机关难以把握，更甚的是，有可能导致非法证据排除规则在司法实践中被空置。因为根据法律规定，只要没有列入非法证据排除之列，司法人员就可以不排除这些非法证据。尤其我国一直存在重惩罚轻保障的倾向，司法人员不会轻易排除未列入排除之列的非法证据，因为他们难以容忍"因为警察的微小错误就让罪犯逍遥法外"。[1]

毫无疑问，非法证据排除范围的设置是诸多价值平衡后的结果，主要是保障人权与惩罚犯罪的权衡。若倾向于保障人权，那么非法证据排除范围便会有所扩张；反之，若倾向于"惩罚犯罪"，非法证据排除范围则会有所限缩。放眼域外，已经确立非法证据排除规则的现代法治国家，排除范围的确定一般也是这两种价值平衡的结果。如德国在关于非法实物证据的排除问题上，将决定权赋予裁判者，由其在个案中对不同的利益进行分析，以决定是否使用该证据。回视我国，非法证据排除规则在排除范围上存在的问题主要是没有兼顾惩罚犯罪与保障人权造成的。因此，基于惩罚犯罪与保障人权相结合的刑事诉讼基本理念考量，应当对我国非法证据排除的范围进行改革与完善。

第一，明确规定以"引诱、欺骗"非法手段取得的证据须排除。这既是保持与现行《刑事诉讼法》规定相一致的需要，也符合联合国公约关于非法取证方法采取较为宽广解释的精神。联合国《禁止酷刑公约》第 1 条规定："'酷刑'是指为了向某人或第三者取得情报或供状，为了他或第三者所作或涉嫌的行为对他加以处罚，或为了恐吓或威胁他或第三者，或为了基于任何一种歧视的理由，蓄意使某人在肉体或精神上遭受剧烈疼痛或痛苦的任何行为。"因此，笔者认为，应当借鉴有关国际条约的立法精神，结合我国司法实践中存在的问题，把以"引诱、欺骗"手段取得证据纳入排除范围。

需要指出的是，法律禁止的引诱、欺骗等非法方法与正当的侦查谋略之

---

〔1〕 See Cardozo, People *v.* Defore, 242 N. Y. 13, 150 N. E. 585（1926）.

间的界限往往难以区分，如果一揽子排除任何形式的引诱、欺骗取得的言词证据，那么容易导致那些通过正当的侦查谋略所取得的证据也有可能在刑事诉讼中被排除。这不仅不利于侦查工作的开展，也会危及惩罚犯罪的诉讼目的。因此，必须明确区分法律禁止的引诱、欺骗等非法方法与正当的侦查谋略之间的界限。在侦查过程中，侦查谋略的运用应该严格控制在合法范围内，以确保所收集的证据的真实性、合法性。对于采用法律禁止的引诱、欺骗等非法方法取得的证据，应当予以排除。

第二，适当扩大"毒树之果"的排除范围，即把以非法方法收集的证人证言、被害人陈述衍生的证人证言、被害人陈述列入排除范围。毋庸置疑，排除"毒树之果"是根治非法取证的有效方法，但付出的代价过于沉重，尤其是对于实物证据而言更是如此，因为实物证据一旦排除，即无法再重复收集，就很有可能彻底堵住了查明案件事实真相的大门。因此，笔者认为，在我国目前现实条件下，对待"毒树之果"的排除问题，应当保持更谨慎的态度。考虑到查明事实真相的需要，笔者建议可参照重复性供述的排除，将"毒树之果"的排除范围扩展至以非法方法收集的证人证言、被害人陈述衍生的证人证言、被害人陈述。至于非法证据衍生的实物证据，则不在排除之列。只有这样，才能真正发挥非法证据排除规则的作用。

第三，修改非法实物证据排除的条件。如上文所述，作为排除非法取得的物证、书证的条件之一，"可能严重影响司法公正"的认定应当综合考虑收集证据违反法定程序以及所造成后果的严重程度等情况。按照此规定，对"可能严重影响司法公正"的理解除了赋予司法机关自由裁量权外，并没有对认定标准作明确规定。也就是说，对于影响司法公正是指影响实体公正还是程序公正并没有明确。从我国现行《刑事诉讼法》的规定来看，现行《刑事诉讼法》第238条第（三）项、第（五）项也有"可能影响公正审判的"的规定，从此规定来看，"可能影响公正审判的"显然是指影响实体上的公正审判。据此，非法实物证据排除的条件之一"可能影响公正审判"，似乎也应当指影响实体公正审判而言。其用意可能是担心如果排除了真实的实物证据会影响发现案件事实真相，削弱惩罚犯罪的力度。然而，从非法证据排除规则的起源来看，实物证据排除的功能正在于通过排除严重违反程序所取得的真实实物证据震慑侦查人员，从而促使他们在侦查过程中严格依法取证。由此可见，"可能严重影响司法公正"条件的适用有可能导致变相提高了非法实物证据排除的门槛，导致非法取得实物证据无法得到排除。因此，应当对非法实物证据排除的条件加以修改。具体而言，笔者建议删除"可能严重影响公正审判"这个条件，改为"收集物证、书证不符合法定程序，应当予以补正或者作出合理解释；不能补正或作出合理解释的，对该证据应当予以排除"。

三、非法证据排除的程序

非法证据排除规则的有效运行，以一整套规则体系为基础。我国非法证据排除规则自确立以来，经过司法实践的沉淀以及司法解释的进一步完善，不仅规定了不同阶段的非法证据排除程序，而且对非法证据排除的证明责任、证明标准等作出了明确规定，可以说，我国目前已有一套较为完整的非法证据排除程序。然而，从司法实践来看，非法证据排除程序在运行中仍然存在问题，这主要涉及非法证据排除程序的启动、非法证据排除程序的证明责任和证明标准等问题。

第一，非法证据排除程序的启动问题。放眼域外，依申请而启动的方式由于可以防止辩方滥用申请权、节约司法资源、提高诉讼效率受到世界诸多国家的青睐，成为诸多国家启动非法证据排除程序的主要模式。回视我国，根据现行《刑事诉讼法》及相关司法解释规定，辩方申请也是启动非法证据排除程序的重要方式。需要指出的是，辩方申请时应当提供相关线索或材料，否则司法机关不启动。这种要求辩方申请时提供相关线索或材料的做法，无疑可以有效防止辩方滥用申请权，从而有利于提高诉讼效率。

然而，由于立法没有对辩方申请时提供相关线索或材料的性质作出明确规定，导致理论界在此问题上产生较大的分歧，形成截然不同的两种观点，即权利说与义务说。权利说主张辩方申请时提供相关线索或材料是一种权利；而义务说则认为辩方提供相关线索或材料是一种义务。理论上的争论，加之立法上的语焉不详，必然导致司法实践无所适从。实际上，司法实践中司法机关往往认为辩方提供相关线索或材料是一种义务，导致辩护方的申请获得司法机关支持而启动非法证据排除程序的情况并不理想。以下是 2010 年 6 月到 2014 年 7 月，B 市法院、S 市法院、J 省法院刑事审判中辩方申请排除非法证据的情况及法官审查后获准启动情况，见表 4-1：[1]

---

〔1〕 参见王彪："法官为什么不排除非法证据"，载《刑事法评论》2015 年第 1 期。

表 4-1　B 市法院、S 市法院、J 省法院刑事审判中辩方申请排除非法证据的情况及法官审查后获准启动情况

法院	辩方申请排除非法证据的案件总数	法官启动调查的案件数量	申请启动率
B 市法院	114 件	51 件	44.7%
S 市法院	51 件	24 件	47.1%
J 省法院	451 件	250 件	55.4%

　　由表 4-1 可以看出，辩方提出排除非法证据的申请，获得法院支持的只有 50% 左右。其他学者的调研数据也显示，法庭对申请排除非法证据的调查启动比例大概在 40%~50%。[1] 由此可见，辩方申请启动非法证据排除程序的成功率并不高。

　　此外，司法实践中有的司法机关因为立法要求辩方申请时提供相关线索或材料而在非法证据排除的调查程序中将证明责任转嫁于辩方。根据现行《刑事诉讼法》的规定，辩方申请非法证据排除只需要提供相关线索或材料即可，法庭审查后一旦启动庭审调查，就由控方承担证明其指控证据合法性的证明责任，辩方不承担证明责任。然而在司法实践中，法庭往往淡化控方承担证明责任，通常只是宣读有关笔录或者由侦查机关出具其合法取证的"情况说明"。在此过程中一般也不安排控辩双方围绕相关问题展开辩论。法官通常只是进行简单的询问，一般不主持正式的举证质证程序。[2] 这实际上是不合理地降低了控方的证明责任。更甚的是，有的法院要求辩方承担证明所涉证据系非法证据的证明责任，[3] 否则控方证据将无阻碍地成为定案根据。由于控方证明责任的异化，辩方申请排除非法证据即使能够启动程序，最终证

---

〔1〕　参见左卫民："'热'与'冷'：非法证据排除规则适用的实证研究"，载《法商研究》2015 年第 3 期。

〔2〕　参见重庆市高级人民法院课题组："刑事非法证据排除实务研究"，载裴显鼎主编：《刑事证据排除程序适用指南》，法律出版社 2018 年版，第 237 页；程衍："论非法证据排除程序中侦查人员的程序性被告身份"，载《当代法学》2019 年第 3 期。

〔3〕　例如，有法院在判决书指出："（辩护人提出口供属于非法证据）本院认为，辩护人未就被告人郭冠被非法限制人身自由的事实提供充分的证据予以证实，同时被告人郭冠在庭审中，对起诉书指控事实，均承认收受事实存在，故该辩护意见不予采纳。"参见郭冠受贿案，河南省南阳市中级人民法院刑事判决书（2014）南刑二终字第 00038 号。

据排除的比例也很低。有学者以北大法律信息网为工具,检索了 2005 年 ~ 2015 年间的 1459 个案例,只有 136 个案件决定排除非法证据。而在这 136 个案件中,因非法证据排除导致被告人被宣告无罪的案件为 17 件,占 12.50%;涉及非法证据排除而导致部分事实不予认定的案件 9 件,占 6.62%;发回重审的 11 件,占 8.80%;法院依据其他证据仍然对被告人定罪的 99 件,占 72.79%。[1]

应当承认,辩方申请非法证据排除但司法机关不启动程序或者辩方申请排除证据最终排除率低是多方面原因造成的,但其中一个重要原因是司法机关对辩护方提供相关线索或材料的性质理解上存在偏差。因此,正确理解辩方提供相关线索或材料的性质是解决此问题的关键所在。从证明责任理论与司法实践来看,应当将辩方提供相关线索或材料理解成一种推进责任。

首先,辩方提供相关线索或材料属于证明责任理论中的推进责任,未能履行一般而言不会导致败诉。在证明责任理论体系中,举证责任包括推进责任和结果责任两层含义。与结果责任强调法庭调查结束时由何方承担事实真伪不明的败诉风险不同,推进责任是基于推动诉讼程序持续深入的需要而承担的提出证据责任。一般而言,未能履行推进责任并不会导致被告方败诉,但是会影响证据排除审查程序的启动。按照现行《刑事诉讼法》第 58 条之规定,辩方在提出被告人供述为非法取得时,如果不提供相关线索或材料,那么司法机关难以启动审查程序,排除程序将无法往前推进。据此,辩方提供线索或材料是推动诉讼的责任。当然,这种推动责任如果没有履行只会导致排除程序无法启动的后果,而并不一定会导致被告人有罪。也就是说,要求辩方提出相关线索或材料并没有消除控方的证明责任,对证据合法性的证明责任仍然由控方承担。司法机关一旦启动非法证据排除程序后,控方必须对证据取得的合法性进行证明,如果证明不了证据取得的合法性,由控方承担排除证据的后果。

其次,从法律解释学的角度分析,辩方提供线索或材料也是一种推进责任。现行《刑事诉讼法》在规定辩方提供线索或材料时用语是"应当",而非"可以"。这表明辩方一旦启动排除程序,就要承担某种行为上的压力,即

---

[1] 参见易延友:"非法证据排除规则的中国范式——基于 1459 个刑事案例的分析",载《中国社会科学》2016 年第 1 期。

必须提供涉嫌非法取证的人员、时间、地点、方式和内容等相关线索或材料。这显然是一种刚性要求，如果辩方没有提供，那么法院可以不启动审查程序。

毋庸置疑，只有将辩方提供相关线索或材料理解成一种推进责任，才能防止司法机关把控方的证明责任转嫁到辩方。事实上，将辩方提供相关线索或材料理解成一种推进责任还可以有效防止犯罪嫌疑人、被告人滥用启动权。如果辩方不承担这一义务，将很难避免其任意提出"证据为非法取得"的异议，使排除程序成为其纠缠诉讼的借口。相反，要求辩方在启动时提供线索或证据，辩护方在提起申请时就会考虑能否提供线索或材料，从而有效防止任意启动排除程序。

最后，正确理解辩方提供相关线索或材料是一种推进责任，还有一点需要注意的是，要求辩方提供相关线索或材料并未强制辩方申请时必须提供证据证明，而规定了最低要求，只要能够提供相关线索或材料即可。这是考虑到辩方在诉讼中处于弱势地位，获取表明非法取证的证据有可能相当艰难，如果要求辩方提供证据，不利于对犯罪嫌疑人、被告人的权利保障。根据现行《刑事诉讼法》第58条规定，辩方倘若能够提供证明证据为非法取得的证据固然最好，但是辩方如果因为各种原因提不出证据表明存在刑讯逼供或者无法取证，那么也可以提供涉嫌非法取证的人员、时间、地点、方式、内容等相关线索或材料。如提供沾有血迹的内衣、涉嫌非法取证人员的人数及大概样貌特征、原被羁押在同一监室的人的姓名等。只要裁判者对被告人审判前供述取得的合法性有疑问，就可以启动审查程序。

第二，非法证据排除程序的证明标准问题。现行《刑事诉讼法》第60条规定："对于经过法庭审理，确认或者不能排除存在本法第五十六条规定的以非法方法收集证据情形的，对有关证据应当予以排除。"据此，我国《刑事诉讼法》对非法证据排除程序的证明标准的表述有二，即"确认"或"不能排除"。很显然，"确认"与"不能排除"显然是两种程度不同的标准，"确认"要求100%的确定，但"不能排除"则不作此要求。将两种程度不同的标准并列作为非法证据排除程序的证明标准，只会导致司法实践的无所适从。倘若司法机关在排除非法证据时任意适用不同的标准，则会导致法律适用的不统一。而且，这种证明标准"二元化"的表述也不符合国际社会的通常做法。放眼域外，现代法治国家关于证明标准的表述往往是一元化的表述。如在美国表述为"优势证据"标准。因此，有必要对非法证据排除程序的证明标准进行修改。笔者认为,应当对非法证据排除程序的证明标准进行一元化改造,考虑到"确认"的程度太高,可将"确认"的表述删掉,只保留"不能排除"的表述,亦即将现行《刑事诉讼法》第 60 条修改为:"对于经过法庭审理,不能排除存在本法第五十六条规定的以非法方法收集证据情形的,对有关证据应当予以排除。"

第二节　刑事证明标准

一、庭审实质化与刑事证明标准

(一) 庭审实质化的定罪要求

庭审实质化是指应通过庭审的方式认定案件事实并在此基础上决定被告人的定罪量刑,[1]其核心要求在于发挥庭审的实质作用,做到"事实证据调查在法庭,定罪量刑辩护在法庭,裁判结果形成于法庭",[2]使庭审程序在认定被告人是否有罪的问题上发挥关键作用。毫无疑问,在面对刑事指控时,被追诉人有权要求以庭审实质化要求下的标准化、规范化的方式对其进行公正审判。[3]而以实质化的庭审程序对被告人进行公正审判,必然要求贯彻落实直接言词原则,因为直接言词原则强调证人应当出庭作证的要求是确保被告人质证权有效行使的保障,也是准确认定案件事实的重要保障。

需要指出的是,充分发挥庭审程序的实质作用只是手段,而非目的。刑事诉讼旨在解决被追诉人的刑事责任,而确定被追诉人刑事责任要求以准确认定案件事实为基础。发挥庭审程序的实质作用也是为了在准确认定案件事实基础上准确确定被告人定罪量刑问题。由此可以看出来,庭审程序实质化与定罪有着密切联系。具体而言,首先,实质化的庭审程序是准确定罪的基础。充分发挥庭审程序的实质作用,以规范化的、实质化的方式对被告人进行审理,可以确保控辩双方充分质证、辩论,使裁判者在此基础上认定案件事实,这无疑为准确定罪奠定坚实基础。其次,定罪本身有其独有的要求。

---

〔1〕 参见汪海燕:"论刑事庭审实质化",载《中国社会科学》2015 年第 2 期。

〔2〕 最高法《防范冤假错案意见》第 11 条规定:"审判案件应当以庭审为中心。事实证据调查在法庭,定罪量刑辩论在法庭,裁判结果形成于法庭。"

〔3〕 参见步洋洋:"认罪认罚从宽视域下刑事简化审理程序的本土化省察",载《法学杂志》2019年第 1 期。

定罪活动要求对证据与证据之间是否具有关联以及关联程度如何等进行确认，并根据各个证据之间的关联程度判断是否足以达到证实被告人实施了所指控的犯罪事实的程度。如果关联程度足以达到证实被告人实施了所指控的犯罪事实的程度，则可以认定被告人有罪，否则不能定罪。这显然与庭审程序实质化所强调的庭审方式的规范化、实质化不完全一致。事实上，如果无法判断证据之间的关联程度，那么即使充分发挥了庭审程序的实质作用，也未必能够做到准确定罪量刑。因此，确保定罪的实质化也是庭审实质化的应有之义。质言之，庭审实质化不仅要求庭审程序实质化，而且要求定罪实质化。

那么，需要进一步追问的是，定罪实质化的核心要义是什么呢？对这一问题的回答，需要回到对定罪要求的追问上。如前所述，刑事案件定罪要求确认证据与证据之间是否具有关联以及关联程度如何，因此，所依据的是怎样的证据就至关重要，可以说直接影响对证据关联度的判断，进而影响定罪的准确性。由此可见，定罪实质化必然要求作为定案根据的证据应当为经过实质化审查具有证据能力的证据，这是定罪实质化的基本要求之一。此外，定罪活动根据所有经过实质化审查具有证据能力的证据来认定案件事实，要求证据之间的关联程度已经达到证实被告人实施了所指控的犯罪事实的程度才能认定被告人有罪，这是定罪实质化的基本要求之二。刑事诉讼的定罪活动只有坚持以上要求，才能真正实现庭审实质化对定罪的要求。

（二）庭审实质化与刑事证明标准

如上文所述，定罪实质化要求定罪必须依据经过实质化审查具有证据能力的证据，且在此基础上确认证据之间的关联程度已经达到证实被告人实施了所指控的犯罪事实的程度才能认定被告人有罪。定罪必须依据经过实质化审查具有证据能力的证据的重要性自不待言，然而，如何判断证据之间的关联程度已经达到证实被告人实施了所指控的犯罪事实的程度进而准确定罪呢？毫无疑问，准确定罪以准确认定案件事实为前提。诚如有学者指出的，要准确定罪，就必须从一系列错综复杂的线索中查明案件的事实真相。[1]倘若没有查明事实真相就认定被告人有罪，则容易导致错误定罪，因为作为定罪根基的事实真相并不牢固。由此可见，准确认定案件事实是准确定罪的关键所

---

〔1〕　See Larry Laudan, *Truth, Error, and Criminal Law: An Essay in Legal Epistemology*, Cambridge University Press, 2006, p. 2.

在，诚如威格莫尔教授指出："多数证据法学家共享如下假定，即准确的事实发现应该成为证据法的中心目标。"[1]因而，必须采取有效措施确保准确认定案件事实。

需要指出的是，要准确认定案件事实并在此基础上准确定罪，从而实现定罪实质化，就必须确立符合客观规律的证明标准并予以严格遵守。这是由证明标准所具有的确保刑事案件定案质量的功能所决定的。一方面，应当严格遵守法定的证明标准。法定的证明标准作为定罪的调节器，是否严格遵守直接影响案件事实认定的质量，进而影响定案质量。可以说，严格遵守法定的证明标准是防止冤错案件发生的重要手段。倘若不严格遵守法定的证明标准，则容易出现错案。近年发现并纠正的聂树斌案就是没有严格遵守法定的证明标准所造成的样板冤案。在聂树斌案中，指向聂树斌犯罪的直接证据主要是被告人的口供，但是，"聂树斌作案时间不能确认，作案工具花上衣的来源不能确认，被害人死亡时间和死亡原因不能确认；聂树斌被抓获之后前5天讯问笔录缺失，案发之后前50天内多名重要证人询问笔录缺失，重要原始书证考勤表缺失；聂树斌有罪供述的真实性、合法性存疑，有罪供述与在卷其他证据供证一致的真实性、可靠性存疑，本案是否另有他人作案存疑"，[2]且辩护人明确提出指控聂树斌犯强奸妇女罪证据不足的辩护意见。在这种情况下，如果原审法院能够坚守法定的证明标准而判决聂树斌无罪，这起冤案自然可以避免。但是，原审法院没有严格遵守法定的证明标准，在证据不足以认定聂树斌有罪的情况下仍然认定其有罪。该案在2016年年底经最高人民法院再审认定"没有达到证据确实、充分的法定证明标准"并改判聂树斌无罪才得以纠正。由于不严格遵守法定的证明标准而导致的冤错案件不仅给无辜者带来深重灾难，而且也会动摇普通民众对司法的信心，不利于司法权威的树立。由此可以看出来，坚守法定的证明标准有助于准确认定案件事实，有效减少冤错案件的发生。

另一方面，所遵守的法定证明标准应当是符合客观规律的。证明标准是认定被告人有罪所要达到的证明程度，其是根据不同价值目标而人为设置的，

---

〔1〕 John Henry Wigmore, *Wigmore on Evidence* 37.1, 1018 (Peter Tillers rev. 1983).

〔2〕 聂树斌故意杀人、强奸妇女案，中华人民共和国最高人民法院刑事判决书（2016）最高法刑再3号。

本身是否能够反映诉讼的客观规律直接影响准确定罪的实现与否。试想，倘若证明标准本身不能反映诉讼客观规律，那么越是适用这样的证明标准，就越容易出现冤错案件。因此，应当确立符合诉讼客观规律的证明标准。

那么，应当如何设置反映客观规律的证明标准？毫无疑问，从司法公正的角度来看，司法公正要求法院对案件的处理做到不枉不纵，即准确确定事实上实施了犯罪行为的人有罪，同时不冤枉无辜。因此，反映诉讼客观规律的证明标准当然以不枉不纵的价值追求为指导。然而，现实中要设置实现不枉不纵的证明标准难以做到，因为基于刑事诉讼的特点，冤枉无辜或放纵犯罪的情形在现实中往往不能避免。这便要求我们在"不枉"与"不纵"中进行权衡与选择。由此可以看出来，证明标准的设置并不是一个纯粹的法律问题，而涉及经济学的价值平衡问题。从经济成本来看，强调"不纵"有可能导致冤枉无辜，这将使之前的刑事诉讼程序归于无效，更甚的是冤枉无辜意味着真正的犯罪人仍然游离在刑事诉讼之外未被追究刑事责任，这大大增加了社会成本。相反，"不枉"虽然有可能会放纵真正的犯罪人，但不会因为错判无辜者有罪而带来成本。由此看来，"不纵"所产生的成本要比"不枉"所产生的成本要高，基于经济成本的考量，要求我们在"不枉"与"不纵"发生冲突时只能选择"不枉"作为指导思想，对证明标准的设置主要考虑如何防止将无辜者错判有罪。[1]

二、我国刑事证明标准的历史源流

（一）我国刑事证明标准的演变

从我国立法上证明标准的发展脉络来看，虽然我国不同时期对证明标准的表述有所不同，但有一点是一致的，即我国刑事立法历来重视准确认定案件事实，强调对案件的证明要达到事实明白无疑的地步才能认定被告人有罪。

追溯我国刑事立法上的证明标准，我国立法早在古代就强调证明标准要达到明白无疑的程度。例如，唐朝的《唐律疏议》就明确要求定罪必须达到"理不可疑"的程度，即规定："若赃状露验，理不可疑，虽不承引，即据状断之。"[2]而后的宋朝《宋刑统》也规定了定罪要达到"事实无疑"的程度，

---

〔1〕　参见肖沛权："排除合理怀疑的经济分析"，载《政法论坛》2013年第2期。
〔2〕　参见刘俊文点校：《中华传世法典：唐律疏议》，法律出版社1999年版，第593页。

即规定："今后凡有刑狱，宜据所犯罪名，须具引律、令、格、式，……事实无疑，方得定罪。"[1]清朝《大清律例》也同样规定："凡在外审理案件，应照案内人犯籍贯，批委该管地方官审理明白，申详完结"，"如有情事未明，务须详细指驳"。[2]到了清朝末年，对案件事实的证明仍然要求达到众证明白、确凿无疑的程度。清朝末年的《大清刑事民事诉讼法草案》第 75 条明确规定："被告如无自认供词，而众证明白，确凿无疑，即将被告按律定拟。"[3]

这种要求证明标准达到"无疑"程度的传统也为我国新民主主义革命时期革命根据地所继承和发扬。革命根据地时期与解放战争时期，中国共产党领导的革命政权强调在刑事诉讼中应当查明案件事实真相。如 1931 年 12 月 13 日中央执行委员会非常会议通过的《中华苏维埃共和国中央执行委员会训令》（第六号）规定："在审讯方法上……，必须坚决废除肉刑，而采用搜集确实证据及各种有效方法。"[4]这种传统嗣后得以延续。如最高人民法院在 1956 年 10 月出台的《各级人民法院刑、民事案件审判程序总结》就指出："被告人的供词，必须经过调查研究，查明确与客观事实相符的，方可采用。"[5]

在继承我国传统诉讼文化基础上，我国《刑事诉讼法》从 1979 年制定到 1996 年修改十分重视案件事实的准确认定，在证明标准上均要求达到"案件事实清楚，证据确实、充分"的程度。[6]毫无疑问，"案件事实清楚，证据确实、充分"标准对司法实践部门准确认定案件事实，防止冤错案件的发生发挥了重要作用。然而，随着司法实践的不断推进，"案件事实清楚，证据确

---

〔1〕 参见薛梅卿点校：《中华传世法典：宋刑统》，法律出版社 1999 年版，第 551 页。

〔2〕 参见田涛、郑秦点校：《中华传世法典：大清律例》，法律出版社 1999 年版，第 587 页。

〔3〕 参见沈家本："《大清法规大全·法律部》卷十一'法典草案一'"，载《修订法律大臣沈家本等奏进呈诉讼法拟请先行试办章程折并清单》，第 1860 页。

〔4〕 参见韩延龙主编：《中华人民共和国法制通史》（下），中共中央党校出版社 1998 年版，第 56 页。

〔5〕 参见韩延龙主编：《中华人民共和国法制通史》（下），中共中央党校出版社 1998 年版，第 60~61 页。

〔6〕 我国 1979 年《刑事诉讼法》关于定罪证明标准的表述，有的表述为"证据充分确实"，有的表述为"犯罪事实清楚、证据充分"，从立法意图上来讲，二者均体现"事实清楚，证据确实、充分"的立法原意。因此，1979 年《刑事诉讼法》所确定的定罪证明标准是"事实清楚，证据确实、充分"。

实、充分"标准存在的语义模糊、欠缺可操作性等问题突显出来，致使司法实践部门对其内涵的理解存在较大分歧，加之西方理念的影响，我国 2012 年《刑事诉讼法》修改时将排除合理怀疑写入法典，用以补充完善原有定罪证明标准，2012 年《刑事诉讼法》第 53 条第 2 款规定："证据确实、充分，应当符合以下条件：（一）定罪量刑的事实都有证据证明；（二）据以定案的证据均经法定程序查证属实；（三）综合全案证据，对所认定事实已排除合理怀疑。"尔后法检公三机关出台的法律解释也明确规定了排除合理怀疑。[1]

（二）疑案处理原则的发展

定罪实质化要求严格遵守法定的证明标准。如果对案件的证明达不到证明标准，则意味着案件成为真伪不明的疑案。对于疑案，就面临着前述之"不枉"与"不纵"的选择问题。从经济成本的角度考量，应当以"不枉"作为价值追求，因此对疑案应作无罪处理。这也是无罪推定原则的要求，能够最大限度地保障被追诉人的诉讼权利。我国现行《刑事诉讼法》明确将"疑罪从无"作为疑案的处理原则予以规定。

需要指出的是，我国刑事诉讼立法将疑罪从无作为疑案的处理原则并非从来就有。相反，我国在封建社会时期为了加强国家的镇压力量、打击犯罪，对于疑案的处理往往实行的是"疑罪从有"原则。如《唐律》规定，"诸疑罪，各依所犯，以赎论"。[2]换言之，对于达不到证明标准的疑案，不判处被告人被指控之罪，而是判有罪，但只判处该罪的赎刑。需要指出的是，受有罪推定思想的深重影响，我国 1979 年《刑事诉讼法》制定时并没有确立疑罪从无原则。按照 1979 年《刑事诉讼法》第 108 条的规定，对于疑案，要求退

---

〔1〕 2021 年最高法《解释》第 140 条规定："没有直接证据，但间接证据同时符合下列条件的，可以认定被告人有罪：（一）证据已经查证属实；（二）证据之间相互印证，不存在无法排除的矛盾和无法解释的疑问；（三）全案证据形成完整的证据链；（四）根据证据认定案件事实足以排除合理怀疑，结论具有唯一性；（五）运用证据进行的推理符合逻辑和经验。"

2019 年最高检《规则》第 63 条规定："人民检察院侦查终结或者提起公诉的案件，证据应当确实、充分。证据确实、充分，应当符合以下条件：（一）定罪量刑的事实都有证据证明；（二）据以定案的证据均经法定程序查证属实；（三）综合全案证据，对所认定事实已排除合理怀疑。"

公安部《规定》第 70 条第 1 款、第 2 款规定："公安机关移送审查起诉的案件，应当做到犯罪事实清楚，证据确实、充分。证据确实、充分，应当符合以下条件：（一）认定的案件事实都有证据证明；（二）认定案件事实的证据均经法定程序查证属实；（3）综合全案证据，对所认定事实已排除合理怀疑。"

〔2〕 刘俊文点校：《中华传世法典：唐律疏议》，法律出版社 1999 年版，第 593 页。

回检察院补充侦查。[1]

　　随着社会的不断进步，加之人权保障理念的深入发展，我国刑事立法认识到疑罪从无原则对于保障人权、防止冤错案件发生的重要意义，于 1996 年《刑事诉讼法》修改以及嗣后 2012 年、2018 年修改在确立未经人民法院依法判决不得定罪原则的同时，明确规定了疑罪从无原则。需要指出的是，我国疑罪从无原则主要体现在审查起诉阶段与一审阶段，现行《刑事诉讼法》第 175 条第 4 款规定："对于二次补充侦查的案件，人民检察院仍然认为证据不足，不符合起诉条件的，应当作出不起诉的决定。"第 200 条规定："在被告人最后陈述后，审判长宣布休庭，合议庭进行评议，根据已经查明的事实、证据和有关的法律规定，分别作出以下判决：……；（三）证据不足，不能认定被告人有罪的，应当作出证据不足、指控的犯罪不能成立的无罪判决。"

三、我国刑事证明标准的司法适用

　　定罪实质化要求制定符合诉讼客观规律的证明标准并予以严格遵守。只有这样，才能有效防止把无罪者错误定罪，包括把无辜者定罪和把证据不足者定罪。严格遵守法定的证明标准如此重要，而我国司法实践中证明标准往往被架空。实践中法院在事实不清，证据不足的情形下作出无罪判决并不多见。这点从我国近 20 年来的无罪判决案件的数量和无罪判决率就可以间接得到印证。下表为我国 2001 年至 2018 年无罪判决案件和无罪判决率的统计情况（表4-2）[2]：

---

　　〔1〕　1979 年《刑事诉讼法》第 108 条规定："人民法院对提起公诉的案件进行审查后，对于犯罪事实清楚、证据充分的，应当决定开庭审判；对于主要事实不清、证据不足的，可以退回人民检察院补充侦查；对于不需要判刑的，可以要求人民检察院撤回起诉。"

　　〔2〕　参见王禄生："中国无罪判决率的'门道'：20 年数据盘点"，载微信公众号"数说司法"，最后访问日期：2019 年 6 月 13 日。此表数据是作者王禄生根据《最高人民法院工作报告》《最高人民检察院工作报告》《中国法律年鉴》整理；其中 2008 年至 2012 年数据转引自马剑："人民法院审理宣告无罪案件的分析报告——关于人民法院贯彻无罪推定原则的实证分析"，载《法制资讯》2014 年第 1 期。

表 4-2　2001 年~2018 年我国无罪判决人数及无罪判决率

年份	法院无罪判决人数（单位：人）	法院无罪判决率（单位:‰）
2001	6597	8.8
2002	4935	7
2003	4835	6.5
2004	3365	4.4
2005	2162	2.6
2006	1713	1.9
2007	1417	1.5
2008	1373	1.4
2009	1206	1.2
2010	999	1
2011	891	0.8
2012	727	0.6
2013	825	0.71
2014	778	0.66
2015	1039	0.84
2016	1076	0.88
2017	1156	0.9
2018	819	0.57

　　从表 4-2 可以看出，在 2001 年~2018 年间，我国法院无罪判决率最高为2001 年的 8.8‰，人数为 6597 人。自 2011 年开始，我国法院无罪判决率均不到 1‰，且总体呈下行趋势。这些数字表明我国无罪判决人数极少及无罪判决率极低。尽管无罪判决人数多少与无罪判决率高低与是否严格遵守证明标准并无必然联系，然而，有一点是毋庸置疑的，即对达不到证明标准的案件没有勇气作出无罪判决而选择疑罪从有、疑罪从轻的做法是导致无罪判决人数少、无罪判决率低的重要原因之一。这一结论也可从学者的一组调研数据得到论证。有学者从党的十八大以来全国法院纠正的冤假错案中选取了迄今已纠正的 40 起案件进行分类统计，指出在该 40 起案例中，90% 的案例中律师提

出的都是无罪辩护意见，并且都是针对指控的犯罪事实和证据存在明显问题提出无罪辩护意见。但是，对于这些无罪辩护意见，法院都不予采纳，一律判决被告人有罪并处以重刑。而不足 10% 的案例中，律师为被告人提出的辩护意见是有罪辩护，但在量刑上请求法院予以从轻判处，[1]但法院同样没有采纳。另一位学者收集的实证数据也证实了这种情形。该学者搜集了 20 起冤案，并对该 20 起冤案的误判理由进行分析，指出其中 14 起冤案（占 70% 的比率）是因为在有罪证据显然不足，即未达到我国立法所要求的证明标准程度的情况下仍然认定被告人有罪所造成的。[2]

由此可以看出来，对疑案缺乏作无罪判决的勇气而选择判决有罪是导致无罪判决人数少、无罪判决率极低的重要原因之一。也正是这种疑罪从有的做法导致冤错案件的发生。聂树斌案就是这种做法所造成的样板冤案。事实上，从我国司法机关近些年纠正的冤错案件来看，这些冤错案件的发生有着相似的路径：首先被冤枉的人往往因为与被害人有某种关系而被确定为犯罪嫌疑人，然后对犯罪嫌疑人实施刑讯逼供，迫使其不得不对犯罪经过供认，最后在证据达不到法定的证明标准的情况下，仍然基于有罪推定作出有罪判决，而刑事判决书上往往有本案已经达到法定的证明标准（即本案"事实清楚，证据确实、充分"）的表述。而后因"亡者归来"或"真凶出现"被确定为冤错案件，最终通过启动再审程序予以纠正。诚如我国学者所言，事实上，在近年来得到披露的冤假错案中，法院的有罪判决几乎都曾作出"事实清楚，证据确实、充分"的表述。而在这些错案得到纠正之后，同样的法院根据同样的证据往往又得出"事实不清，证据不足"的裁判结论。[3]

四、庭审实质化与对刑事证明标准的坚守

实现庭审实质化与证明标准的坚守有密切关系。然而，我国证明标准在实践中却存在被架空、虚置的现象，严重影响了案件事实的准确认定，导致冤错案件的发生。如何采取有效措施坚守证明标准，真正实现定罪实质化，

---

〔1〕 参见顾永忠："律师辩护是防范、纠正冤假错案的重要保障——以缪新华一家五口错案的发生与纠正为切入点"，载《中国律师》2017 年第 11 期。

〔2〕 参见陈永生："我国刑事误判问题透视——以 20 起震惊全国的刑事冤案为样本的分析"，载《中国法学》2007 年第 3 期。

〔3〕 参见陈瑞华：《刑事证据法学》，北京大学出版社 2012 年版，第 260 页。

确保准确认定案件事实，这正是当前刑事司法改革亟待解决的问题。对此笔者谈以下几个方面。

（一）对刑事证明标准进行细化解读

坚守刑事证明标准，要求证明标准具有确定、具体的含义。倘若证明标准的概念不确定，则坚守的基础亦不明确，那么所谓的坚守，只是法官自由裁量的结果。为了增强证明标准的可操作性，我国 2012 年《刑事诉讼法》在修改时把排除合理怀疑写入法典，用以补充和细化原有定罪证明标准，这使证明标准更具确定性，对证明标准的坚守大有裨益。

需要指出的是，我国证明标准的解读，是以客观真实说尤其是马克思辩证唯物主义认识论作为理论基础的。而排除合理怀疑源自英美法系，其在英美法系主要以西方经验主义哲学为基础，认为对案件的认识只能最大程度地反映案件事实，而不承认对案件的认识可以达到"绝对确定"的程度。这与马克思辩证唯物主义认识论的要求显然存在矛盾。

那么随之而来产生的问题是，应以何种理论作为证明标准的基础？如果照搬英美法系经验主义认识论来解读，那么排除合理怀疑的内涵难以与客观真实说强调的主观认识符合案件的客观事实相协调；而倘若仍然坚持以马克思辩证唯物主义认识论来解读，则会让人对把"排除合理怀疑"写入立法的必要性产生质疑，更何况"排除合理怀疑"在英美法系本来也存在语义不清、难以准确把握的问题。理论上的矛盾必然导致司法实践的无所适从。司法实践部门对于何为"合理怀疑"存在不同的认识，有的法院甚至将排除合理怀疑标准束之高阁，使定罪实质化大打折扣。因此，必须明确解读证明标准的理论基础。

毋庸置疑，对证明标准的解读必须坚持客观真实说为指导，这是总结过去我国发生的冤错案件沉痛教训后的必然选择，也是由我国的职权主义诉讼传统所决定的。基于职权主义的价值追求，法官需要调查核实证据，查明案件事实真相，使"事实认定符合客观真相、办案结果符合实体公正、办案过程符合程序公正"。[1]事实上，我国现行《刑事诉讼法》也将客观真实作为刑事诉讼追求的核心价值，明确要求公安司法机关进行刑事诉讼"必须以事

---

〔1〕　参见十八届四中全会《决定》2014 年 10 月 23 日中国共产党第十八届中央委员会第四次全体会议通过。

实为根据，以法律为准绳"（第 6 条）。因此，必须坚持客观真实说尤其是马克思辩证唯物主义认识论来解读证明标准。按照马克思辩证唯物主义认识论，对案件的客观事实能够被认识，且应当努力使对案件的主观认识符合案件的客观事实。要使主观认识符合客观事实，必然要求对证明标准作最严格的要求。具体而言，要求证明标准应达到确定性、唯一性的程度。只有以客观真实说为指导作最严格的解读，坚守证明标准才能真正发挥防止冤错案件发生的功能。

（二）坚守刑事证明标准，贯彻落实疑罪从无原则

定罪实质化要求严格遵守法定的证明标准。在案件证明达不到证明标准的程度而成为疑案时作无罪处理是严格遵守证明标准的必然要求。我国现行《刑事诉讼法》也明确规定了疑罪从无原则。然而，在司法实践中，由于受到有罪推定思想的深重影响，加之被害人乃至社会舆论施加的无形压力，司法机关在对有的案件（特别是死刑案件）的证明尚未达到证明标准的情况下仍然认定被告人有罪，但在量刑上"留有余地"地从轻处罚（不判处死刑）。这种"留有余地"的做法不仅与我国的法律规定背道而驰，而且是诸多冤错案件发生的重要原因。张氏叔侄案、赵作海案等就是这种"留有余地"做法导致的冤案。如在赵作海案中，"当时合议庭合议后认为，这起案件尚存疑点，本着'疑罪从轻'的原则，并没有判决死刑，而是判了死刑缓期执行"，[1]最终酿成了样板冤案。

应当承认，这种"留有余地"的做法确实能在一定程度上防止错杀无辜之人，但此种做法对防范冤错案件的发生并无益处，因为存疑的案件意味着真正的犯罪人有可能是被追诉人，也有可能不是被追诉人，在不能确定真正犯罪人是谁的情况下仍然认定被告人有罪，就会不可避免地出现错判的风险。因此，在对案件事实的证明达不到法定证明标准的情况下应当落实贯彻疑罪从无原则，作出无罪判决。这是实现定罪实质化的要求，也是防止冤案错案发生的必然选择。

需要指出的是，司法机关自党的十八大以来通过再审程序纠正聂树斌案、呼格吉勒图案、张氏叔侄案等重大刑事冤假错案 34 起，[2]并在总结过去经验

---

〔1〕 参见邓红阳："赵作海案再曝'留有余地'潜规则"，载《法制日报》2010 年 5 月 13 日，第 4 版。

〔2〕 参见汤琪："最高法：十八大以来纠正重大刑事冤假错案 34 起"，载 http://news.southcn.com/china/content/2017-02/27/content_ 166003358. htm，最后访问日期：2019 年 3 月 2 日。

教训的基础上强调刑事审判中对于罪与非罪存疑的案件必须坚持疑罪从无原则。最高法《防范冤假错案意见》第 6 条第 1 款明确规定："定罪证据不足的案件，应当坚持疑罪从无原则，依法宣告被告人无罪，不得降格作出'留有余地'的判决。"只有坚守法定的证明标准，贯彻落实疑罪从无原则，才能真正实现定罪实质化，确保刑事案件的办案质量。

（三）　强化判决说理制度

在刑事司法领域，裁判者在运用证明标准对案件进行裁判时存在一定的自由裁量的余地，倘若裁判者滥用手中的自由裁量权，故意规避证明标准的严格适用，那么证明标准的调节器作用就毫无用武之地，定罪实质化也就无法实现。因此，采取有效措施约束裁判者的自由裁量权是实现定罪实质化的重要手段。

放眼域外，由于判决说理制度要求详细阐释判决的正当性、合理性，能起到制约裁判者自由裁量权的作用而受到世界各国青睐。现代法治国家将判决说理制度作为一项约束裁判者自由裁量权的重要制度予以明确规定。如在德国，《德国刑事诉讼法典》第 267 条就明确规定了法官负有对判决进行阐释论证的义务。[1]英美法系国家同样要求说明判决理由，可以说，对判决理由进行阐释是英美法系诉讼制度的基本要求。[2]

回视我国，现行《刑事诉讼法》并未涉及判决说理制度的相关内容。由于法律没有强制要求裁判者对判决的理由进行说明，因此裁判者没有义务在判决书中对判决与判决理由之间的因果链条进行阐释，导致司法实践中判决书公式化问题严重，难以从判决书中探究裁判结果的形成过程。这不仅无法增加判决的可接受性，而且为裁判者滥用手中的自由裁量权提供了较大余地，容易致使坚守证明标准的目标落空。因为只要裁判者在判决书中写明"本案已达到证明标准"，那么即使认定的案件事实与证据之间无法自洽，也很难考究是否有严格遵守证明标准。

为坚守法定的证明标准，实现定罪实质化，应当加强判决理由的阐释说明，要求在判决中对案件的争议焦点进行阐释，并说明判决作出的事实和法律依据。需要指出的是，十八届四中全会《决定》明确指出："加强法律文书

---

〔1〕　参见《德国刑事诉讼法典》，岳礼玲、林静译，中国检察出版社 2016 年版。

〔2〕　参见［美］哈罗德·伯曼编：《美国法律讲话》，陈若恒译，三联书店 1988 年版，第 16 页。

释法说理，建立生效法律文书统一上网和公开查询制度。"因此，笔者建议将判决说理制度写入立法，使之成为一项约束裁判者自由裁量权、实现定罪实质化的重要制度。

第三节　排除合理怀疑

我国《刑事诉讼法》从 1979 年制定到 1996 年修改，有罪判决的证明标准一直表述为"案件事实清楚，证据确实、充分"。2012 年《刑事诉讼法》修改时正式把排除合理怀疑作为原有证明标准的重要组成部分写入法典。对此，本章第二节已有详述。排除合理怀疑载入我国刑事诉讼法以后，法官在判断案件证据是否确实、充分时，必须在综合全案证据基础上，判断所认定事实是否已排除合理怀疑。因而，正确理解与运用排除合理怀疑是保障刑事案件质量、防范冤假错案的关键所在，也是当前理论上和实践上亟需解决的一大难题。本节对排除合理怀疑进行探讨。

一、域外排除合理怀疑的历史源流

在论述排除合理怀疑的历史源流之前，有必要厘清"排除合理怀疑"此专门法律用语的表述问题。"排除合理怀疑"相对应的英语表述是"Beyond Reasonable Doubt"。从语词原意来说，"Beyond"一词直译应为"超越"，因此"Beyond Reasonable Doubt"直译应为"超越合理怀疑"。但由于联合国官方文件的中文文本翻译成"排除合理怀疑"（本节后面将涉及），且我国《刑事诉讼法》也采用"排除合理怀疑"的用语，因而我们认为应当统一采用"排除合理怀疑"之表述。

按照美国一些学者的观点，排除合理怀疑标准最初起源于 1798 年都柏林系列叛国案件的审判之中。[1]这种判断在很大程度上忽略了对美洲殖民地案件的考察。其实考察早期美国法可以发现，早在 1770 年波士顿大屠杀案件的审判，排除合理怀疑便已出现。在雷克斯诉温姆斯（Rex *v.* Wemms）案中，

---

　　[1]　这种观点以原联邦最高法院大法官 May、Wigmore 以及 McCormick 为主要代表。May 在一篇写于 1876 年的论文中指出，排除合理怀疑在都柏林 1798 年审判的 Finney 案与 Bond 案中首次出现。See John Wilder May, Some Rules of Evidence: Reasonable Doubt in Civil and Criminal Cases, 10 *Am. L. Rev.* 642（1876），pp. 657~658.

辩护律师在结案陈词中提醒陪审团注意，当陪审团对被告人有罪存在怀疑时，陪审团应当作出无罪判决。而控方虽然同意辩方关于陪审团对案件有怀疑时应作出无罪判决的观点，但认为陪审团的怀疑应当是合理的怀疑。控方指出：

"……理性的最大进步是使诉讼成为最后的争议解决手段，这种手段在本质上不承认在缺乏证据的情况下得出的结论是真实的，也不认为在有存疑之处的情况能得出确定的裁决。因此，如果在对诉因进行询问的时候，证据不足以使你排除合理怀疑地确信被羁押的所有或任何一人是有罪的，那么，基于仁慈和法律的理性，你应当判决他们无罪。然而，如果证据足以使你确信他们有罪，并达到排除合理怀疑的程度，法律之正义要求你宣布他们有罪，而且法律的仁慈在对他们的公平、公正审判中得到了实现。"[1]

尽管控方的观点最后没有得到本案审理法官的采纳，但表明排除合理怀疑在 1770 年便已出现，而且把排除合理怀疑与法官确信结合在一起适用。

明确要求适用排除合理怀疑标准的为英国 1783 的约翰·拉詹特案。在此案中，法官向陪审团指示，如果在审查了证据以后，在你脑海里对他实施犯罪仍然存在任何合理怀疑，那么他有权获得你们作出的无罪判决。[2]在 1783 年的另一起案件中，法官向陪审团指示，"你们必须清楚地确信犯罪事实是如此憎恶，其导致的结果是如此应当受到刑罚惩罚，那么，你们对公众和正义的全部职责就是，判决被告人有罪。相反，如果你认为仍然存在合理怀疑的理由，无论是怀疑其警告被害人的事实，还是怀疑这种伤害是导致其死亡的原因，那么你都应当判决被告人无罪。"[3]

---

〔1〕 See L. Kinvin Wroth, Hiller B. Zobel, *Legal Papers of John Adams*, Volume 3. Cases 63 & 64: *The Boston Massacre Trials Chronolgy. Index*, Cambridge, MA: The Belknap Press of Harvard University Press, 1965, p. 271.

〔2〕 See John Largent, OBSP (Apr. 1783, #314), pp. 491, 499 (theft from the mails), also see http://www. oldbaileyonline. org/browse. jsp? id=t17830430-67-defend847&div=t17830430-67&terms=if｜on｜viewing｜the｜evidence｜any｜reasonable｜doubt#highlight. See also Barbara Shapiro, "Changing Language, Unchanging Standard: From 'Satisfied Conscience' to 'Moral Certainty' and 'Beyond Reasonable Doubt'", 17 *Cardozo J. Int'l & Comp. L.* 261, 276, (2009). Also see John H. Langbein, *The Origins of Adversary Criminal Trial*, Oxford: Oxford University Press, 2003, p. 263. James Q. Whitman, *The Origins of Reasonable Doubt: Theological Roots of the Criminal Trial*, New Haven: Yale University Press, 2008, p. 193.

〔3〕 See The Proceedings of the Old Bailey Ref: T17831210-4. Quoted in James Q. Whitman, *The Origins of Reasonable Doubt: Theological Roots of the Criminal Trial*, New Haven: Yale University Press, 2008, pp. 197~198.

之后，排除合理怀疑在英国刑事司法中不断得以适用，并成为英国刑事诉讼中的定罪标准。如在 1784 年的理查纵火案，法官向陪审团指示道，"如果存在合理怀疑，在这种情况下，这种怀疑要求你们作出对被告人有利的裁决。"[1]在 1786 年的约瑟夫谋杀案，法官向陪审团指示，"先生们，如果你们从整体的角度上确信他是有罪的话，那么你应当判决其有罪；如果你发现存在任何合理的怀疑，那么你们应当判决其无罪。"[2]

从美国法的实践来看，排除合理怀疑最早在北卡罗来纳州的司法实践中作为有罪证明标准予以适用。在 1828 年的北卡罗来州诉科克伦（State v. Cochran）案中，北卡罗来纳州最高法院明确指出，无论是轻罪案件还是死刑案件，排除合理怀疑都是合适的定罪标准。[3]尔后美国各州纷纷采取排除合理怀疑标准，要求陪审团作出有罪判决必须排除合理怀疑。至 1949 年马里兰州正式把排除合理怀疑确立为定罪标准后，排除合理怀疑在美国各州正式成为定罪标准。需要指出的是，直至 1970 年美国联邦最高法院才把排除合理怀疑作为一项宪法性要求适用于美国联邦法院系统。在温舍普案中，大法官布伦南指出，要求证明达到排除合理怀疑标准能使"每个人在其日常生活中相信在没有使合适的事实裁定者极大确定地信服其有罪的情况下，其政府不能判决其在一起刑事案件中有罪。除非对指控被告人的犯罪构成要素的证明均达到排除合理怀疑的程度，否则第十四修正案的正当程序条款保护被告人免受被判有罪。"[4]

排除合理怀疑作为刑事证明标准，由于美国法律文化的强势影响，逐渐被其他国家和地区采纳及适用。大陆法系国家和地区在法律规定内心确信（自由心证）作为有罪证明标准的同时在司法实践中也逐渐援引排除合理怀疑的表述。如德国联邦上诉法院 1990 年在一起刑事案件的判决中指出："只要在理性争辩的基础上，存在合理的怀疑（vernuenftigezweifel），初审法院就不能

---

[1] See Richard Corbett, OBSP（July. 1783, #670）, at 879, 895（arson）, also see http://www. oldbaileyonline. org/browse. jsp? id=t17840707-10-person161&div=t17840707-10&terms=there｜is｜a｜reasonable｜doubt#highlight. 2013/2/3.

[2] See Joseph Rickards, OBSP（Feb. 1786, #192）, at 298, 309（murder）, also see http://www. oldbaileyonline. org/browse. jsp? id=t17860222-1-person52&div=t17860222-1#highlight.

[3] See State v. Cochran, 13 N. C. 56, 57-58, 2 Dev. 63, 64-65（1828）.

[4] See In re Winship, 397 U. S. 358（1970）.

对其定罪。"[1]日本的司法实践也是如此。日本的司法裁判表明刑事诉讼证明只要达到高度盖然性即可。有的日本学者指出，高度盖然性与排除合理怀疑二者是同一判断的表里关系，前者是双重肯定的评价方式；后者是排除否定的评价方法。[2]

同样，排除合理怀疑也被国际公约所确认，成为一项重要的刑事司法准则。人权事务委员会在 1984 年的第 13 号一般性意见中对联合国《两权公约》所规定的无罪推定原则进行解释时明确指出，"基于无罪推定，对控诉的举证责任由控方承担，疑案的处理应有利于被指控人。在对指控的证明达到排除合理怀疑的程度之前，不能推定任何人有罪。而且，无罪推定暗含着被指控的人享有按照这一原则对待的权利。因此，所有的公共当局都有义务不得预断审判结果。"[3]后来第 13 号一般性意见被 2007 年的第 32 号一般性意见取代，该解释仍然为第 32 号一般性意见所沿用。[4]

二、域外排除合理怀疑的涵义及其面临的挑战

（一）排除合理怀疑的涵义

对于排除合理怀疑概念的理解，关键在于"合理怀疑"的理解。英美法系国家法律界对合理怀疑一词是否需要进一步解释而展开长期争论。一般表现为两种学说：（1）否定说，认为合理怀疑一词具有不证自明属性，因而无须作进一步解释。如果对该术语进行解释，不会使陪审团对其有更清晰的理解，[5]相反，只会更加令人困惑且会降低正当程序条款所要求的证明标准。[6]

---

[1] BGH NStZ 402 (1990). 参见 ［德］托马斯·魏根特：《德国刑事诉讼程序》，岳礼玲、温小洁译，中国政法大学出版社 2004 年版，第 149 页。

[2] ［日］田口守一：《刑事诉讼法》，张凌、于秀峰译，中国政法大学出版社 2010 年版，第 272 页。

[3] "《联合国人权事务委员会第 13 号一般性意见》第 1 条，第 7 条"，载 http://www1. umn. edu/humanrts/chinese/CHgencomm/CHhrcom13. htm，最后访问日期：2013 年 1 月 22 日。

[4] 《联合国人权事务委员会第 32 号一般性意见》第 30 条规定："无罪推定是保护人权的基本要素，要求检方提供控诉的证据，保证在排除所有合理怀疑证实有罪之前，应被视为无罪，确保对被告适用无罪推定原则，并要求根据这一原则对待受刑事罪行指控者。所有公共当局均有责任不对审判结果作出预断，如不得发表公开声明指称被告有罪。"参见"《联合国人权事务委员会第 32 号一般性意见》第 30 条"，载 http://www1. umn. edu/humanrts/chinese/CHgencomm/CHhrcom32. html，最后访问日期：2013 年 1 月 22 日。

[5] See United States v. Glass, 846 F. 2d 386, 387 (7th Cir. 1988).

[6] See Murphy v. Holland, 776 F. 2d 470, 475 (4th Cir. 1985).

（2）肯定说，认为应当对合理怀疑作进一步解释，因为即使是有着深厚法律知识和丰富审判经验的法官，也会常常对定义合理怀疑一词的意思感到困难。[1]

以上学说从各自的角度来看都有一定的合理性。那么，排除合理怀疑在司法实践中的理解是否存在分歧呢？答案是肯定的。根据美国联邦最高法院的判例，其对于应否对合理怀疑作进一步解释并没有明确的态度，一方面认为"合理怀疑"一词属于不证自明的概念，也许难以再进一步对其进行定义，[2]另一方面对大量下级法院关于"合理怀疑"的定义进行处理，评判其定义是否符合宪法的要求。这种模棱两可的态度导致联邦巡回法院和各州法院系统形成不同做法：有些法院要求对合理怀疑进行定义，有些法院禁止对合理怀疑一词进行定义，还有些法院采取由审理法院自由裁量的方式决定是否定义。这些概况，国内外论著已有详述，此处不赘。[3]

需要进一步探问的是，主张应当对排除合理怀疑进行解释的学者和法院是如何对其进行解释的呢？从英美法系国家的理论与司法实践来看，法律界对排除合理怀疑的解释可谓人言人殊。择其要者，主要的解释方法有如下几种：

一是把排除合理怀疑定义为道德确定性。道德确定性（moral certainty）是17世纪中期新教神学家回应天主教徒关于宗教真理具有绝对确定性（absolute certainty）理论而引入或然确定性（probable certainty）理论所提出的，这种确定性不要求确信达至排除所有怀疑的地步，只要根据自身的观察和经验，在考量证人证言的基础上，对事物性质理解的确信没有合理怀疑即可。换言之，即使在理论上存在怀疑的余地，在实践中也缺乏产生怀疑的真正理由或理性根据。美国许多法院采用这种方式来界定排除合理怀疑标准。如在凯奇诉路易斯安那州（Cage v. Louisiana）案中，联邦最高法院虽然否定了一个含有"道德确定性"一词的合理怀疑指示，但同时指出，"法院不诘难

---

〔1〕 事实上，审理法官在一些案件中错误地定义合理怀疑一词。See, e. g., Lanigan v. Maloney, 853 F. 2d 40, 45-48（1st Cri. 1988），cert. denied, 109 S. Ct. 788（1989）；United States v. Pinkney, 551 F. 2d 1241, 1244-46（D. C. Cir. 1976）；Lansdowne v. State, 412 A. 2d 88, 93（Md. 1980）；United States v. Alvero, 470 F. 2d 981, 982-83（5th Cir. 1972）.

〔2〕 See Holland v. United States, 348 U. S. 121, 140（1954）. 在该案中，联邦最高法院指出："尝试对'合理怀疑'一词进行解释并不会经常使陪审团对该术语有更清晰的理解。"

〔3〕 参见陈永生："排除合理怀疑及其在西方面临的挑战"，载《中国法学》2003年第2期。

此指示中使用'道德确定性'一词",否定的原因在于指示中的另外一些用语——即"实质的"和"严重的"——提高了根据合理怀疑标准作出无罪判决所要求的程度。[1]

二是采取类比法,把作出有罪判决所要求的确定性与日常生活中作出决定时所要求的确定性进行类比。根据美国联邦巡回上诉法院以及各州的司法实践,存在两种不同的类比方式。其一,把排除合理怀疑标准与人们在日常生活中作出重要决定时所应达到的相信程度进行类比。[2]按照这种类比方式,排除合理怀疑是指一个谨慎之人在对其生活有重大影响的事项准备采取行动的时候,要求相信的程度达到足以使其采取行动的地步。其二,把排除合理怀疑标准中的合理怀疑类比成那种会使谨慎之人犹豫不决的怀疑。根据这种定义方式,理性的怀疑是一种会对你的相信产生怀疑以致你根据这种怀疑对是否行动犹豫不决。相反,如果存在的怀疑并非是理性的怀疑,那么这种怀疑不会导致人们犹豫不决。在这种定义下,陪审团只能根据其在日常生活中个人的重要事项作出决定前犹豫不决的怀疑程度判决被告人无罪。联邦第二巡回上诉法院正是采取此种定义方式的典型代表。其在标准陪审团指示中指出,合理的怀疑是一种基于理由和一般常识的怀疑——这种怀疑类型会使一个理性之人在行动之前犹豫不决。因此,排除合理怀疑的证明,是如此地令人信服,以致你们在日常生活中面临重要事项作出决定时会毫不犹豫地据此采取行动。[3]

三是把合理怀疑定义为有理由根据的怀疑。根据这种定义方法,所谓合理怀疑,是指有理由根据的怀疑。换言之,合理怀疑就是能够给出理由的怀疑,那么没有理由根据的任意猜测、推测等不属于合理理由的范畴。美国第八巡回上诉法院的标准陪审团指示即采取这种定义方式:合理怀疑应当是"一种基于一定理由的怀疑"。美国学者杰西卡也认为,合理怀疑并非是"幻想的"的怀疑,也不是一种"仅仅可能的怀疑"或是怪诞的怀疑或推测的怀疑。[4]

---

〔1〕 See Cage *v.* Louisiana, 498 U. S. 39 (1990).

〔2〕 See Larry Laudan, *Truth, Error, and Criminal Law: An Essay in Legal Epistemology*, New York: Cambridge University Press, 2006, p. 37.

〔3〕 See Edward J. Devitt et al., *Federal Jury Practice and Instructions*, § 12.10, West Pub. Co., 1987, p. 354.

〔4〕 See Jessica N. Cohen, "The Reasonable Doubt Jury Instruction: Giving Meaning to A Critical Concept", *Am. J. Crim. L.*, Vol. 22, 1995, p. 677, p. 694.

四是对合理怀疑进行量化。定义或澄清排除合理怀疑标准的另外一种常见方法是量化排除合理怀疑的确信程度。如有法官在一起案件中就将排除合理怀疑定义为95%的可能性。[1]法官温斯坦曾向纽约东区地区的10名法官调查他们认为陪审员根据排除合理怀疑标准作出有罪判决应当达到怎样的确定性。结果见表4-3:

表4-3　纽约东区法官关于证明标准的概率统计表[2]

法官	优势证据标准	清楚且令人信服标准	清楚、明确且令人信服标准	排除合理怀疑标准
1	50+%	60%~70%	65%~75%	80%
2	50+%	67%	70%	76%
3	50+%	60%	70%	85%
4	51%	65%	67%	90%
5	50+%	标准难懂且没有任何帮助		90%
6	50+%	70+%	70+%	85%
7	50+%	70+%	80+%	95%
8	50.1%	75%	75%	85%
9	50+%	60%	90%	85%
10	51%	难以做量化估算		

从表4-3可以看出,所有法官一致认为排除合理怀疑标准为最高证明标准。在对排除合理怀疑标准的所应达到的程度上,9名法官给出了量化的概率。其中,最高为95%,最低为76%。这些概率表明,法官认为陪审员适用排除合理怀疑标准裁定被告人有罪的量化概率应当在85%~90%之间。另外,学者麦考利在1982年一项关于美国联邦法院法官量化有罪证明标准的最低限度要求的调查结果显示,参与调查的171名法官中,126名法官认为排除合理怀疑标准的最低要求应等于或高于90%的确定性,11名法官认为最低要求是

---

[1]　See United States v. Schipani, 289 F. Supp. 43 , 57 (E. D. N. Y 1968).
[2]　See United States v. Fatico, 458F. Supp. 388, 411 (1978).

等于或高于 75% 的确定性，也有 1 名法官认为达到 50% 的确定性即可。[1]换言之，绝大多数联邦法官认为排除合理怀疑标准的最低要求应当等于或高于90% 的确定性。美国联邦巡回上诉法院法官也多次提及错判无罪与错判有罪之间的适当比率应当是 10∶1。[2]也就是说，这些法官所期待的合理怀疑概率是 91% 的确定性。在理论界，学者也对排除合理怀疑标准进行了量化。如有学者认为排除合理怀疑"是指每个陪审员必须 95% 或 99% 确信被告人有罪"。[3]也有学者指出，如果用一个 1 分至 10 分的评分表表示的话，排除合理怀疑的证明只需达到 9 分即可。[4]

五是把排除合理怀疑定义为对被告人有罪的一种坚定信念。即要求陪审团对被告人有罪持有一种坚定的信念（abiding conviction）。加利福尼亚州法院的模范陪审团指示（model jury instruction）即采取这种定义方式："合理怀疑应作如下定义：它并非是仅仅可能的怀疑，因为所有与人类活动有关的事项，在根据盖然证据的情况下，均存在可能的怀疑或想象的怀疑。它是在对案件所有证据进行整体的比较与考虑之后案件所处的一种状态，即在这种条件下陪审员不能说他们对被告人有罪持有一种坚定的信念，对指控事实的真实性达到道德确定性的程度。"[5]美国第五巡回上诉法院也曾对排除合理怀疑标准定义为对被告人有罪持有一种坚定的信念这种做法持肯定态度。

六是采取多角度对排除合理怀疑进行定义。如有学者采取基于理由的怀疑、类比法以及实质性的怀疑等多角度对合理怀疑进行定义："排除合理怀疑不要求控方对被告人有罪的证明达到排除一切可能的怀疑的程度。这一标准中的怀疑只是一种合理的怀疑。合理怀疑是一种建立在有理由根据和一般常识基础上的怀疑——是一种使理性之人产生犹豫的怀疑。因而排除合理怀疑

〔1〕　See McCauliff C. M. A. , "Burdens of Proof: Degrees of Belief, Quanta of Evidence, or Constitutional Guarantees?", *Vand.. L. Rev.* , Vol. 35, 1982, p. 1293, p. 1325.

〔2〕　See Goetz v. Crosson, 967 F. 2d 29, 39 (2d Cir. 1992) (Newman, J. , concurring); See United States v. Greer, 538 F. 2d 437, 441 (D. C. Cir. 1976); See Bunnell v. Sullivan, 947 F. 2d 341, 352 (9th Cir. 1991) (en banc) (Kozinski, J. , concurring); See Furman v. Georgia, 408 U. S. 238, 367 n. 158 (1972) (Marshall, J. , concurring).

〔3〕　参见 〔美〕爱伦·豪切斯泰勒·斯黛丽、南希·弗兰克：《美国刑事法院诉讼程序》，陈卫东、徐美君译，中国人民大学出版社 2002 年版，第 72 页。

〔4〕　参见 〔美〕乔恩·R·华尔兹：《刑事证据大全》，何家弘等译，中国人民公安大学出版社2004 年版，第 313 页。

〔5〕　114 S. Ct. at 1244.

的证明必须达到这样一种令人确信的程度：即一个理性之人在日常生活中面临最重要的事项时不会犹豫并进而据此采取行动的程度。"[1]这种定义不仅得到一些学者的认可，而且在一些法院得以适用。[2]

从上述排除合理怀疑的解释来看，虽然主流观点在解释上存在争论与歧义，但以下两点是较为一致的：首先，排除合理怀疑标准的解释应当体现诉讼认识所能达到的最高程度；其次，排除合理怀疑本身不要求达到百分之百确定无疑的地步。

（二）排除合理怀疑面临的挑战

排除合理怀疑在实践中也遭受一些批评与诘难。如在美国，有质疑排除合理怀疑的内涵过于模糊和抽象。有学者通过实证调研数据指出，陪审员对排除合理怀疑的涵义往往感到困惑，排除合理怀疑并非一个明确的概念。如科尔等6位学者就针对排除合理怀疑的涵义是否明确做了一项实验。实验挑选了606名大学生担任陪审员参与模拟审判。其中，一些模拟审判在陪审团指示中引用司法实践中实际运用的排除合理怀疑定义；而其他模拟审判的陪审团指示则不涉及任何排除合理怀疑的界定。[3]实验结果显示，在排除合理怀疑不作解释的情况下，陪审员之间以及陪审团之间存在很不一致的意见。而且出现更多审判被宣告无效的情形。因此，研究人员得出结论：合理怀疑一词的概念对模拟陪审员而言并非显而易见，真正的陪审员对合理怀疑的定义必然也存在不少的困惑。[4]

又如，有学者指出，尽管排除合理怀疑要求达到的90%乃至95%以上的确定性程度，且法官要求陪审员在对被告人作出有罪判决时必须确信被告人有罪，但是实务中陪审员并没有如法官所愿地适用排除合理怀疑。[5]埃里克·

---

〔1〕 See Edward J. Devitt, Maurite Rosenberg, William C. Mathes, *Federal Jury Practive and Instructions*, § West Pub Co., 1987, p. 354.

〔2〕 参见陈永生："排除合理怀疑及其在西方面临的挑战"，载《中国法学》2003年第2期。

〔3〕 See Kerr et al., "Guilt Beyond a Reasonable Doubt: Effects of Concept Definition and Assigued Decision Rule on the Judgments of Mock Jurors", *J. Personality & Soc. Psychology*, Vol. 34, 1976, p. 282, pp. 285~286.

〔4〕 See Kerr et al., "Guilt Beyond a Reasonable Doubt: Effects of Concept Definition and Assigued Decision Rule on the Judgments of Mock Jurors", *J. Personality & Soc. Psychology*, Vol. 34, 1976, p. 292.

〔5〕 See Nancy Pennington & Reid Hastie, "Algebraic Models of Juror Decision Processes Reid Hastie ed.", in *Inside the Juror: The Psychology of Juror Decision-Making*, Cambridge Universvty Press 1994, p. 84.

里尔奎斯特教授通过对诸多涉及排除合理怀疑的在实践中的理解问题的研究进行分析后得出这样的结论,即调研结果显而易见,陪审员对排除合理怀疑的理解从51%到92%不等。[1]事实上,从另一项研究结果来看,也可以得出同一个结论,即陪审员对排除合理怀疑的涵义不甚理解。该项研究以真正的陪审员作为实验对象,实验内容是陪审员对排除合理怀疑的理解。实验结果显示,尽管法官已经对陪审团进行过指示,但接受实验的陪审员中,有23%的陪审员认为,在间接证据对被告人有罪和无罪的证明显示可能性各占一半时,仍应当作出有罪判决。[2]

特别是,有学者提出排除合理怀疑在死刑案件中未必是最佳证明标准。从排除合理怀疑的适用基准来看,无论死刑案件还是非死刑案件,只要对被告人有罪的证明达到排除合理怀疑的程度,就应当判决被告人有罪。这似乎是无可争辩的。然而,死刑案件与非死刑案件毕竟有所不同,死刑案件的刑罚具有特殊性。基于死刑刑罚的严重性与不可恢复性,死刑案件应当获得高于非死刑案件的必要保障。对于这点,美国联邦最高法院首席大法官伯格在阿克诉俄克拉何马州(Ake v. Oklahoma)案的指示中早已阐明在死刑案件中,因所施加刑罚的不可恢复性使其应当获得在其他案件不作要求的保障。[3]那么,死刑案件适用与非死刑案件同等的排除合理怀疑标准,是否有漠视死刑案件被告人权利保护之虞?从这种思路出发,有学者批评指出排除合理怀疑在死刑案件中未必是最佳证明标准。批评者认为排除合理怀疑标准与死刑案件的特殊性与重要性是不相符的。他们指责适用排除合理怀疑标准导致死刑案件的错判率超过了可接受的范围,并以此指出排除合理怀疑不宜作为死刑判决的证明标准。

仙德教授就是此学派的代表人物。他在一篇论证死刑案件应当提高证明标准的文章中对排除合理怀疑标准进行了批评。他指出:

美国司法制度以判决中可能危及之权益的性质与重要性为参考来界定证

---

〔1〕 See Erik Lillquist, "Recasting Reasonable Doubt: Decision Theory and the Virtues of Variability", *U. C. Davis L. Rev.*, Vol. 36, 2002, p. 112.

〔2〕 See David U. Strawn, Raymond W. Buchanan, "Jury Confusion: A Threat to Justice", *Judicature*, Vol. 59, No. 10, 1976, pp. 480~481.

〔3〕 See Ake v. Oklahoma, 470 U. S. 68, 87 (1985). See Leonard B. Sand, Danielle L. Rose, "Proof Beyond All Possible Doubt: Is There a Need For a Higher Burden of Proof When the Sentence May be Death?" *Chi. -Kent L. Rev.*, Vol. 78, 2003, p. 1359, p. 1367.

明标准或可接受的错案率。这个标准（排除合理怀疑）旨在减少个案错判的数量以及向社会传递所涉权益重要性的信息。生命权乃判决中可能危及的最根本权益。我们相信，目前在美国死刑刑罚制度中的错误执行率并不在一个可接受的范围之内，社会有责任尝试降低这种错误发生的频率。[1]

为了进一步说明美国死刑案件的错判率不在可接受的范围内，仙德教授通过援引一组实证研究数据有力地证明死刑案件出现了令人吃惊的错判率，进而指出应当适用高于排除合理怀疑的证明标准。[2]仙德所援引之数据乃由哥伦比亚大学利伯曼教授所率领的研究团队对 1973 年至 1995 年间美国判处死刑的 5760 个刑事案件进行研究后得出的。[3]研究结果显示，每 100 个死刑判决中，41 个判决在州的直接上诉程序（direct appeal）因"严重错误"（serious error）被推翻且要求重新审理。其余的 59（即 100-41=59）个判决进入到州的定罪后救济程序（state post-conviction stage）。在进入州的定罪后救济程序的这 59 个案件中，至少 10%（即 59×10%=5.9≈6）的判决因为"严重瑕疵"（serious flaws）被推翻且要求重新审理。剩下的 53（即 59-6=53）个

---

〔1〕 Leonard B. Sand, Danielle L. Rose, "Proof Beyond All Possible Doubt: Is There a Need For a Higher Burden of Proof When the Sentence May be Death?", *Chi. -Kent L. Rev.*, Vol. 78, 2003, p. 1359, p. 1367. 持这种批评意见的学者还包括 Liebman、Craig M. Bradley、Margery Malkin Koosed、Jon O. Newman、Robert D. Bartels 等。See James S. Liebman et al. , *A Broken System, Part II: Why There Is So Much Error In Capital Cases, and What Can Be Done About It*, 2002, pp. 397~399; Craig M. Bradley, "A (Genuinely) Modest Proposal Concerning the Death Penalty," *Ind. L. J.*, Vol. 72, 1996, p. 27; Margery Malkin Koosed, "Averting Mistaken Executions by Adopting the Model Penal Code's Exclusion of Death in the Presence of Lingering Doubt", *N. Ill. U. L. Rev.*, Vol. 21, 2001, p. 111, p. 124; Jon O. Newman, "Make Judges Certify Guilt in Capital Cases", *Newsday*, July 5, 2000, at A25; Robert D. Bartels, "Punishment and the Burden of Proof in Criminal Cases: A Modest Proposal", *Iowa L. Rev.*, Vol. 66, 1981, p. 914; Erik Lillquist, "Recasting Reasonable doubt: Decision Theory and the Virtues of Variability", *U. C. Davis L. Rev.*, Vol. 36, 2002, p. 112.

〔2〕 See Judge Leonard B. Sand, Danielle L. Rose, "Proof Beyond All Possible Doubt: Is There a Need For a Higher Burden of Proof When the Sentence May be Death?", *Chi. -Kent L. Rev.*, Vol. 78, 2003, p. 1362, p. 1364.

〔3〕 1993 年，美国联邦参议院司法委员会委托哥伦比亚大学法学院对全美死刑的适用进行研究。该研究历时 7 年，于 2002 年结束。研究小组分别于 2000 年与 2002 年提交了两份报告，即"A Broken System: Error Rates in Capital Cases 1973-1995"（2000）以及"A Broken System, Part II: Why There Is So Much Error In Capital Cases, and What Can Be Done About It,"（2002）。该两份报告一经公布，就在美国刑事司法界引起了极大轰动，并为诸多学者研究所引用。该两份报告可从哥伦比亚大学法学院官方网页上查询到，载 http://www2. law. columbia. edu/instructionalservices/liebman/以及 http://www2. law. columbia. edu/brokensystem2/index2. html，最后访问日期：2013 年 1 月 28 日。

判决进入第三道救济程序，即联邦人身保护令程序。在该程序中，40%（即 53×40%≈21）的判决由于严重错误被推翻，需重新审理。由此可见，每100个死刑案件中，经过直接上诉、州的定罪后救济程序以及联邦人身保护令程序救济后因为错误被推翻而需重新审理的案件达68个（即41+6+21=68）。[1]利伯曼教授继而对该68个案件重新审理后的处理结果作进一步研究。结果如图4-1所示[2]：

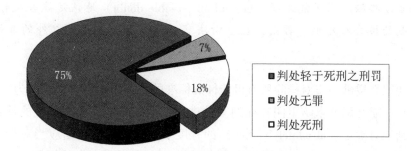

图4-1 被推翻的68个案件经重新审理后的处理结果示意图

从图4-1可以看出，这68个案件经重新审理后，除了18%（即68×18%≈12）的案件又被判处死刑外，其余82%（68×82%≈56）的案件要么被判处轻于死刑之刑罚（占75%，即68×75%≈51），要么被判处无罪（占7%，即68×7%≈5）。[3]由此可见，每100个死刑案件中，有56个案件出现错判，死刑案件的错判率高达56%。其中，无辜者被错判死刑的案件比例高达5%。由此可以看出，美国死刑案件的错判率确实令人吃惊。[4]

---

〔1〕 See James S. Liebman et al. ，"Capital Attrition：Error Rates in Capital Cases（1973－1995）"，*Tex. L. Rev.* ，Vol. 78，2000，p. 1852.

〔2〕 See James S. Liebman et al. ，"Capital Attrition：Error Rates in Capital Cases（1973－1995）"，*Tex. L. Rev.* ，Vol. 78，2000，p. 1852. See also Praf James S. Liebinan：A Summary of the Columbia University Study，Death Penalty Information Center，载 deathpenaltinfo. org.

〔3〕 See James S. Liebman，"Capital Attrition：Error Rates in Capital Cases（1973-1995）"，*Tex. L. Rev.* ，Vol. 78，2000，p. 1852.

〔4〕 另外，美国西北大学法学院和密歇根大学法学院"冤假错案研究中心"在2013年2月发布的"全美改判无罪案件登记系统"研究报告显示，美国错判比例约在2.3%至5%，其中8%的当事人被判处过死刑。参见孔繁勇："2013年美案件纠错量创历史新高：改判无罪囚犯人数达到87人"，载《法制日报》2014年2月11日。

在此基础上，仙德教授指出应当通过提高死刑案件证明标准来减少错判案件的数量。在对死刑案件适用哪种证明标准的问题上，仙德认为应当适用排除所有可能怀疑的标准。仙德指出：

如果提高判处死刑所需之证明标准至少可以在理论上减少错误判决的案件数量的话，那么我们认为也应当作出这种改变。……因此，我们建议，陪审团在决定是否对被告人适用死刑前应当重新衡量有罪判决的正确性。如果陪审团排除所有可能怀疑（beyond all possible doubt）地认定被告人有罪，那么判处被告人死刑。否则，应当由法官对被告人判处死刑以外的其他刑罚。[1]

仙德教授进一步对排除所有可能怀疑标准的内容作出阐释。其认为，"排除所有可能怀疑要求陪审团在死刑案件进入量刑程序前对案件事实的认定必须达到绝对确定（absolutely certain）的程度。这意味着陪审团应当对残余怀疑（residual doubts）——即合理怀疑与绝对确定之间所存在的怀疑——予以考虑"。[2]

从其他批评者的意见来看，他们对死刑案件应当适用何种证明标准也采取不同的措辞。如克雷指出：在我看来，应当向陪审团指示，除非他们一致同意对被告人是谋杀者身份的认定没有怀疑（no doubt），否则他们不应当判处死刑。换言之，如果任何陪审员对被告人有罪仍然持有细小的怀疑（lingering doubt），那么就不应当判处死刑。[3]又如，伊丽莎白指出，阻止对无辜者执行死刑的一种方法可能是提高控方的证明标准，即提高对公民执行死刑所需之证明标准。要求在判处被告人死刑之前必须证明至'排除所有怀疑'的程度将使死刑适用于那些陪审团绝对确信并在道德上确定他们所判决的被告人是真

---

〔1〕 See Leonard B. Sand, Danielle L. Rose, "Proof Beyond All Possible Doubt: Is There a Need For a Higher Burden of Proof When the Sentence May be Death?", *Chi. -Kent L. Rev.*, Vol. 78, 2003, p. 1367.

〔2〕 See Leonard B. Sand, Danielle L. Rose, "Proof Beyond All Possible Doubt: Is There a Need For a Higher Burden of Proof When the Sentence May be Death?", *Chi. -Kent L. Rev.*, Vol. 78, 2003, p. 1368.

〔3〕 See Craig M. Bradley, "A (Genuinely) Modest Proposal Concerning the Death Penalty", *Ind. L. J.* Vol. 72, 1996, p. 27.

正犯罪人的案件中。[1]此外，也有学者采取"排除任何怀疑"的提法。[2]虽然批评者在措辞上分别采取"没有怀疑""排除所有怀疑""排除任何怀疑"等不同提法，但在证明的程度上均要求达到绝对确定的程度。[3]在这些批评者看来，死刑案件适用排除任何怀疑标准的理论基础主要有二：一是平衡理论。根据平衡理论，刑事证明标准的设置是错判有罪与错判无罪之间平衡的结果。在批评者看来，按照平衡理论，死刑案件应当适用比普通案件更高的证明标准，因为死刑案件中错判有罪所带来的伤害——可能错误执行死刑——比普通案件更大。亦即，错误剥夺公民生命所带来的伤害远比错误判处监禁刑所带来的伤害更大。[4]二是社会价值理论（societal values theories）。批评者指出，"证明标准反映了陪审团判决被告人有罪所应持有的确信程度——它是关于社会所能忍受的错误程度的表述。目前在民事案件和刑事案件中适用不同的证明标准反映了社会关于不可避免的事实裁定错误的忍受程度之选择。在民事案件中，社会选择了较低的证明标准……在刑事案件中……法院适用更为严格的'排除合理怀疑'标准。这一严格标准增加了放纵有罪之人的风险，但有助于确保无辜者不被定罪。在刑事案件中的这种更为严格证明标准的选择反映了美国强调自由价值。如果社会认为生命权是比自由权更值得关注的权利的话，那么应当要求控诉方在剥夺公民生命前应当适用比这（排除合理怀疑）更高的证明标准"。[5]

需要指出的是，学者对排除合理怀疑标准的质疑与批评已经对司法实践产生影响。实践中已有律师在死刑案件的上诉程序中明确提出，应当对死刑案件的陪审团作出如下指示，即要求陪审团对死刑案件的被告人有罪

---

[1] See Elizabeth R. Jungman, Note, "Beyond All Doubt", *Geo. L. J.*, Vol. 91, 2003, p. 1083.

[2] See James S. Liebman et al., *A Broken System, Part II：Why There Is So Much Error In Capital Cases, and What Can Be Done About It*, 2002, p. 397~399；Margery MalkinKoosed, "Averting Mistaken Executions by Adopting the Model Penal Code's Exclusion of Death in the Presence of Lingering Doubt", *N. Ill. U. L. Rev.*, Vol. 21, 2001, p. 111, p. 124；Jon O. Newman, "Make Judges Certify Guilt in Capital Cases", *Newsday*, July 5, 2000, at A25；Robert D. Bartels, "Punishment and the Burden of Proof in Criminal Cases：A Modest Proposal", *Iowa L. Rev.*, Vol. 66, 1981, p. 914；William Glaberson," Killer's Lawyers Seek to Raise Standard of Proof for Death Penalty", *N. Y. Times*, Jan, Vol. 11, 2004, p. 27.

[3] 为行文方便，下文统一使用"排除任何怀疑"提法。

[4] See Erik Lillquist, "Recasting Reasonable doubt：Decision Theory and the Virtues of Variability", *U. C. Davis L. Rev.*, Vol. 36, 2002, p. 148, p. 151.

[5] See Elizabeth R. Jungman, Note, "Beyond All Doubt", *Geo. L. J.*, Vol. 91, 2003, pp. 1085~1086.

的认定应当达到"排除任何怀疑"的程度。[1]此外，马萨诸塞州的州长委员会在 2003 年也建议，如果该州重新适用死刑的话，那么应当对死刑案件采取"对被告人有罪没有怀疑"（no doubt about the guilt of the defendant）标准。[2]

实际上，联合国也已经认真考虑到适用排除合理怀疑标准存在着较大的错判风险，因此对死刑案件规定了更为严格的证明标准。联合国经社理事会第 1984/51 号决议通过的《死刑犯权利保障措施》第 4 条就规定："只有在对被告的罪行根据明确和令人信服的证据、对事实没有其他解释余地的情况下，才能判处死刑。"此处的"对事实没有其他解释余地"（leaving no room for an alternative explanation of the facts）与上述西方学者提出的"排除任何怀疑"在严格要求是上是一致的。

三、我国排除合理怀疑的法制化

排除合理怀疑作为原有证明标准的重要组成部分写入我国《刑事诉讼法》并非一蹴而就，而是随着司法实践与理论的争论而逐渐发展起来的。在司法实践中，司法部门感觉到"案件事实清楚，证据确实充分"标准过于原则，不易把握。还有学者指出该标准过于偏重对证明标准客观层面的表述，而忽略了法官内心确信程度的主观层面。[3]在此背景下，加之西方理念与普遍适用排除合理怀疑的影响，实务界和学者主张引入西方的排除合理怀疑标准之声逐渐上升。最终，排除合理怀疑通过地方性法规与司法解释的不断积累而在立法上正式确定下来。

溯源排除合理怀疑的法制化，最早的规定可见于江苏省高级人民法院2003 年 8 月 28 日颁布的《关于刑事审判证据和定案的若干意见（试行）》（以下简称《意见（试行）》）。该《意见（试行）》第 66 条第 1 款规定："对死刑案件应做到案件事实清楚、证据确实、充分，排除一切合理怀疑，否则

---

[1] See Brief of Appellant at 338, People *v.* Mateo, 2 N. Y. 3d 383, (2004). For a newspaper account of the argument, see William Glaberson, "Killer's Lawyers Seek to Raise Standard of Proof for Death Penalty", *N. Y. Times*, Jan, Vol. 11, 2004, p. 27.

[2] See Scott S. Greenberger, "Panel Offers Death Penalty Plan; State Would Use Standard of ' No Doubt' ", *Boston Herald*, 2003.

[3] 参见陈瑞华:《刑事证据法学》，北京大学出版社 2012 年版，第 260 页。

不能判处死刑立即执行。"〔1〕尔后诸多省份也尝试在证据法规中规定排除合理怀疑。如上海市高级人民法院 2006 年 12 月 27 日印发的《上海法院死刑案件审判规程（试行）》第 7 条规定："死刑案件定案证据必须做到'案件事实清楚，证据确实、充分'，应当排除合理怀疑，保证定罪证据的确定性和唯一性。"又如，河南省高级人民法院、河南省人民检察院、河南省公安厅 2008 年 3 月 25 日联合发布的《关于规范死刑案件证据收集审查的意见》第 69 条规定："死刑案件的证明标准必须达到犯罪事实清楚，证据确实、充分，并且能够排除一切合理怀疑。"广东省高级人民法院于 2008 年 10 月 16 日印发的《关于办理刑事案件若干问题的指导意见》第 47 条也规定："审判人员综合案件全部证据加以分析判断，认为案件事实清楚，证据确实、充分，并排除一切合理怀疑，依照法律认定被告人有罪的，应当作出有罪判决。……"

2007 年，我国的司法解释正式把排除合理怀疑作为有罪判决应当遵循的证明标准予以规定。最高人民法院于 2007 年 8 月 28 日印发的《关于进一步加强刑事审判工作的决定》第 13 条规定："坚持'事实清楚，证据确实充分'的裁判原则。确定被告人有罪，必须达到事实清楚、证据确实充分的法定证明标准。认定犯罪的事实不清、证据不足，特别是影响定罪的关键证据存在疑问，不能排除合理怀疑得出唯一结论的，要依法作出证据不足、指控的犯罪不能成立的无罪判决。"〔2〕嗣后 2010 年 6 月 1 日公布的两院三部《办理死刑案件证据规定》第 33 条也明确规定了此标准："没有直接证据证明犯罪行为系被告人实施，但同时符合下列条件的可以认定被告人有罪：……（四）依据间接证据认定的案件事实，结论是唯一的，足以排除一切合理怀疑，……"〔3〕

---

〔1〕　具体内容，请参见 http://blog.sina.com.cn/s/blog_55d3358501008658.html，最后访问日期：2013 年 12 月 23 日。

〔2〕　首次明确规定排除合理怀疑标准的司法解释是最高人民检察院于 2005 年 6 月 10 日印发的《关于进一步加强公诉工作强化法律监督的意见》。该意见指出，"制定和完善公诉案件证据标准。……坚持重证据、重调查研究、不轻信口供的原则，据以定案的证据必须形成完整链条，排除合理怀疑。"然而，此处的排除合理怀疑标准是作为公诉标准提出的，而非有罪判决应当遵循的证明标准。

〔3〕　两院三部《办理死刑案件证据规定》的草稿中第 7 条曾规定："在死刑案件中，对被告人犯罪事实的认定，必须达到证据确实、充分的标准，被告人实施犯罪行为排除一切合理怀疑。"但因为最高人民检察院认为这样的规定突破了刑事诉讼法证明标准的范围，因而提出了不同的意见，最终全国人大法工委在修改该规定时删掉了"排除一切合理怀疑"的表述。

排除合理怀疑后来在 2012 年《刑事诉讼法》修改时得到进一步确认，被正式写入法典。现行《刑事诉讼法》第 55 条第 2 款规定："证据确实、充分，应当符合以下条件：（一）定罪量刑的事实都有证据证明；（二）据以定案的证据均经法定程序查证属实；（三）综合全案证据，对所认定事实已排除合理怀疑。"而后法检公三机关出台的法律解释也明确规定了排除合理怀疑标准。[1]

需要指出的是，我国立法增加规定排除合理怀疑标准并非否定原有的"案件事实清楚，证据确实、充分"证明标准，而是作为其中"证据确实、充分"的重要条件之一，是对原有证明标准的一种细化和补充完善。在这点上，我国刑事诉讼中的排除合理怀疑标准较之西方国家的通行做法有较大不同。在西方英美法系国家，排除合理怀疑是作为独立的证明标准存在的，是法官向陪审团指示的唯一有罪证明标准。我国立法在引入排除合理怀疑的同时，保留原有"案件事实清楚，证据确实、充分"证明标准的做法，我们认为是妥当的，符合我国国情，且与我国传统的诉讼文化一脉相承。我国古代刑事立法特别强调对案件的证明要达到事实明白无疑的地步，才能判决被告人有罪。[2]保留原有的"案件事实清楚，证据确实、充分"证明标准是对我国优良司法传统的继承，符合中国的语言表达习惯。

尽管我国《刑事诉讼法》引进排除合理怀疑只是将其作为有罪证明标准的补充完善，但此次规定仍然具有突破性的重要意义。一方面，能使原有证明标准增加主观裁量因子，更具可操作性。我国原有证明标准注重于对证明标准客观层面的表述，要求裁判者对案件事实的认识必须根据确实、充分的证据。但是，法官对案件事实的认识是否清楚，证据是否确实充分，最终还是要靠法官通过内心感受的程度来判断，这实际上是一种主观状态。这种主

---

[1] 2021 年最高法《解释》第 140 条规定："没有直接证据，但间接证据同时符合下列条件的，可以认定被告人有罪：（一）证据已经查证属实；（而）证据之间相互印证，不存在无法排除的矛盾和无法解释的疑问；（三）全案证据形成完整的证据链；（四）根据证据认定案件事实足以排除合理怀疑，结论具有唯一性；（五）运用证据进行的推理符合逻辑和经验。"2019 年最高检《规则》第 63 条规定："人民检察院侦查终结或者提起公诉的案件，证据应当确实、充分。证据确实、充分，应当符合以下条件：（一）定罪量刑的事实都有证据证明；（二）据以定案的证据均经法定程序查证属实；（三）综合全案证据，对所认定事实已排除合理怀疑。"公安部《规定》第 70 条第 1 款、第 2 款规定："公安机关移送审查起诉的案件，应当做到犯罪事实清楚，证据确实、充分。证据确实、充分，应当符合以下条件：（一）认定的案件事实都有证据证明；（二）认定案件事实的证据均经法定程序查证属实；（三）综合全案证据，对所认定事实已排除合理怀疑。"

[2] 关于我国古代刑事立法关于刑事案件的证明标准，请参见本章第二节。

观状态在西方国家要求达到排除合理怀疑或内心确信的程度。此次引入排除合理怀疑，着眼于法官从主观上判断是否排除了证据之间的矛盾之处，是否排除了内心所存在之合理怀疑，对案件的事实达到了确信的程度。这样以主观标准补充客观标准，使主客观标准相辅相成，增强了我国有罪证明标准的可操作性，有利于案件事实的准确认定。另一方面，在排除合理怀疑已经成为世界法治国家以及联合国公约认可的有罪证明标准的背景下，引入该标准，有利于我国刑事立法、司法与世界通行做法相融合与衔接。

四、排除合理怀疑在我国的解读与适用

（一）排除合理怀疑的解读

如上文所述，排除合理怀疑在西方国家存在着很大争议，并不是一个容易准确把握的概念，在我国司法实践中诸如什么是"合理怀疑"、如何排除"合理怀疑"等问题也被不断提出并要求作出相应的回答。[1]为此，全国人大常委会法制工作委员会在《〈关于修改中华人民共和国刑事诉讼法的决定〉条文说明、立法理由及相关规定》中对该标准作了语义解释，指出"'排除合理怀疑'是指对于认定的事实，已没有符合常理的、有根据的怀疑，实际上达到确信的程度"。[2]应当说，这是参考外国通说，对排除合理怀疑作出的一种比较成熟的解读，笔者持认同态度，并认为应当对"符合常理的、有根据的怀疑"做进一步细化解读。具体而言应当包括两个方面：其一，指有新证据事实为根据的怀疑，即根据辩护方的辩护或司法机关的查证，发现新的证据事实足以动摇原有的事实认定，不能排除其他人作案的可能性，因而形成合理的怀疑。其二，通过对现有的证据进行逻辑推理与经验分析，发现证据本身前后矛盾；证据之间存在矛盾，证据不充分，不能形成证据链条，不能得出排除合理怀疑结论的情形。例如，辩护律师没有取得新的证据事实，但通过阅卷，并对定案证据进行逻辑推理、经验分析，指出证人证言之间存在矛盾，被告人口供有非法取得之嫌，且前后不一致，缺乏实物证据印证，仅凭本案现有证据无法确定被告人实施了犯罪而产生怀疑，这也属于符合常理

---

〔1〕　参见龙宗智："中国法语境中的'排除合理怀疑'"，载《中外法学》2012年第6期。

〔2〕　参见全国人大常委会法制工作委员会刑法室编：《〈关于修改中华人民共和国刑事诉讼法的决定〉条文说明、立法理由及相关规定》，北京大学出版社2012年版，第53页。

的、有根据的怀疑。

应当承认，虽然可把排除合理怀疑界定为排除符合常理的、有证据事实根据的怀疑，但因为其在性质上属于主观的证明标准，对其理解最终需要回归到对确信程度的把握上。探寻排除合理怀疑的确信程度，西方国家的理论解读和实用经验是否可以搬用到中国，这是十分值得我们深思的问题。如上文所述，西方国家主流观点认为排除合理怀疑标准是诉讼认识所能达到的最高程度，用概率表示，则为90%以上，但没有达到唯一性的地步。这种观点的形成很大程度上是以西方经验主义哲学，尤其是洛克经验主义认识论为基础的。诚如美国著名证据法史学家夏皮罗教授指出的，"对排除合理怀疑标准的阐明，源于17世纪末期的判例和著述中所包含的与道德上的确定性概念和洛克所表述的可能性的最高程度相联系的丰富的思想"。[1]洛克的或然性理论强调基于生活经验对不同事物的真实性具有不同程度的确信，并指出排除合理怀疑标准被认为是一种最大限度的或然性。与西方国家的分析视角不同，我国应当以辩证唯物主义认识论为指导来解读排除合理怀疑。辩证唯物主义认识论坚持可知论立场，认为客观事实不依赖于人的意志而存在，但人们可以认识它，对客观事实的正确认识就是符合客观事实的认识。诉讼中司法人员对案件事实的认定，可以达到符合客观事实的地步。学界曾就司法人员认定案件事实是否有必要以及是否有可能符合客观真相形成理论争论。这就是客观真实与法律真实之争。笔者认为司法人员对案件事实的认定有必要且有可能符合客观真相，因而应当坚持客观真实论。试想，如果不要求认定的案件事实符合客观真相，那么对案件事实的认定就不存在是非曲直，也就不存在冤假错案了。当然，由于诉讼证明的复杂性与诉讼价值追求的多元性，要求对所有事实的认定均符合客观真相很难做到，而且也无法满足解决诉讼纠纷的需要，法律真实应当有其适用的空间。但是，这并不等于否定客观真实，在二者关系上，必须坚持客观真实为主，法律真实为辅的原则，绝不能抛开客观真相主张法律真实。这是由司法规律所决定的，也是由冤案的沉痛教训及活生生的司法实践所启示的，正如十八届四中全会《决定》所指出的，"健全事实认定符合客观真相、办案结果符合实体公正、办案过程符合程序公正

---

[1] 参见 [美] 巴巴拉·J. 夏皮罗："对英美'排除合理怀疑'主义之历史透视"，熊秋红译，载王敏远主编：《公法》（第4卷），法律出版社2003年版，第49页。

的法律制度"。事实上，最高人民法院的主要领导一直意识到客观真实对于实现实体公正、严防冤假错案发生的重要性，均对客观真实采取维护和支持的态度。[1]其实，西方学者在探讨诉讼中的真实时，有时也承认客观真实论。如有英国学者指出，英国的证据规则"宗旨只有一条，就是保证求得案件的客观真实，防止发生冤枉无辜的现象"。[2]又如，美国也有学者指出，"在一个得到精心设计的制度中，在特定案件中……司法认定一般可能会达到与实体真实相一致"。[3]客观真实落实到证明标准上，就要求对有罪案件事实的认定达到最严格、最高的证明标准，具体而言，即要求对案件事实的认识达到确定性、唯一性，用概率来表示，就是100%符合客观真相。在这点上，我们不能简单地套用西方国家法律界的主流观点来解读我国的排除合理怀疑标准。要求对排除合理怀疑作确定性、唯一性的理解也已经规定在我国的法律解释文件中。2021年最高法《解释》第140条第4项规定："根据证据认定案件事实足以排除合理怀疑，结论具有唯一性"。从学界来说，不仅支持客观真实论者主张唯一性，而且有的学者虽然不一定支持客观真实论，但同样认为"法院认定一个公民有罪当然应当达到100%的真实程度，这是不能打任何折扣的"。[4]

求证司法实践，结论确定性、唯一性不是可望而不可即的要求，而是能够达到的现实标准。有的案件一开始其事实就明如观火。如2008年发生在上海的杨佳袭警案，杨佳在光天化日闯入公安局刺死警察和保安多人的事实在一开始就是确定的。有的案件虽然在一开始扑朔迷离，但是经过缜密的侦查，

---

〔1〕 如前最高人民法院院长肖扬在第十一届全国人大一次会议上作《最高人民法院2008年工作报告》时指出，"提高审判质量，确保公正司法。正确处理客观真实与法律真实、实体公正与程序公正、法律效果与社会效果的关系，不断提高法官的司法水平和审判质量"。参见《人民法院报》2008年3月11日。前最高人民法院副院长江必新也指出："把握好客观真实与法律真实的关系，做到二者的辩证统一：首先，必须坚持客观真实第一性、法律真实第二性原则。在任何时候都要尽可能地恢复事物的本来面目，只有在没有办法恢复客观真实的情况下，才通过法律真实来解决案件，终结纠纷。"江必新：《辩证司法观及其应用：十八大与法治国家建设》，中国法制出版社2014年版，第50页。最高人民法院院长周强在对十八届四中全会《决定》解读的文章中指出："绝不容许脱离案件的客观真相满足于所谓的法律真实。"周强："推进严格司法"（学习贯彻党的十八届四中全会精神），载《〈中共中央关于全面推进依法治国若干重大问题的决定〉辅导读本》，人民出版社2014年版，第108页。

〔2〕 参见［英］J. W. 塞西尔·特纳：《肯尼刑法原理》，王国庆、李启家等译，华夏出版社1989年版，第484页。

〔3〕 参见［美］罗伯特·莎摩尔、阿希尔·莫兹："事实真实、法律真实与历史真实：事实、法律和历史"，徐卉译，载王敏远主编：《公法》（第4卷），法律出版社2003年版，第132页。

〔4〕 参见陈瑞华："刑事证明标准中主客观要素的关系"，载《中国法学》2014年第3期。

也能达到确定性，最终真相大白。如2013年发生在浙江的张高平、张辉叔侄冤案，在宣告叔侄二人无罪后，公安机关通过对遗留在死者指甲上的DNA进行鉴定查明了案件的真凶，案情在最后也是确定的。结论确定唯一不仅司法实践中能够达到，也有必要达到。因为我国将严防冤假错案作为坚守的司法底线，可以说对错案采取了零容忍的态度。这与上述美国对错案的容忍度可达到10∶1的幅度也迥然不同。

当然，要求对案件的所有细节都证明到确定、唯一是不可能的，几乎所有的案件都达不到，尤其是犯罪主观方面的事实，由于涉及人的内心活动，更难证明至确定的程度。因此，笔者认为，结论确定性是指对案件的主要事实（包括是否存在犯罪事实以及犯罪人是谁等）的证明要达到如此程度。至于其他案件情节，则可不作此要求。而且有时为了强化对某种类型案件的打击力度，对有的犯罪构成事实的证明，尤其是犯罪主观方面的事实如明知等，甚至可以适度降低标准。如贿赂案件，其亲属接受贿赂，被告人是否明知很难证明至确定的地步。如果也要求达到确定的标准，只会加大放纵犯罪的风险。因此，可适度降低对这类案件犯罪主观方面的证明标准。这是加大打击此类犯罪力度的需要，也符合联合国相关法律文件的要求。联合国《反腐败公约》就规定对于腐败犯罪案件中的"明知、故意或者目的等要素"可适用推定。[1]按照推定的一般逻辑，只要基础事实存在，即可推断推定事实存在。由此可见，"推定"的证明要求明显低于排除合理怀疑标准。

（二）排除合理怀疑统一适用于所有刑事案件

为了防止在死刑案件上出现冤案错案，有实务部门领导人提出死刑案件"要用最高、最严格的证明标准"。[2]笔者认为，对死刑案件适用最严格的证明标准固然必要，因为死刑一旦执行即具有不可恢复性，必须慎之又慎。但如果因此对死刑案件和非死刑案件适用不同的证明标准，这不仅与我国的立法相违背，而且不符合国际通行做法。首先，从我国法律规定来看，现行《刑事诉讼法》第200条第1项规定的"案件事实清楚，证据确实、充分，依据法律认定被告人有罪的，应当作出有罪判决"没有区分死刑案件与非死刑

---

〔1〕 联合国《反腐败公约》第28条规定："根据本公约确立的犯罪所需具备的明知、故意或者目的等要素，可以根据客观实际情况予以推定。"

〔2〕 参见赵凌："庭审'敢于'不走过场 中国法院变革刑事审判"，载 http://www.infzm.com/content/95327，最后访问日期：2014年3月8日。

案件，针对的是所有刑事案件，应当统一适用。因此，作为原有"证据确实、充分"标准的细化，排除合理怀疑也应统一适用于所有刑事案件。其次，在当代刑事诉讼中，世界各国对有罪判决证明标准的表达均是一元化、单一的，如英美法系国家表述为"排除合理怀疑"，大陆法系国家表述为"内心确信"。无论是"排除合理怀疑"还是"内心确信"，都是针对所有刑事案件而言的，并没有因为案件不同而采取二元化的规定。因此，应当明确排除合理怀疑统一适用于所有的案件，不因案件不同而有所区别。

需要进一步追问的是，在排除合理怀疑统一适用的基础上，应当如何对死刑案件适用最严格的证明标准呢？对此问题的回答，还要回到对排除合理怀疑的准确把握上，即必须坚持对主要事实的证明达到确定性、唯一性的程度。唯有这样，才能真正把死刑案件办成铁案，保证"零差错"，真正防止冤案错案的发生。与此同时，要适用最严格的证明标准，还要求对证据不足，证明不能达到排除合理怀疑程度的案件，坚决贯彻疑罪从无原则。这是现代司法理念的要求，也是防范冤案错案的重要途径。如本章第二节所述，过去，司法实践中有的法院迫于社会舆论或被害人及其家属的压力，在有的案件尤其是故意杀人案件的主要事实的证明还没达到确定性的情况下不直接作出无罪判决，而采取一种降格处理的做法，即判处被告人有罪，但不判处死刑立即执行，而是"留有余地"地判处较轻的刑罚。实践证明，这种做法只能防止错杀，但是不能防止错判。佘祥林案、赵作海案、李怀亮案等都是"留有余地"的做法酿成的样板错案。因此，在案件证明不能达到排除合理怀疑程度的情况下，不能留有余地，应当坚决贯彻疑罪从无原则，作出无罪判决。

（三）排除合理怀疑须以审判为中心

保障排除合理怀疑标准的准确运用，还应当以审判为中心，探索贯彻直接言词原则。

排除合理怀疑是裁判者在法庭上认定案件事实所要求达到的证明标准，必然要求以审判为中心，以庭审稿作为认定案件事实的决定性环节。过去，我国刑事司法实践中存在的过分看重案卷移送的侦查中心主义倾向，庭审活动在很大程度上异化为对审判前所形成的结论的一种确认程序。这种流于形式的庭审活动既不符合诉讼规律，也使排除合理怀疑标准的适用难以得到保障，因为裁判者在法庭上对案件事实的认定不具有决定性作用，又谈何适用排除合理怀疑标准？因此，坚持以审判为中心，发挥庭审在认定案件事实、判断证据中的决定性作用，既是诉讼规律的要求，也是保障排除合理怀疑标准准确适用的重要保障。[1]

当然，裁判者在法庭上对案件事实的认定是以证据为根据的，因此，排除合理怀疑标准的准确适用在很大程度上还依赖于裁判者对证据的准确判断。裁判者只有亲自接触证据材料、直接感受证据材料，通过控辩双方的交叉询问及亲自讯问或询问才能准确判断证据的真伪和价值大小，进而准确适用排除合理怀疑标准认定案件事实。因此，要准确适用排除合理怀疑标准，必然要求控辩双方举证在法庭，质证在法庭，辩论说理在法庭，这恰恰是直接言词原则的要义所在。由于直接言词原则可保证裁判者对证据材料调查的亲历性，实现以审判为中心，因此受到诸多国家的青睐。诸多大陆法系国家把直接言词原则作为审判的基本原则予以规定。我国 2012 年《刑事诉讼法》在修改时增加多个条文对证人应当出庭作证的情形、作证的经济补偿、证人保护以及强制到庭等问题作了规定，且明确规定"经人民法院通知，鉴定人拒不出庭作证的，鉴定意见不得作为定案的根据"。这为证人、鉴定人出庭接受交叉询问或询问提供了良好条件，初步体现了直接言词原则的精神，对排除合理怀疑标准的适用起配套保障作用。但是，这些规定毕竟不是直接言词原则本身，且现行规定仍有不足之处，相关司法解释的规定甚至有违直接言词原则之虞，不利于排除合理怀疑的正确适用。因此，结合我国的刑事司法实践，我们认为应当探索贯彻直接言词原则。这是保障排除合理怀疑标准准确适用的需要，也是推进以审判为中心的诉讼制度改革的必然要求。

---

[1] 有关以审判为中心的诉讼制度改革，请参见本章第二节内容。

侦查制度改革

作为刑事诉讼的基础环节，侦查是指"公安机关、人民检察院对于刑事案件，依照法律进行的收集证据、查明案情的工作和有关的强制性措施"。[1]据此，侦查包括两方面的内容：一是收集证据、查明案情的工作；二是有关的强制性措施，包括拘传、取保候审、监视居住、拘留和逮捕五种强制措施，也包括强制搜查、强制检查、强制扣押等为收集证据、查明案情所需的强制性方法。侦查工作围绕着收集证据、查明案件事实和查获犯罪嫌疑人而展开，侦查机关的侦查工作质量如何，会直接影响审查起诉和审判工作的质量。我国 2012 年和 2018 年两次修改《刑事诉讼法》都涉及侦查制度。本章拟对侦查制度的历史源流、侦查主体的发展、侦查讯问制度以及技术侦查措施进行探讨。

第一节 侦查制度的历史源流

我国侦查机关尤其是检察机关自 1978 年恢复建制达 40 余年。随着改革开放的不断深入，我国经济社会发生了深刻的变化，中国特色社会主义法律体系不断推进与完善，侦查制度也在改革发展中不断健全和完善。特别是刑事诉讼法的几次修改，对侦查制度的发展与完善起到了关键的促进作用，使得侦查制度越来越民主化、法治化。

---

〔1〕 现行《刑事诉讼法》第 108 条规定："本法下列用语的含意是：（一）'侦查'是指公安机关、人民检察院对于刑事案件，依照法律进行的收集证据、查明案情的工作和有关的强制性措施；……"

一、强职权主义侦查制度的确立

1979 年 7 月 1 日，第五届全国人民代表大会第二次会议正式通过《刑事诉讼法》，并于同年 7 月 7 日公布，1980 年 1 月 1 日起施行。1979 年《刑事诉讼法》分总则与分则两大部分，共 4 编 17 章 164 条，明确规定了人民法院、人民检察院和公安机关依法独立行使职权，分工负责、互相配合、互相制约以及被告人有权获得辩护等诉讼原则，同时就管辖制度、回避制度、辩护制度、证据制度、强制措施以及诉讼程序等作了详细规定。这是我国第一部社会主义性质的刑事诉讼法典，结束了新中国成立以后刑事诉讼活动长期没有刑事诉讼法典作为依据的局面，标志着我国刑事诉讼走上法制化道路。

从内容来看，1979 年《刑事诉讼法》所确立的诉讼模式呈现强职权主义色彩，"不仅控诉权受到外部制约较少，控审距离更加接近；而且，犯罪嫌疑人、被告人的辩护权或其他权利相对较少；再加上由于体制方面的原因，刑事诉讼法规制之外的权力（如党、行政权等）往往也会影响刑事诉讼的运行甚至是结果，故而，我国诉讼中权力因素较之职权主义国家更加活跃"，属于"强职权主义诉讼结构"。[1] 同样的，1979 年《刑事诉讼法》所确立的侦查制度也体现了浓厚的强职权主义因素，主要体现在：第一，强制性侦查行为实行内部控制，缺乏司法审查制度。1979 年《刑事诉讼法》第 38 条第 1 款规定："人民法院、人民检察院和公安机关根据案件情况，对被告人可以拘传、取保候审或者监视居住。"第 39 条规定："逮捕人犯，必须经过人民检察院批准或者人民法院决定，由公安机关执行。"第 41 条规定："公安机关对于罪该逮捕的现行犯或者重大嫌疑分子，如果有下列情形之一的，可以先行拘留：（一）正在预备犯罪、实行犯罪或者在犯罪后即时被发觉的；（二）被害人或者在场亲眼看见的人指认他犯罪的；（三）在身边或者住处发现有犯罪证据的；（四）犯罪后企图自杀、逃跑或者在逃的；（五）有毁灭、伪造证据或者串供可能的；（六）身份不明有流窜作案重大嫌疑的；（七）正在进行'打砸抢'和严重破坏工作、生产、社会秩序的。"由此可见，拘传、取保候审、监视居住、拘留、自侦案件的逮捕等强制措施的适用均由适用机关行政首长审批，而公安机关侦查的案件的逮捕虽然由检察机关批准，但检察机关在刑事

---

[1] 参见汪海燕：《刑事诉讼模式的演进》，中国人民公安大学出版社 2004 年版，第 238 页。

诉讼中处于控诉方的地位。无论是行政首长审批还是检察机关对公安机关侦查案件逮捕的批准，均属于内部控制。公安机关与检察机关作为承担控诉职能的机关，很难从中立的立场审查，而往往基于实现控诉职能的考虑而签发令状。第二，犯罪嫌疑人在侦查程序的主体地位弱化。从条文来看，1979年《刑事诉讼法》没有明确规定无罪推定原则，而且根据第64条规定，被告人不仅不享有沉默权，而且"对侦查人员的提问，应当如实回答"。这在一定程度上是要求被告人承担证明自己无罪的义务。第三，被告人在侦查阶段的辩护权保障较弱。第29条规定："辩护律师可以查阅本案材料，了解案情，可以同在押的被告人会见和通信；其他的辩护人经过人民法院许可，也可以了解案情，同在押的被告人会见和通信。"由此可见，犯罪嫌疑人在侦查阶段接受讯问时辩护人无权在场。

二、侦查制度中强职权主义因素的弱化

1979年《刑事诉讼法》实施近20年，我国的政治、经济以及社会主义民主和法制建设不断发展，犯罪也呈现出新的特点。面对司法实践中出现的新问题以及新的形势需要，刑事诉讼法存在的弊端日益显露。1995年12月，全国人民代表大会常务委员会法制工作委员会拟定了《刑事诉讼法修正案（草案）》，并经委员长会议决定，提交第八届全国人大常委会第十七次会议进行第二次审议。1996年3月5日，第八届全国人民代表大会第四次会议对《刑事诉讼法修正案（草案）》进行了审议。同年3月17日，《刑事诉讼法修正案（草案）》获得通过，并以《全国人民代表大会关于修改〈中华人民共和国刑事诉讼法〉的决定》的形式予以公布。1996年《刑事诉讼法》共4编17章，条文共225条，于1997年1月1日起施行。

1996年《刑事诉讼法》修改涉及侦查制度的主要内容包括：（1）新增关于刑事侦查的一般规定，即对已经立案的刑事案件调查取证和采取强制措施的原则规定以及关于预审的原则规定。（2）对犯罪嫌疑人传唤规定的修改，首先，改变了传唤对象的称谓，由'被告人'改为'犯罪嫌疑人'。其次，对犯罪嫌疑人的传唤地点进行了修改，由'传唤到指定的地点或者到他的住处、所在单位'改为'传唤到犯罪嫌疑人所在市、县内的指定地点或者到他的住处'。最后，明确规定了传唤的时间，禁止以连续传唤、拘传的形式变相拘禁犯罪嫌疑人。（3）增加了关于犯罪嫌疑人有权在侦查阶段聘请律师为其

提供法律帮助的规定。（4）增加规定'询问不满 18 周岁的证人，可以通知其法定代理人到场'。（5）增加规定侦查人员持有人民检察院的证明文件也可以勘验和检查，不仅限于持有公安机关的证明文件。（6）新增查询、冻结犯罪嫌疑人的存款、汇款的规定。（7）明确规定对于扣押的物品、文件、邮件、电报或者冻结的存款、汇款，经查明确实与案件无关的应当解除扣押、冻结期限为 3 日。（8）增加关于精神病或者有争议的人身伤害的医学鉴定的规定。（9）对关于用作证据的鉴定结论应当告知被害人、犯罪嫌疑人和他们有权申请重新鉴定或者补充鉴定的规定的修改，首先，规定了告知的义务主体是侦查机关。其次，将'被告人'的称谓相应地改为'犯罪嫌疑人'。最后，强调了对被害人权利的保障，增加了告知被害人，被害人也有权提出重新鉴定或者补充鉴定的申请。（10）增加规定'对犯罪嫌疑人作精神病鉴定的期间不计入办案期限'。（11）关于犯罪嫌疑人逮捕后的侦查羁押期限的规定的修改。（12）关于侦查终结的案件的标准及其移送材料的规定。首先，将原《刑事诉讼法》第 93 条第 1 款关于提出公诉的规定统一在人民检察院'提起公诉'中规定。其次，删除检察院对犯罪嫌疑人'免予起诉'的规定。最后，增加公安机关侦查终结的案件的标准的规定，即'应当做到犯罪事实清楚，证据确实、充分'。（13）增加关于人民检察院对直接受理的案件的侦查的规定。[1]

毋庸置疑，1996 年《刑事诉讼法》对侦查制度作了较大的改革，侦查制度也得到了进一步的发展。从诉讼结构的角度来看，修改后的侦查制度弱化了强职权主义因素，一方面表现为增加被追诉人的对抗权，另一方面则表现为弱化追诉权力。具体而言，第一，允许律师在侦查阶段介入诉讼，为犯罪嫌疑人提供法律帮助，包括了解涉嫌罪名、会见通信、申请取保候审、申诉控告等。[2]第二，取消收容审查制度，将其中与犯罪有关的内容纳入拘留、逮捕之中。例如第 61 条规定："公安机关对于现行犯或者重大嫌疑分子，如果有下列情形之一的，可以先行拘留：（一）正在预备犯罪、实行犯罪或者在犯罪后即时被发觉的；（二）被害人或者在场亲眼看见的指认他犯罪的；（三）在身边或者住处发现有犯罪证据的；（四）犯罪后企图自杀、逃跑或者在逃的；

---

〔1〕 参见曾新华：《当代刑事司法制度史》，中国检察出版社 2012 年版，第 174~175 页。

〔2〕 1996 年《刑事诉讼法》第 96 条第 1 款规定："犯罪嫌疑人在被侦查机关第一次讯问后或者采取强制措施之日起，可以聘请律师为其提供法律咨询、代理申诉、控告。犯罪嫌疑人被逮捕的，聘请的律师可以为其申请取保候审。"

（五）有毁灭、伪造证据或者串供可能的；（六）不讲真实姓名、住址，身份不明的；（七）有流窜作案、多次作案、结伙作案重大嫌疑的。"

需要指出的是，虽然 1996 年《刑事诉讼法》弱化了强职权因素，但是强职权主义的内容并没有根除，侦查制度仍然保留较强的职权主义倾向。首先，1996 年《刑事诉讼法》仍然保留犯罪嫌疑人、被告人"应当如实回答"的义务。[1]也就是说，犯罪嫌疑人、被告人不享有沉默权。其次，仍然没有建立司法审查制度，对侦查机关采取的强制措施和其他强制性侦查行为，如搜查、扣押等，仍然由内部行政首长或承担控诉职能的检察机关审查。例如，1996 年《刑事诉讼法》第 109 条规定："为了收集犯罪证据、查获犯罪人，侦查人员可以对犯罪嫌疑人以及可能隐藏罪犯或者犯罪证据的人的身体、物品、住处和其他有关的地方进行搜查。"

三、侦查制度的深化发展

1996 年《刑事诉讼法》实施以来，我国社会主义民主法制建设取得了长足进步，"依法治国"和"国家尊重和保障人权"相继写入宪法。但从司法实践来看，刑讯逼供、超期羁押等痼疾并未得到根治，辩护难等问题仍没有得到解决，加之我国的犯罪活动呈现出新的特点，1996 年《刑事诉讼法》越来越难以适应社会发展和司法实践的需要，迫切需要进行再次修改。正是在这样的背景下，1996 年《刑事诉讼法》再修改被列入立法规划，正式启动。2012 年 3 月 14 日，第十一届全国人大第五次会议表决通过了《全国人民代表大会关于修改〈中华人民共和国刑事诉讼法〉的决定》。2012 年《刑事诉讼法》共 5 篇，条文共 290 条，自 2013 年 1 月 1 日起实施。

从内容来看，此次涉及侦查制度修改的主要内容包括：犯罪嫌疑人被拘留后应当在 24 小时内送看守所羁押；侦查人员讯问犯罪嫌疑人，应当在看守所内进行；侦查人员在讯问犯罪嫌疑人的时候，可以对讯问过程进行录音或者录像；对于可能判处无期徒刑、死刑的案件或者其他重大犯罪案件，应当对讯问过程进行录音或者录像；录音或者录像应当全程进行，保持完整性。

---

〔1〕 1996 年《刑事诉讼法》第 93 条规定："侦查人员在讯问犯罪嫌疑人的时候，应当首先讯问犯罪嫌疑人是否有犯罪行为，让他陈述有罪的情节或者无罪的辩解，然后向他提出问题。犯罪嫌疑人对侦查人员的提问，应当如实回答。但是对与本案无关的问题，有拒绝回答的权利。"

同时，为了有力惩罚严重犯罪，还适度强化侦查措施，主要体现在增加技术侦查等特殊侦查手段，也明确了公安机关和检察机关有权采取技术侦查手段的案件范围，限制技术侦查的期限，严格规定技术侦查获取的信息和事实材料保密、销毁以及使用范围。2012年《刑事诉讼法》还对公安机关的秘密侦查和控制下交付程序作出规定，要求侦查机关采取秘密侦查措施，不得诱使他人犯罪，不得采用可能危害公共安全或者发生重大人身危险的行为。同时，2012年《刑事诉讼法》确认技术侦查、秘密侦查和控制下交付收集的材料具有证据能力。[1]

毋庸置疑，2012年《刑事诉讼法》的再修改坚持以惩罚犯罪与保障人权并重、实体公正与程序公正并重，着力解决司法实践存在的突出问题，尤其是将侦查制度作为重头戏，对1996年《刑事诉讼法》所规定的侦查制度进行了修订和完善，同时增加了技术侦查、秘密侦查等侦查措施以打击犯罪，使侦查制度取得了重大的进步。但是，2012年的修改仍然没有改变现有的侦查体制，并未实质性地解决侦查制度长期以来存在的问题。尤其是强制性侦查行为，如搜查、扣押等，因涉及公民基本权利的侵犯与保障，更有进一步改革完善的必要与空间。

四、侦查制度的改革与完善

中共十八大以来，新一轮的司法改革深入发展已经取得重大成果，2018年修正后的《宪法》和出台的《监察法》确立了新的国家监察制度，其中许多重大问题涉及与现行《刑事诉讼法》的衔接。随着十九大的胜利召开，全面依法治国已经进入新时代，但是"全面依法治国任务依然繁重"，下一阶段的司法改革必须采取一系列重大新举措以进一步推进全面依法治国。推进全面依法治国的新举措大多涉及现行《刑事诉讼法》规定的修改。现行《刑事诉讼法》的修改的总方向是进一步民主化、法治化及现代化，重在加强人权司法保障和彰显程序公正的价值。为此，笔者就侦查制度改革的展望提出以下两点看法，至于检察机关侦查权与监察机关调查权的衔接，则在第二节讨论。

（一）进一步加强对犯罪嫌疑人侦查阶段的诉讼权利保障

首先，建立侦查讯问时律师在场权。侦查讯问时律师在场权是指律师在

---

〔1〕 参见曾新华：《当代刑事司法制度史》，中国检察出版社2012年版，第222~229页。

侦查人员对犯罪嫌疑人进行讯问时亲自在场，目的是在讯问过程中避免刑讯的发生。更为重要的是，赋予律师侦查讯问时在场权，能够使犯罪嫌疑人因为有律师在身边帮助而感到心里踏实，从而有效缓和心里的恐惧与压力，这显然是非法证据排除规则所替代不了的。因此，我国现行《刑事诉讼法》应当明确规定讯问时律师在场权。其次，进一步完善非法证据排除规则。非法证据排除规则体现了程序人权保障价值，对于严防刑讯逼供，保障犯罪嫌疑人的合法权益有重要意义。如第四章第一节所述，2017 年两院三部《严格排除非法证据规定》对非法证据排除规则作了进一步完善，不仅规定了侦查阶段的排除主体为检察机关，而且规定了侦查阶段排除程序的启动方式包括依申请启动和依职权启动两种方式。[1]因此，应当在下一次修改现行《刑事诉讼法》时加以吸收并进一步细化，写入法典。最后，删除"应当如实回答"规定。"不得强迫任何人证实自己有罪"特权已经在我国正式确立，但 2012 年《刑事诉讼法》保留了 1996 年《刑事诉讼法》关于"犯罪嫌疑人对侦查人员的提问，应当如实回答"的规定（现行《刑事诉讼法》第 120 条第 1 款）。"应当如实回答"要求犯罪嫌疑人、被告人在被讯问时不仅应当"回答"，而且应当"如实回答"，这意味着犯罪嫌疑人对侦查人员的提问没有不回答的自由，相反，更是有回答的义务。更为重要的是，犯罪嫌疑人还必须"如实回答"，而如实回答的内容有可能会"证实自己有罪"，这显然带有"强迫性"地要求犯罪嫌疑人"证实自己有罪"之嫌，明显与"不得强迫任何人证实自己有罪"精神内核冲突。倘若将二者同时规定在刑事诉讼法中，只会导致本来就缺乏机制保障的"不得强迫任何人证实自己有罪"规定在很大程度上流于形式，无法发挥其真正作用。从我国民主法治的发展趋势来看，应当在现行《刑事诉讼法》修改时删除"应当如实回答"之规定。

（二）加强强制性侦查行为的外部控制

由于强制性侦查行为涉及对公民隐私权的侵犯，因此，在适用强制性侦

---

〔1〕两院三部《严格排除非法证据规定》第 14 条规定："犯罪嫌疑人及其辩护人在侦查期间可以向人民检察院申请排除非法证据。对犯罪嫌疑人及其辩护人提供相关线索或者材料的，人民检察院应当调查核实。调查结论应当书面告知犯罪嫌疑人及其辩护人。对确有以非法方法收集证据情形的，人民检察院应当向侦查机关提出纠正意见。侦查机关对审查认定的非法证据，应当予以排除，不得作为提请批准逮捕、移送审查起诉的根据。对重大案件，人民检察院驻看守所检察人员应当在侦查终结前询问犯罪嫌疑人，核查是否存在刑讯逼供、非法取证情形，并同步录音录像。经核查，确有刑讯逼供、非法取证情形的，侦查机关应当及时排除非法证据，不得作为提请批准逮捕、移送审查起诉的根据。"

查措施时需要强调人权保障。特别是技术侦查措施，其与其他侦查行为相比较，侵犯隐私权的风险更高。从技术侦查措施的特点来看，涉及对公民通讯自由权、隐私权长时间、持续性的干预和限制，这种长时间、持续性的监控，因为对公民具有立体式、全方位、笼罩性的特点而威胁到法治国家存在的根本，进而有法治国家倒退回警察国家之虞。[1]因此，对其适用应当接受严格的司法审查，然而，如前所述，目前我国强制性侦查行为只接受内部控制，即审查主体要么为内部行政首长，要么为承担控诉职能的检察机关，这显然与司法审查原则所要求的客观、中立、公正立场所不符。因此，应当将审查主体赋予客观公正的主体。从长远的目标来看，当然应当建立由法院进行审查的司法审查机制。然而，此种设想目前难以做到，从现实的角度来考虑，可以规定由检察机关进行审查批准，这是因为检察机关是《宪法》规定的法律监督机关，负有客观公正义务。在我国，检察机关不仅是公诉机关，而且是专门的法律监督机关，它负有监督侦查机关的职责。检察机关基于诉讼监督的职责，在审查批准技术侦查措施的适用中，能有效保障侦查活动依法进行，维护犯罪嫌疑人的合法权益不受侵犯。因此，检察机关在审查过程发现技术侦查措施有违比例原则，存在侵害犯罪嫌疑人合法权益之虞时，应当本着客观、公正的立场，果断地不予批准。具体而言，公安机关负责侦查的案件，技术侦查措施的适用应当由同级检察机关审查批准；而检察机关负责侦查的案件，从制约的角度来看，应当报请上一级检察机关审查批准。

第二节 侦查主体

一、侦查主体的内涵

从概念法学的经验逻辑来看，概念范畴的厘清是展开相关命题的关键所在。如欲探究侦查主体的概念，从概念构造上来说，其由两个概念范畴构成，即"侦查"与"主体"。为此，在对侦查主体进行分析之前，有必要对"侦查"与"主体"这两个概念予以界定，以防陷入概念上的"口水战"而无法有效展开论述。

---

〔1〕 参见陈永生："计算机网络犯罪对刑事诉讼的挑战与制度应对"，载《法律科学》（西北政法大学学报）2014 年第 3 期。

　　侦查，是指"公安机关、人民检察院对于刑事案件，依照法律进行的收集证据、查明案情的工作和有关的强制性措施"。侦查旨在发现和收集证据，查获犯罪嫌疑人，并揭露和证实犯罪，是提起公诉和审判的基础。主体，包括以下几种含义：第一，指事物的主要部分，如房屋的主体（结构）、信件的主体等，其与事物的次要部分相对应；第二，相对客体而言，指对客体有认识和实践能力的人；[1]第三，指依法享有权利和承担义务的人。例如，民法中的主体是指享有权利和负担义务的公民或法人。[2]毋庸置疑，在刑事诉讼领域，主体是就第二种含义和第三种含义而言，指在刑事诉讼中享有一定诉讼权利和承担一定诉讼义务的专门机关或人员。

　　侦查主体，就是在刑事诉讼中享有侦查权，依照法律开展侦查工作和采取有关强制措施的专门机关和人员。据此，侦查主体包括侦查机关和侦查人员。其中，侦查机关是指享有侦查权，依法对刑事案件进行侦查的专门机关。侦查机关具有以下特征：首先，侦查机关是国家机关的重要组成部分。尽管法律界对侦查机关的性质有较大争议，[3]但是有一点是可以肯定的，侦查机关代表国家行使侦查权，及时揭露、惩罚罪犯，维护国家利益。其次，侦查机关的职能是代表国家行使侦查权。侦查权是国家权力的重要组成部分，以国家强制力为保障。国家通过立法赋予侦查机关行使侦查权的权力，由其追究犯罪嫌疑人的刑事责任，打击犯罪。最后，侦查机关行使侦查权必须严格依照法定程序。由于侦查权具有主动性与强制性，存在侵犯犯罪嫌疑人或者其他诉讼参与人合法权益之虞，因此，要求侦查机关行使侦查权必须严格依照法定程序进行。

　　需要指出的是，侦查主体的设置，不仅关系到侦查权的配置问题，还关系到侦查主体之间的协调问题。可以说，科学设置侦查主体，对于侦查权的正确、有效行使以及平衡刑事诉讼主体之间的关系具有重要意义。改革开放以来，我国侦查主体的设置经历了数次调整，经历了从二元主体向多元主体的演变，总体而言是符合社会发展规律的。

────────────────

　　〔1〕　参见薛建成等编译：《拉鲁斯法汉双解词典》，外语教学与研究出版社2001年版，第1875页。

　　〔2〕　参见中国社会科学院语言研究所词典编辑室编：《现代汉语词典》，商务印书馆2002年版，第2506页。

　　〔3〕　我国法律界对于侦查机关的性质存在较大争议，理论界和实务界形成了3种不同的学说，即行政机关说、司法机关说和双重性质说。

二、侦查主体的二元设置

在改革开放以前，由于"文革"的影响，侦查活动被简单化为专政工具，"群众专政"取代了专业的侦查工作，大批侦查人员被排挤出公安机关，大量的侦查装备器材被抛弃和毁坏，大批的刑事犯罪档案和情报资料被销毁，[1] 而检察机关在"文革"期间甚至被砸烂，其职务犯罪的侦查职权名存实亡，可以说，我国的侦查机关被彻底破坏，侦查制度的发展一度陷入泥沼。

十一届三中全会召开以后，面对"文革"后持续高涨的犯罪形势，我国开始了侦查体制的重新建设工作。其中，公安机关的侦查职能得以恢复，并且重新规范了公安机关的侦查格局，逐渐形成较为独立的侦查机构体系，如公安部在治安局内设置刑侦处，省、自治区公安厅设刑侦科或刑侦处，特大城市设刑警大队或刑侦处，大、中城市设刑警大队，小城市设刑警队，地区公安处设刑侦组或刑侦科，县公安局设刑侦股或侦破组。[2] 同时，检察机关也得以重建。自 1978 年 6 月 1 日起，最高人民检察院正式行使职权。随着公安机关的重新调整以及检察机关的重建，我国刑事诉讼也正式将公安机关与检察机关确定为刑事侦查的主体。

对于侦查主体的确立而言，最重要的标志为 1979 年《刑事诉讼法》的颁布实施。1979 年《刑事诉讼法》明确规定了我国侦查机关是公安机关与检察机关，第 13 条规定："告诉才处理和其他不需要进行侦查的轻微的刑事案件，由人民法院直接受理，并可以进行调解。贪污罪、侵犯公民民主权利罪、渎职罪以及人民检察院认为需要自己直接受理的其他案件，由人民检察院立案侦查和决定是否提起公诉。第一、二款规定以外的其他案件的侦查，都由公安机关进行。"据此，检察机关作为侦查机关负责对贪污罪、侵犯公民民主权利罪、渎职罪以及人民检察院认为需要自己直接受理的其他案件进行侦查，而公安机关则是最主要的侦查机关，负责除检察机关侦查以外的其他案件的侦查工作。

需要指出的是，而后公安部于 1979 年 12 月 24 日发布的《公安部关于刑事侦察部门分管的刑事案件及其立案标准和管理制度的规定》对公安机关内

---

[1] 参见杨正鸣、倪铁主编：《侦查学原理》，复旦大学出版社 2013 年版，第 49 页。

[2] 参见杨正鸣、倪铁主编：《侦查学原理》，复旦大学出版社 2013 年版，第 50 页。

部机构的分工进行了进一步的明确与细化。根据该规定第一部分的内容，公安机关内部机构在侦查权限的分工如下："刑事侦察部门分管刑法规定的下列案件：（一）杀人案；（二）伤害案；（三）抢劫案；（四）投毒案；（五）放火案；（六）爆炸案；（七）决水案；（八）强奸案；（九）流氓案；（十）盗窃案；（十一）诈骗案；（十二）抢夺案；（十三）敲诈勒索案；（十四）伪造国家货币、贩运伪造的国家货币案；（十五）伪造有价证券案；（十六）伪造票证案；（十七）伪造公文、证件、印章案；（十八）投机倒把案；（十九）走私案；（二十）拐卖人口案；（二十一）制造贩运毒品案；（二十二）非法制造、贩运枪支、弹药案；（二十三）制造、贩卖假药案；（二十四）破坏生产案。走私、投机倒把行为，主要由海关、工商行政管理部门调查处理，需要侦查的走私、投机倒把案件，由公安机关的刑事侦察部门主管。刑法第一百六十二条包庇其他犯罪分子罪，第一百七十二条窝赃，销赃罪，按包庇对象和赃物来源，分别附入同类案件。刑法规定的下列案件，由政保、经文保、铁道交通保卫、边防保卫、预审、劳改以及治安管理等业务部门分别主管：反革命案、公然侮辱诽谤案（第一百四十五条中严重危害国家利益的）和窝藏包庇反革命案，由政保、经文保、铁道交通保卫和边防保卫部门分别主管。破坏交通设备案，破坏动力、燃料设备案，破坏通讯设备案，破坏珍贵文物案和重大责任事故案，由经文保、铁道交通保卫和消防管理部门分别主管。经文保卫部门主管的案件中，需要勘查现场，鉴定痕迹、物证，对涉及社会嫌疑线索的调查控制，刑事侦察部门积极配合。破坏边境碑界桩案、偷越国（边）境案、违反国境卫生检疫案，由边防保卫部门主管。在押犯脱逃案，由预审、劳改部门主管。过失杀人案，伤害案（第一百三十四条中为打架斗殴或群众性械斗致伤的、第一百三十五条过失伤人的），违法捕捞水产品案，违法狩猎案，扰乱社会秩序案，流氓案（第一百六十条中聚众斗殴、寻衅滋事的），强迫、引诱、容留妇女卖淫案、私藏枪支、弹药案，聚众赌博案，制作、贩卖淫书、淫画案，妨害公务案，神汉、巫婆造谣、诈骗案，毁坏公私财物案，破坏名胜古迹案，致死人命案，由治安管理部门主管。这些案件，发生在机关、团体、企业、事业单位内部的，本单位保卫组织协助查处；案情复杂，需要勘查现场，或者需要使用秘密手段的，由刑事侦察部门负责进行。交通肇事案，由交通安全管理部门主管。"

三、侦查主体的多元化发展

随着犯罪形势的发展，犯罪行为呈现精密化趋向，加之对历史经验的总结，我国刑事侦查主体设置从二元走向了多元，国家安全机关、监狱、军队保卫部门以及海关走私犯罪侦查部门相继作为侦查主体被写入法典，以应对越发复杂的犯罪侦查需要。

第一，国家安全机关成为侦查主体。1983年6月，第六届全国人民代表大会第一次会议在北京召开。会议审议并批准成立国家安全机关。1983年7月1日，国家安全部成立。嗣后于1983年9月2日，第六届全国人民代表大会常务委员会第二次会议通过了《国家安全机关行使公安机关的侦查、拘留、预审和执行逮捕的职权的决定》，该决定第一次明确将国家安全机关纳入侦查机关之列，即规定："第六届全国人民代表大会第一次会议决定设立的国家安全机关，承担原由公安机关主管的间谍、特务案件的侦查工作，是国家公安机关的性质，因而国家安全机关可以行使宪法和法律规定的公安机关的侦查、拘留、预审和执行逮捕的职权。"而后1993年2月22日第七届全国人民代表大会常务委员会第三十次会议通过《国家安全法》，明确规定国家安全机关在国家安全工作中依法行使侦查、拘留、预审和执行逮捕以及法律规定的其他职权。1996年《刑事诉讼法》进一步确认了国家安全机关的侦查主体资格，即第4条规定："国家安全机关依照法律规定，办理危害国家安全的刑事案件，行使与公安机关相同的职权。"2012年和2018年《刑事诉讼法》修改时保留了国家安全机关关于危害国家安全的刑事案件的侦查主体资格。

第二，监狱成为侦查主体。监狱原有的侦查权本质上也属于公安机关的侦查权。到了1983年，为了公安机关集中精力做好打击犯罪、维护社会治安等工作，中央决定将监狱工作整体移交司法行政部门管理。至此，监狱从公安机关剥离出来，归入司法行政部门管理。然而，中央将监狱从公安机关剥离出来时并没有明确监狱是否还享有侦查资格。同年8月，最高人民法院、最高人民检察院、公安部、司法部在《关于严厉打击劳改犯和劳教人员在改造期间犯罪活动的通知》中明确了监狱从公安机关剥离后作为侦查主体的地位，即第3条规定："劳改、劳教工作移交司法行政部门管理后，监狱、劳改队原有的侦查权应当继续行使……"1994年12月29日，第八届全国人民代表大会常务委员会第十一次会议通过了《监狱法》，首次以立法的形式确立了监狱的侦查主体地位，《监狱法》第 60 条规定："对罪犯在监狱内犯罪的案件，由监狱进行侦查。"而后，1996 年以及 2012 年两次修改《刑事诉讼法》均保留了监狱的侦查主体地位，如 1996 年《刑事诉讼法》第 225 条第 2 款、第 3 款增加规定："对罪犯在监狱内犯罪的案件由监狱进行侦查。……监狱办理刑事案件，适用本法的有关规定。"2012 年《刑事诉讼法》第 290 条保留了该规定。

第三，军队保卫部门成为侦查主体。军队保卫部门作为侦查主体的身份源于新中国成立初期。在新中国成立之初，国家在成立公安部的同时，组建了公安部武装力量保卫局，专门负责军队内部的安全保卫工作，行使法律规定的公安机关的侦查等职权。而后，虽然军队保卫部门的编制体系几经调整，但其承担打击军队内部发生刑事犯罪的任务一直没有变化。军队保卫部门一直承担着军队内部发生的刑事案件侦查工作，主要包括现役军人，在编职员、职工犯罪的案件和发生在部队营区的案件。需要指出的是，虽然实践中军队保卫部门行使着侦查权，但是并未获得法律的明确规定。随着我国社会主义法制建设的不断推进，军队保卫部门在行使侦查权时遇到了许多困难。[1]鉴于此，1993 年 12 月 29 日，第八届全国人民代表大会常务委员会第五次会议通过了《关于中国人民解放军保卫部门对军队内部发生的刑事案件行使公安机关的侦查、拘留、预审和执行逮捕的职权的决定》，第一次从法律上明确了军队保卫部门作为侦查主体的地位。而后，1996 年、2012 年和 2018 年 3 次修改《刑事诉讼法》都再次确认了军队保卫部门的侦查主体地位，现行《刑事诉讼法》第 308 条第 1 款明确规定："军队保卫部门对军队内部发生的刑事案件行使侦查权。"

第四，海关走私犯罪侦查部门成为侦查主体。在改革开放初期，1979 年《公安部关于刑事侦察部门分管的刑事案件及其立案标准和管理制度的规定》明确将走私犯罪案件的侦查权赋予公安机关的刑事侦查部门。但是，随着我国经济的不断发展，走私犯罪活动越来越猖獗，不仅扰乱市场秩序，而且助长了消极腐败现象的蔓延，在打击走私犯罪活动的过程中，由于海关并非侦

---

〔1〕　参见于永波："《关于军队保卫部门行使刑事侦查权有关问题的决定（草案）》的说明"，载 http://www.npc.gov.cn/wxzl/gongbao/2000-12/28/content_ 5003085.htm，最后访问日期：2018 年 5 月 3 日。

查主体，导致查办走私犯罪案件贻误最佳时机，经常发生取证难、抓人难的问题。为了严厉打击走私犯罪活动，在 1998 年 7 月中旬召开的全国打私工作会议上，党中央、国务院决定组建由海关和公安双重垂直领导，以海关领导为主的海关缉私警察队伍，专门负责走私犯罪案件的侦查。而后，最高人民法院、最高人民检察院、公安部、司法部、海关总署于 1998 年 12 月 3 日发布了《关于走私犯罪侦查机关办理走私犯罪案件适用刑事诉讼程序若干问题的通知》，明确规定："海关总署、公安部组建成立走私犯罪侦查局，纳入公安部编制机构序列，设在海关总署。缉私警察是对走私犯罪案件依法进行侦查、拘留、执行逮捕、预审的专职刑警队伍。"根据该通知，全国各级海关设立走私犯罪侦查部门，专门负责对走私犯罪案件的侦查工作。至此，海关走私犯罪侦查部门正式成为走私犯罪案件的侦查主体。我国 2012 年和 2018 年两次修改《刑事诉讼法》也确认了海关走私犯罪侦查部门的侦查主体地位，

第五，监察机关成为调查机关。腐败问题是世界各国均十分关注的热点问题之一，也是我国面临的重大问题。根据统计数据显示，自党的十八大以来，因贪污腐败问题被查办的高官就有 122 名原省部级以上干部，可以说我国的腐败犯罪问题亟待解决。据不完全统计，仅 2013 年检察机关就查处厅级官员至少 227 人，较之 2012 年的 179 人，增幅超过 25%。[1]2013 年至 2018 年 5 月里，检察机关立案侦查职务犯罪 254 419 人，较前 5 年上升 16.4%。其中，涉嫌职务犯罪的县处级国家工作人员 15 234 人、厅局级 2405 人。严肃查办国家工作人员索贿受贿犯罪 59 593 人，严肃查办行贿犯罪 37 277 人，较前 5 年分别上升 6.7% 和 87%。严肃查办不作为、乱作为的渎职侵权犯罪 62 066 人。[2]而且，贪污贿赂犯罪手段往往具有较大的隐蔽性和欺骗性，腐败犯罪分子往往想方设法隐瞒罪行，逃避法律制裁。现行《刑事诉讼法》对打击腐败犯罪的有关规定明显滞后，已经越来越难适应惩治腐败犯罪的需要，亟待完善。正是在这样的背景下，十八届中央纪委第二次全会上明确要求："要善于用法治思维和法治方式反对腐败，加强反腐败国家立法，加强反腐

---

〔1〕 参见"2013 年查处厅级官员至少 227 人 为近十年来最高"，载 http://news. 163. com/14/0124/08/9JBF20K30001124J. html，最后访问日期：2018 年 5 月 3 日。

〔2〕 参见"最高人民检察院工作报告——2018 年 3 月 9 日在第十三届全国人民代表大会第一次会议上"，载 http://www. spp. gov. cn/spp/gzbg/201803/t20180325_ 372171. shtml，最后访问日期：2018 年 5 月 3 日。

倡廉党内法规制度建设，让法律制度刚性运行。"从此拉开了反腐败立法进程。

为了实施组织和制度创新，整合反腐败资源力量，实现对行使公权力的公职人员监察全面覆盖，建立集中统一、权威高效的监察体系，中共中央办公厅于 2016 年 11 月印发《关于在北京市、山西省、浙江省开展国家监察体制改革试点方案》，在 3 个省市部署设立各级监察委员会，从体制机制、制度建设上先行先试、探索实践，为在全国推开积累经验。为了使国家监察体制改革试点工作做到于法有据，第十二届全国人大常委会于 2016 年 12 月 19 日审议了《全国人民代表大会常务委员会关于在北京市、山西省、浙江省开展国家监察体制改革试点工作的决定（草案）》，并于 12 月 25 日正式作出《关于在北京市、山西省、浙江省开展国家监察体制改革试点工作的决定》。2017 年 1 月，山西省第十二届人大七次会议选举了山西省监察委员会主任，省人大常委会会议通过了省监察委员会副主任、委员的任命，标志着山西省监察委员会正式成立。我国监察体制改革试点工作进入一个新的阶段。

在前期工作基础上，国家监察立法工作专班吸收改革试点地区的实践经验，听取专家学者的意见建议，经反复修改完善，形成了监察法草案。2017 年 6 月下旬，第十二届全国人大常委会第二十八次会议对监察法草案进行了初次审议。初次审议后，根据党中央同意的相关工作安排，全国人大常委会法制工作委员会将草案送 23 个中央国家机关以及 31 个省、自治区、直辖市人大常委会征求意见；召开专家会，听取了宪法、行政法和刑事诉讼法方面专家学者的意见。2017 年 11 月 7 日起，监察法草案在中国人大网全文公开，征求社会公众意见。草案备受关注，共有 3700 多人提出 1.3 万多条意见建议。对这些意见建议，国家监察立法工作专班高度重视，进行了认真梳理、研究。2017 年 11 月 30 日，全国人大法律委员会召开会议，对监察法草案作了修改完善。2017 年 12 月，第十二届全国人大常委会第三十一次会议对监察法草案进行再次审议，认为草案充分吸收了常委会组成人员的审议意见和各方面意见，已经比较成熟，决定将监察法草案提请全国人民代表大会审议。[1]

为了使监察体制改革符合宪法规定，维护宪法权威，并将党中央的监察

---

〔1〕　参见"关于《中华人民共和国监察法（草案）》的说明"，载 http://www.npc.gov.cn/npc/xinwen/2018-03/14/content_ 2048551.htm，最后访问日期：2018 年 5 月 3 日。

体制改革决定和试点成果通过宪法、法律加以体现和巩固，2018 年 1 月 18 日至 19 日，党的十九届二中全会审议通过了《中共中央关于修改宪法部分内容的建议》。1 月 29 日至 30 日，十二届全国人大常委会第三十二次会议决定将《宪法修正案（草案）》提请十三届全国人大一次会议审议。《监察法》草案根据宪法修改精神作了进一步修改。2018 年 3 月 11 日，十三届全国人大一次会议第三次全体会议表决通过了《宪法修正案》。《宪法修正案》将监察体制改革作为重要内容加以规定，确立了监察机关为职务犯罪案件的侦查主体，即《宪法》第 127 条第 2 款规定："监察机关办理职务违法和职务犯罪案件，应当与审判机关、检察机关、执法部门互相配合，互相制约。"同年 3 月 20 日，全国人大在于宪有据的前提下审议通过了《监察法》，从而将党的十八届六中全会确定、十九大进一步提出的反腐败体制改革的顶层设计与重大决策通过立法程序予以固定，保障反腐败工作在法治轨道上行稳致远。[1] 根据《监察法》第 11 条的规定，监察委员会依法履行监督、调查、处置职责，对涉嫌贪污贿赂、滥用职权、玩忽职守、权力寻租、利益输送、徇私舞弊以及浪费国家资财等职务违法和职务犯罪进行调查。尽管《监察法》使用"调查"一词，但从性质上与"侦查"无异。[2]

毋庸置疑，通过修改宪法以及制定《监察法》建立集中统一、权威高效的中国特色监察体系，赋予监察委员会侦查主体地位，是我国反腐败体制改革的标志性成果，对于有效打击腐败犯罪行为有着重大而深远的意义。

第六，中国海警局成为侦查主体。为了更加有效维护我国海洋权益，2018 年 6 月，第十三届全国人民代表大会常务委员会第三次会议通过《关于中国海警局行使海上维权执法职权的决定》，明确将原属国家海洋局领导管理的海警队伍整体划归中国人民武装警察部队领导指挥，并组建中国人民武装警察部队海警总队，称中国海警局，且明确规定："中国海警局执行打击海上违法犯罪活动、维护海上治安和安全保卫等任务，行使法律规定的公安机关相应执法职权。"为了贯彻落实《关于中国海警局行使海上维权执法职权的决定》，使中国海警局顺利开展海上犯罪的打击工作，我国现行《刑事诉讼法》

---

〔1〕 参见"关于《中华人民共和国监察法（草案）》的说明"，载 http://www. npc. gov. cn/npc/xinwen/2018-03/14/content_ 2048551. htm，最后访问日期：2018 年 5 月 3 日。

〔2〕 关于监察委员会对职务犯罪进行调查的性质，参见汪海燕："监察制度与《刑事诉讼法》的衔接"，载《政法论坛》2017 年第 6 期。

明确将中国海警局侦查主体纳入侦查主体之列，即第308条第2款规定："中国海警局履行海上维权执法职责，对海上发生的刑事案件行使侦查权。"而后，最高人民法院、最高人民检察院、中国海警局于2020年2月发布了《关于海上刑事案件管辖等有关问题的通知》，对中国海警局对海上案件的管辖原则、中国海警局与检察机关、法院的程序衔接等作出明确规定。[1]

四、侦查主体的完善

改革开放以来，我国侦查主体的设置经历了数次调整，经历了从公安机关、检察机关的二元主体扩展至国家安全机关、监狱、军队保卫部门、海关走私犯罪侦查部门以及监察委员会、中国海警局的过程。总体而言，侦查主体的扩展是应对不断变化的犯罪形式的需要，符合社会发展规律，对于打击犯罪活动，发挥着重要作用。但是，侦查主体的设置仍然存在不少问题需要厘清。本章着重谈以下两个问题。

（一）走私犯罪侦查机关侦查主体地位的法律依据问题

在我国，海关走私犯罪侦查部门是走私犯罪的侦查机关。但是，赋予海关走私犯罪侦查部门侦查主体地位的依据是最高人民法院、最高人民检察院、公安部、司法部、海关总署于1998年12月3日发布的《关于走私犯罪侦查机关办理走私犯罪案件适用刑事诉讼程序若干问题的通知》。然而，根据《中

---

〔1〕 最高人民法院、最高人民检察院、中国海警局《关于海上刑事案件管辖等有关问题的通知》第1条规定："对海上发生的刑事案件，按照下列原则确定管辖：（一）在中华人民共和国内水、领海发生的犯罪，由犯罪地或者被告人登陆地的人民法院管辖，如果由被告人居住地的人民法院审判更为适宜的，可以由被告人居住地的人民法院管辖；（二）在中华人民共和国领域外的中国船舶内的犯罪，由该船舶最初停泊的中国口岸所在地或者被告人登陆地、入境地的人民法院管辖；（三）中国公民在中华人民共和国领海以外的海域犯罪，由其登陆地、入境地、离境前居住地或者现居住地的人民法院管辖；被害人是中国公民的，也可以由被害人离境前居住地或者现居住地的人民法院管辖；（四）外国人在中华人民共和国领海以外的海域对中华人民共和国国家或者公民犯罪，根据《中华人民共和国刑法》应当受到处罚的，由该外国人登陆地、入境地、入境后居住地的人民法院管辖，也可以由被害人离境前居住地或者现居住地的人民法院管辖；（五）对中华人民共和国缔结或者参加的国际条约所规定的罪行，中华人民共和国在所承担的条约义务的范围内行使刑事管辖权的，由被告人被抓获地、登陆地或者入境地的人民法院管辖。前款第一项规定的犯罪地包括犯罪行为发生地和犯罪结果发生地。前款第二项至第五项规定的入境地，包括进入我国陆地边境、领海以及航空器降落在我国境内的地点。"第2条规定："海上发生的刑事案件的立案侦查，由海警机构根据本通知第一条规定的管辖原则进行。依据第一条规定确定的管辖地未设置海警机构的，由有关海警局商同级人民检察院、人民法院指定管辖。"

华人民共和国立法法》的相关规定，最高人民法院、最高人民检察院只能就审判、检察工作中如何具体适用法律作出相应的解释；公安机关只能就所涉侦查事项对具体如何适用法律作出解释。同时，"解释不能超越法律"。由于我国现行《刑事诉讼法》对海关走私犯罪侦查部门的侦查权未作明确规定，[1]《关于走私犯罪侦查机关办理走私犯罪案件适用刑事诉讼程序若干问题的通知》赋予海关走私犯罪侦查部门对走私犯罪的侦查权，有僭越权力之嫌，不仅会影响法律的权威性和法制的统一性，而且导致司法实践中出现许多问题。事实上，随着我国社会主义法制建设的不断推进，加之公民法律意识的增强，海关走私犯罪侦查部门行使侦查权的问题日益突出。因此，笔者认为，应当从法律上明确海关走私犯罪侦查部门的侦查主体地位。具体而言，可将现行《刑事诉讼法》第308条修改为："军队保卫部门对军队内部发生的刑事案件行使侦查权。中国海警局履行海上维权执法职责，对海上发生的刑事案件行使侦查权。走私犯罪侦查机关对走私犯罪案件进行侦查。对罪犯在监狱内犯罪的案件由监狱进行侦查。军队保卫部门、中国海警局、监狱办理刑事案件，适用本法的有关规定。"

（二）检察机关有权立案侦查的案件范围

经过监察体制改革后，《监察法》将原来由检察机关立案侦查的职务犯罪案件转隶至监察委员会，由监察机关负责立案调查，即第11条规定："监察委员会依照本法和有关法律规定履行监督、调查、处置职责：……（二）对涉嫌贪污贿赂、滥用职权、玩忽职守、权力寻租、利益输送、徇私舞弊以及浪费国家资财等职务违法和职务犯罪进行调查；……"为了保证监察工作的顺利开展，《监察法》还赋予监察机关14项具体的调查职权，即谈话、讯问、询问、查询、冻结、调取、查封、扣押、搜查、勘验检查、鉴定、留置、技术调查与通缉等，此外还包括限制出境等。职务犯罪的侦查权从检察机关转隶至监察机关，由监察机关负责立案调查后，为了使《刑事诉讼法》与《监察法》能有效衔接，我国现行《刑事诉讼法》及时对人民检察院的侦查案件范围作出了调整。现行《刑事诉讼法》第19条第2款规定："人民检察院在

---

〔1〕 虽然海关缉私警察队伍实行海关和公安双重垂直领导，从此角度来看，走私犯罪由公安机关侦查有其法律依据，但缉私警察队伍是以海关领导为主的，有必要从立法上明确海关走私犯罪侦查部门作为侦查主体。

对诉讼活动实行法律监督中发现的司法工作人员利用职权实施的非法拘禁、刑讯逼供、非法搜查等侵犯公民权利、损害司法公正的犯罪，可以由人民检察院立案侦查。对于公安机关管辖的国家机关工作人员利用职权实施的重大犯罪案件，需要由人民检察院直接受理的时候，经省级以上人民检察院决定，可以由人民检察院立案侦查。"这不仅可以有效避免现行《刑事诉讼法》与《监察法》发生冲突，确保职务犯罪调查工作在法治框架内开展，而且可以保障国家监察体制改革顺利进行，保障现行《刑事诉讼法》与《监察法》的权威性，保证社会主义法制的统一性。

需要指出的是，现行《刑事诉讼法》保留了检察院在诉讼活动法律监督中发现司法工作人员利用职权实施的非法拘禁、刑讯逼供、非法搜查等侵犯公民权利、损害司法公正的犯罪的侦查权，亦即将上述犯罪案件的侦查权还给检察机关。2018 年 11 月，最高人民检察院发布《人民检察院立案侦查职务犯罪案件规定》对检察机关有权侦查的案件范围作了进一步细化，并对检察机关的侦查部门、交叉管辖的处理、侦查的程序要求等作出明确规定。根据最高检《人民检察院立案侦查职务犯罪案件规定》第 1 条规定，检察机关对司法工作人员涉嫌利用职权实施的下列侵犯公民权利、损害司法公正的 14 类犯罪案件，可以立案侦查：非法拘禁案、非法搜查案、刑讯逼供案、暴力取证案、虐待被监管人案、滥用职权案、玩忽职守案、徇私枉法案、民事、行政枉法裁判案、执行判决、裁定失职案、执行判决、裁定滥用职权案、私放在押人员案、失职致使在押人员脱逃案、徇私舞弊减刑、假释、暂予监外执行案。[1]饶有趣味的是，2019 年最高检《规则》在修改时并没有吸收最高检《人民检察院立案侦查职务犯罪案件规定》的内容，在关于检察机关有权立案

---

〔1〕 最高检《人民检察院立案侦查职务犯罪案件规定》第 1 条规定："人民检察院在对诉讼活动实行法律监督中，发现司法工作人员涉嫌利用职权实施的下列侵犯公民权利、损害司法公正的犯罪案件，可以立案侦查：1. 非法拘禁罪（刑法第二百三十八条）（非司法工作人员除外）；2. 非法搜查罪（刑法第二百四十五条）（非司法工作人员除外）；3. 刑讯逼供罪（刑法第二百四十七条）；4. 暴力取证罪（刑法第二百四十七条）；5. 虐待被监管人罪（刑法第二百四十八条）；6. 滥用职权罪（刑法第三百九十七条）（非司法工作人员滥用职权侵犯公民权利、损害司法公正的情形除外）；7. 玩忽职守罪（刑法第三百九十七条）（非司法工作人员玩忽职守侵犯公民权利、损害司法公正的情形除外）；8. 徇私枉法罪（刑法第三百九十九条第一款）；9. 民事、行政枉法裁判罪（刑法第三百九十九条第二款）；10. 执行判决、裁定失职罪（刑法第三百九十九条第三款）；11. 执行判决、裁定滥用职权罪（刑法第三百九十九条第三款）；12. 私放在押人员罪（刑法第四百条第一款）；13. 失职致使在押人员脱逃罪（刑法第四百条第二款）；14. 徇私舞弊减刑、假释、暂予监外执行罪（刑法第四百零一条）。"

侦查的案件范围上仍然保留着与现行《刑事诉讼法》相同的规定。[1] 这难免会让人产生疑窦：究竟检察机关有权立案侦查的案件范围是司法工作人员利用职权实施的非法拘禁、刑讯逼供、非法搜查犯罪还是最高检《人民检察院立案侦查职务犯罪案件规定》规定的 14 类案件？毫无疑问，最高检《人民检察院立案侦查职务犯罪案件规定》现仍生效，因此其所规定的 14 类案件由检察机关立案侦查并无障碍，而且司法实践中检察机关也对该 14 类案件行使立案侦查权。然而，从立法的协调性出发，应当对 2019 年最高检《规则》进行修改，使之与最高检《人民检察院立案侦查职务犯罪案件规定》保持协调一致。具体而言，可将 2019 年最高检《规则》第 13 条第 1 款修改为："人民检察院在对诉讼活动实行法律监督中，发现司法工作人员涉嫌利用职权实施的非法拘禁、非法搜查、刑讯逼供、暴力取证、虐待被监管人、滥用职权、玩忽职守、徇私枉法、民事、行政枉法裁判、执行判决、裁定失职、执行判决、裁定滥用职权、私放在押人员、失职致使在押人员脱逃、徇私舞弊减刑、假释、暂予监外执行等侵犯公民权利、损害司法公正的犯罪，可以由人民检察院立案侦查。"

第三节　侦查讯问制度

一、侦查讯问的内涵

(一) 侦查讯问的概念

侦查讯问是由"侦查"与"讯问"两个词组成的。对"侦查"一词的界定，本章第二节已有详述，此处不赘，而"讯问"的概念则较为繁杂而须谨慎对待。"讯问"一词由"讯""问"二字构成。讯者，告问也；[2]问者，有不知道或不明白的事请人解答。讯问，亦即就所有信息亦即与情况有关的细节

---

〔1〕 2019 年最高检《规则》第 13 条规定："人民检察院在对诉讼活动实行法律监督中发现的司法工作人员利用职权实施的非法拘禁、刑讯逼供、非法搜查等侵犯公民权利、损害司法公正的犯罪，可以由人民检察院立案侦查。对于公安机关管辖的国家机关工作人员利用职权实施的重大犯罪案件，需要由人民检察院直接受理的，经省级以上人民检察院决定，可以由人民检察院立案侦查。"

〔2〕 参见（晋）郭璞注、（宋）刑昺疏、（清）阮元等撰：《尔雅注疏·释诂上·疏》，载杨家骆主编：《尔雅注疏及补正附经学史》，台湾世界书局 1985 年版，尔雅一·释诂上·四。

问题进行的正式、强令、彻底的提问。[1]在刑事司法领域，讯问是指国家专门机关在刑事诉讼中就案件情况而对犯罪嫌疑人、被告人进行的正式、强令、彻底的提问。要准确理解讯问的内涵，有必要将之与询问一词作比较。在我国古代刑事司法中，询问一词与讯问一词往往混用，"今因经无以询为问罪字，遂用讯不用询，其实讯询一字也"。[2]而在现代刑事司法中，"询问"与"讯问"区分开来。具体而言，区别有二：一是二者针对的对象不同。询问通常以被害人、证人或其他诉讼参与人为对象；而讯问则针对犯罪嫌疑人、被告人。二是二者提问的强制程度不同。询问通常表现为语气缓和，被提问者并无较大压力；而讯问则是通过施以强制性的压力而获取被提问者的回答。所谓"上问下曰讯"，意味着讯问往往带有一种自上而下的压力感。

侦查讯问，就是在刑事诉讼中，侦查主体依照法定程序以言词方式对犯罪嫌疑人进行查问，以期获得犯罪嫌疑人的回答，借此查明案件事实真相的一种侦查活动。侦查讯问作为一种重要的侦查行为，具有以下特点：第一，直接言词性。侦查讯问要求侦查主体直接、正面面对犯罪嫌疑人，并以言词形式就案件的情况向犯罪嫌疑人提问。通过直接听取犯罪嫌疑人的回答，侦查主体可以亲自观察犯罪嫌疑人的言行举止，有助于准确判断犯罪嫌疑人回答的真伪，进而获取有利于查明案件事实真相的信息。第二，相对封闭性。侦查讯问往往要求侦查主体在非开放式的空间对犯罪嫌疑人进行提问，一般而言，除了讯问人、被讯问人以及法律规定可以在场的其他诉讼参与人（如翻译人员、辩护人）以外，其余人员一般不得在场。

（二）侦查讯问的构成要素

从构成要件的角度而言，笔者认为侦查讯问的构成要素主要有以下几个方面：

第一，侦查讯问的主体是法定的侦查机关。侦查讯问是发现和收集证据，查明犯罪事实和查获犯罪嫌疑人的重要手段，为了尊重和保障人权，保护公民的合法权益，保证国家侦查权的统一行使，有效地打击犯罪行为，侦查讯问只能由法定的侦查机关实施。如第二节所述，根据我国现行《刑事诉讼法》

---

〔1〕 See Philip Babcock Gove, *Webster's Third New International Dictionary of the English Language Unabridged*, Merriam-Webster Inc. , 1993, p. 1182.

〔2〕 （清）朱骏声：《说文通训定声》，清道光二十八年初刻本。

《监察法》和其他有关法律的规定，我国侦查讯问的主体包括公安机关、监察委员会、人民检察院、国家安全机关、军队保卫部门、监狱、海关走私犯罪侦查部门以及中国海警局。除此以外，其他任何机关、团体和个人都无权进行侦查讯问。需要指出的是，虽然以上 8 个专门机关都有权进行侦查讯问，但是最为重要的侦查讯问者是公安机关。这是由公安机关是最主要的侦查机关所决定的。我国现行《刑事诉讼法》第 19 条第 1 款规定："刑事案件的侦查由公安机关进行，法律另有规定的除外。"在侦查过程中，公安机关讯问犯罪嫌疑人就是最常见的侦查手段。

第二，侦查讯问的对象是犯罪嫌疑人。侦查讯问是侦查主体依照法定程序以言词方式对犯罪嫌疑人进行查问的一种侦查活动，其对象必然是犯罪嫌疑人。过去，我国立法上在相当长的一段时间内将受到刑事追诉的人统称为"被告人"或"人犯"，这种称谓带有浓厚的有罪推定色彩，有违诉讼公正与文明。1996 年《刑事诉讼法》修改时在吸收无罪推定精神的基础上，将受到刑事追诉的人区分为犯罪嫌疑人和被告人。根据 1996 年《刑事诉讼法》第 33 条的规定，公诉案件中受刑事追诉的人在人民检察院向法院提起公诉以前称为"犯罪嫌疑人"，在人民检察院正式向法院提起公诉以后则称为"被告人"。[1]侦查讯问发生在侦查阶段，检察机关不可能向法院提起公诉，因此，侦查讯问的对象只能是犯罪嫌疑人。

第三，侦查讯问的内容是案件事实和其他与案件有关的事项。具体来说，主要包括以下几个方面的内容：一是犯罪嫌疑人的基本情况，根据公安部《规定》第 203 条第 3 款的规定，犯罪嫌疑人的基本情况包括"犯罪嫌疑人的姓名、别名、曾用名、出生年月日、户籍所在地、现住地、籍贯、出生地、民族、职业、文化程度、政治面貌、工作单位、家庭情况、社会经历，是否属于人大代表、政协委员，是否受过刑事处罚或者行政处理等情况"。[2]犯罪

---

〔1〕 1996 年《刑事诉讼法》第 33 条规定："公诉案件自案件移送审查起诉之日起，犯罪嫌疑人有权委托辩护人。自诉案件的被告人有权随时委托辩护人。人民检察院自收到移送审查起诉的案件材料之日起三日以内，应当告知犯罪嫌疑人有权委托辩护人。人民法院自受理自诉案件之日起三日以内，应当告知被告人有权委托辩护人。"

〔2〕 公安部《规定》第 203 条第 3 款规定："第一次讯问，应当问明犯罪嫌疑人的姓名、别名、曾用名、出生年月日、户籍所在地、现住地、籍贯、出生地、民族、职业、文化程度、政治面貌、工作单位、家庭情况、社会经历，是否属于人大代表、政协委员，是否受过刑事处罚或者行政处理等情况。"

嫌疑人的基本情况关涉犯罪嫌疑人是否需要承担刑事责任、如何联系犯罪嫌疑人家属等，因此在第一次讯问时就应当问明。二是具体的案件事实。为了查明案件事实，侦查人员在讯问中应当对犯罪嫌疑人的犯罪事实、动机、目的、手段，与犯罪有关的时间、地点，涉及的人、事、物等讯问清楚。根据现行《刑事诉讼法》第 120 条第 1 款的规定，侦查人员在讯问时，应当首先讯问犯罪嫌疑人是否有犯罪行为，然后让其回答。如果犯罪嫌疑人承认有犯罪行为，则让其供述经过和情节；如果犯罪嫌疑人否认有犯罪行为，则应让他作无罪的辩解。等犯罪嫌疑人供述或辩解完毕后，再就其供述或辩解中不清楚、不全面或者前后矛盾的地方向他提问。[1]

二、侦查讯问的法制化演进

在改革开放以前，我国没有制定刑事诉讼法典，关于侦查讯问的规定散见于《宪法》《人民检察院组织法》《中华人民共和国逮捕拘留条例》《中华人民共和国惩治贪污条例》等若干法律、法规中。侦查讯问制度的真正法治化，始于改革开放的社会主义法制建设过程，尤其是 1979 年《刑事诉讼法》的颁布，标志着我国侦查讯问制度正式立法化；而后在 1996 年《刑事诉讼法》第一次修改中侦查讯问制度得到进一步完善；经过 2012 年《刑事诉讼法》第二次修改以及 2018 年《刑事诉讼法》第三次修改，以人权保障为理念，侦查讯问制度进一步深化发展。

（一）侦查讯问制度的立法化

1978 年 12 月 18 日至 22 日，中国共产党十一届三中全会在北京召开。会议作出"把全党的工作重点转移到社会主义现代化建设上来"的战略决策，实现了新中国成立以来党的历史的伟大转折，标志着我国社会主义法制建设实现重大转折，进入新的时代。

在加强社会主义法制建设的背景下，1979 年 7 月 7 日我国《刑事诉讼法》通过并颁布，并于 1980 年 1 月 1 日起施行。1979 年《刑事诉讼法》第二编第二章"侦查"详细规定了侦查制度的具体内容，其中，对侦查讯问程序也作

---

　　〔1〕　现行《刑事诉讼法》第 120 条第 1 款规定："侦查人员在讯问犯罪嫌疑人的时候，应当首先讯问犯罪嫌疑人是否有犯罪行为，让他陈述有罪的情节或者无罪的辩解，然后向他提出问题。犯罪嫌疑人对侦查人员的提问，应当如实回答。但是对与本案无关的问题，有拒绝回答的权利。"

了明确的规定。第一，规定了侦查讯问的主体只能是人民检察院或公安机关的侦查人员。即第 62 条第 1 款规定："讯问被告人必须由人民检察院或者公安机关的侦查人员负责进行。讯问的时候，侦查人员不得少于二人。"第二，规定了侦查讯问的时间与地点，对于被拘留或被逮捕的犯罪嫌疑人，要求在拘留后或逮捕后 24 小时以内在看守所进行讯问（第 44 条、第 51 条）；对于不需要逮捕、拘留的被告人，则可以传唤到指定的地点或者到他的住处、所在单位进行讯问，但是应当出示人民检察院或者公安机关的证明文件（第 63 条）。第三，规定了侦查讯问的具体程序。具体有四：一是侦查讯问的步骤，要求"侦查人员在讯问被告人的时候，应当首先讯问被告人是否有犯罪行为，让他陈述有罪的情节或者无罪的辩解，然后向他提出问题"（第 64 条）。二是被讯问人应当如实回答义务，即要求"被告人对侦查人员的提问，应当如实回答。但是对与本案无关的问题，有拒绝回答的权利"（第 64 条）。三是讯问特殊对象的程序要求，即规定"讯问聋、哑的被告人，应当有通晓聋、哑手势的人参加，并且将这种情况记明笔录"（第 65 条）。四是讯问笔录的制作。即第 66 条规定："讯问笔录应当交被告人核对，对于没有阅读能力的，应当向他宣读。如果记载有遗漏或者差错，被告人可以提出补充或者改正。被告人承认笔录没有错误后，应当签名或者盖章。侦查人员也应当在笔录上签名。被告人请求自行书写供述的，应当准许。必要的时候，侦查人员也可以要被告人亲笔书写供词。"

毋庸置疑，这是我国第一次以立法形式较为详尽地规定了刑事案件侦查讯问程序的内容，尽管有的规定现在看来仍然存在不足，但是较之过去侦查讯问的内容缺乏法律规制的状况而言是一个很大的进步。

（二）侦查讯问制度的进一步完善

1979 年《刑事诉讼法》自实施以来，在惩罚犯罪、保障公民诉讼权利，推进改革开放和社会主义法制化建设发挥了重要作用。然而，进入 20 世纪 90 年代，社会发生了重大变化与发展，"社会生活情势的不断变化却要求法律根据其他社会利益的压力和种种危及安全的新形式不断作出新的调整"。[1]于是，1996 年迎来了《刑事诉讼法》的第一次修改。1996 年《刑事诉讼法》的修改是我国刑事诉讼制度和司法制度的重大改革，"是社会主义法制建设的一

---

〔1〕 ［美］罗斯科·庞德：《法律史解释》，邓正来译，中国法制出版社 2002 年版，第 2 页。

件大事，是加强依法治国、建设社会主义法制国家的一个重要成果"。〔1〕

1996 年《刑事诉讼法》修改涉及刑事诉讼的各个环节，其中，有关侦查讯问的内容包括：（1）增加了侦查讯问的主体，将国家安全机关、军队保卫部门以及监狱规定为侦查主体（第 4 条、第 225 条），上述侦查主体适用侦查讯问的相关规定。（2）对侦查讯问的地点进行了修改，由原来的"传唤到指定的地点或者到他的住处、所在单位进行讯问"改为"传唤到犯罪嫌疑人所在市、县内的指定地点或者到他的住处进行讯问，但是应当出示人民检察院或者公安机关的证明文件"（第 92 条）。（3）将侦查阶段被刑事追究的人的称谓由"被告人"改为"犯罪嫌疑人"（第 92 条）。（4）明确了传唤、拘传的时间，规定"传唤、拘传持续的时间最长不得超过十二小时。不得以连续传唤、拘传的形式变相拘禁犯罪嫌疑人"（第 92 条）。（5）增加了关于犯罪嫌疑人有权在侦查阶段聘请律师为其提供法律帮助的规定。即 1996 年《刑事诉讼法》第 96 条第 1 款规定："犯罪嫌疑人在被侦查机关第一次讯问后或者采取强制措施之日起，可以聘请律师为其提供法律咨询、代理申诉、控告。犯罪嫌疑人被逮捕的，聘请的律师可以为其申请取保候审。……"

随着 1996 年《刑事诉讼法》的颁布实施，为了使 1996 年《刑事诉讼法》的规定得到有效贯彻实施，最高人民法院、最高人民检察院、公安部等国家机关相继发布了一系列司法解释和法律文件，进一步细化了侦查讯问程序。其中，比较重要的司法解释和法律文件有：1998 年六机关《规定》、1998 年最高法《解释》、1999 年最高检《规则》以及 1998 年公安部《规定》。毋庸置疑，1996 年《刑事诉讼法》的修改以及嗣后司法解释与法律文件的出台，对保障侦查讯问制度的正确实施发挥重要作用。当然 1996 年《刑事诉讼法》关于侦查讯问制度的规定仍有问题没有解决，特别是犯罪嫌疑人"应当如实回答"的义务，需要《刑事诉讼法》再修改予以解决。

（三）人权保障背景下的侦查讯问制度改革

1996 年《刑事诉讼法》自实施以来，在司法实践中也发挥着重要作用。然而，司法实践中刑讯逼供和变相刑讯逼供的现象仍然较为严重，刑讯逼供导致了一些震惊全国的冤案错案，如杜培武案、佘祥林案、赵作海案等。因此，1996 年《刑事诉讼法》亟待再次修改。为了适应不断变化的社会发展需

---

〔1〕　参见王汉斌：《社会主义民主法制文集（下）》，中国民主法制出版社 2012 年版，第 523 页。

要，我国在 2012 年迎来了《刑事诉讼法》的第二次修改。2012 年《刑事诉讼法》再次修改时将"尊重和保障人权"写入立法，并以此为指导思想对侦查讯问制度进行了改革与完善，使侦查讯问制度向着法治化、文明化的方向发展。具体而言，2012 年《刑事诉讼法》涉及侦查讯问制度的内容包括以下两个方面：

一是进一步完善了侦查讯问的程序性规则。为了有效遏制刑讯逼供，保证侦查讯问程序的公正性，2012 年《刑事诉讼法》在 1996 年《刑事诉讼法》的基础上进一步完善了侦查讯问的程序性规则：第一，进一步完善了侦查讯问的地点，即规定犯罪嫌疑人被拘留后应当在 24 小时内送看守所（第 83 条第 2 款）。犯罪嫌疑人被送交看守所羁押以后，侦查人员对其进行讯问，应当在看守所内进行（第 116 条第 2 款）；对不需要逮捕、拘留的犯罪嫌疑人，可以传唤到犯罪嫌疑人所在市、县内的指定地点或者到他的住处进行讯问，但是应当出示人民检察院或者公安机关的证明文件。对在现场发现的犯罪嫌疑人，经出示工作证件，可以口头传唤，但应当在讯问笔录中注明（第 117 条第 1 款）。第二，进一步明确了讯问的时间限制，规定传唤、拘传持续的时间不得超过 12 小时；案情特别重大、复杂，需要采取拘留、逮捕措施的，传唤、拘传持续的时间不得超过 24 小时。不得以连续传唤、拘传的形式变相拘禁犯罪嫌疑人。传唤、拘传犯罪嫌疑人，应当保证犯罪嫌疑人的饮食和必要的休息时间（第 117 条第 2 款、第 3 款）。第三，明确规定了侦查机关的权利告知义务，规定了侦查人员在讯问犯罪嫌疑人的时候，应当告知犯罪嫌疑人如实供述自己罪行可以从宽处理的法律规定（第 118 条第 2 款）。第四，明确规定了讯问中的录音录像制度，规定侦查人员在讯问犯罪嫌疑人的时候，可以对讯问过程进行录音或者录像；对于可能判处无期徒刑、死刑的案件或者其他重大犯罪案件，应当对讯问过程进行录音或者录像。录音或者录像应当全程进行，保持完整性（第 121 条）。第五，对检察机关审查批捕程序中的讯问作了专门规定。即规定人民检察院审查批准逮捕，可以讯问犯罪嫌疑人；有下列情形之一的，应当讯问犯罪嫌疑人：（1）对是否符合逮捕条件有疑问的；（2）犯罪嫌疑人要求向检察人员当面陈述的；（3）侦查活动可能有重大违法行为的（第 86 条第 1 款）。

二是强化了犯罪嫌疑人在侦查讯问中的权利保障。第一，将犯罪嫌疑人获得律师辩护的时间往前延伸至侦查阶段。1996 年《刑事诉讼法》第 96 条虽然规定犯罪嫌疑人在侦查阶段可以聘请律师，且律师在侦查阶段可以提供法律咨询、代理申诉、控告、申请取保候审等法律帮助，但是没有赋予律师辩护人地位，因而辩护律师的其他诉讼权利无法在侦查阶段行使，导致犯罪嫌疑人在侦查阶段无法获得充分的法律帮助。2012 年《刑事诉讼法》明确了律师介入侦查阶段的辩护人地位，即规定"犯罪嫌疑人自被侦查机关第一次讯问或者采取强制措施之日起，有权委托辩护人；在侦查期间，只能委托律师作为辩护人"（第 33 条第 1 款）。这无疑对侦查讯问中犯罪嫌疑人的权利保障有重要意义。第二，明确规定了犯罪嫌疑人享有不被强迫证实自己有罪的特权。即第 50 条明确规定："严禁刑讯逼供和以威胁、引诱、欺骗以及其他非法方法收集证据，不得强迫任何人证实自己有罪。"第三，增设非法证据排除规则，明确规定了采用刑讯逼供等非法方法收集的犯罪嫌疑人供述应当予以排除，不得作为起诉意见、起诉决定和判决的依据（第 54 条）。

2012 年《刑事诉讼法》修改后，有关的司法解释及法律文件也随之作出修订，并对侦查讯问程序作出进一步细化的规定。这些修订的司法解释及法律文件主要包括：六机关《规定》、2012 年最高法《解释》、2012 年最高检《规则》、2012 年公安部《规定》以及两院二部《法律援助规定》。毋庸置疑，2012 年《刑事诉讼法》修改坚持惩罚犯罪与保障人权并重理念，着力解决司法实践中存在的突出问题，使刑事诉讼法制建设取得了重大的进步。[1]侦查讯问程序的改革和完善都体现了保障人权的理念追求。比如，完善了辩护制度，使犯罪嫌疑人获得律师辩护的时间推前至侦查阶段；规定了"不得强迫任何人证实自己有罪"特权；增设非法证据排除规则以遏制刑讯逼供；等等，这些新的规定使我国侦查讯问制度保障人权的力度提升至一个新的高度。

需要指出的是，尽管 2018 年修改《刑事诉讼法》并没有将侦查制度作为重点修改的领域，但是随着认罪认罚从宽作为一项基本原则和具体制度被写入刑事诉讼法，为了在不同阶段适用认罪认罚从宽制度，也增加了侦查阶段适用认罪认罚从宽制度的具体要求。如为了保证认罪认罚的自愿性、真实性，增加了侦查人员讯问犯罪嫌疑人时的告知义务，即现行《刑事诉讼法》第120 条第 2 款规定："侦查人员在讯问犯罪嫌疑人的时候，应当告知犯罪嫌疑

---

〔1〕　参见陈光中、曾新华、刘林呐："刑事诉讼法制建设的重大进步"，载《清华法学》2012 年第 3 期。

人享有的诉讼权利，如实供述自己罪行可以从宽处理和认罪认罚的法律规定。"同时，为了鼓励犯罪嫌疑人认罪认罚，增加侦查机关对符合特定条件的案件作出撤销案件的处理。[1]而后于2020年修订的公安部《规定》则对讯问犯罪嫌疑人的地点作了进一步的细化规定。根据公安部《规定》第198条之规定，侦查人员讯问犯罪嫌疑人的地点一般在执法办案场所的讯问室进行，但符合特定条件的情况下可在现场、犯罪嫌疑人住处或者就诊的医疗机构、看守所讯问室、刑罚执行场所等进行讯问。[2]这无疑对促进侦查讯问制度的发展大有裨益。

三、侦查讯问制度的完善

应当承认，2012年和2018年《刑事诉讼法》两次修改及公安部《规定》的修订在侦查讯问制度的完善上取得了重大进步，但仍然存在某些不足与问题，如"如实回答"义务问题、讯问时律师在场权问题、侦查阶段的非法证据排除程序缺失问题等。立足于新一轮的司法改革背景，应当采取措施以进一步完善侦查讯问制度。笔者就侦查讯问制度改革与完善着重探讨以下几个问题。

（一）构建侦查讯问时律师在场权

侦查讯问时律师在场权是指在侦查阶段，侦查人员讯问犯罪嫌疑人时，律师有权在场，即"侦讯在场权"。[3]侦查讯问时律师在场，可以缓和犯罪嫌疑人在接受讯问时的紧张情绪和压力，避免犯罪嫌疑人在紧张或受到压力的情况下作出供述，保证供述任意性；同时也有助于规范讯问人员的行为，有效遏制刑讯逼供等。

---

〔1〕 现行《刑事诉讼法》第182条第1款规定："犯罪嫌疑人自愿如实供述涉嫌犯罪的事实，有重大立功或者案件涉及国家重大利益的，经最高人民检察院核准，公安机关可以撤销案件，人民检察院可以作出不起诉决定，也可以对涉嫌数罪中的一项或者多项不起诉。"

〔2〕 公安部《规定》第198条规定："讯问犯罪嫌疑人，除下列情形以外，应当在公安机关执法办案场所的讯问室进行：（一）紧急情况下在现场进行讯问的；（二）对有严重伤病或者残疾、行动不便的，以及正在怀孕的犯罪嫌疑人，在其住处或者就诊的医疗机构进行讯问的。对于已送交看守所羁押的犯罪嫌疑人，应当在看守所讯问室进行讯问。对于正在被执行行政拘留、强制隔离戒毒的人员以及正在监狱服刑的罪犯，可以在其执行场所进行讯问。对于不需要拘留、逮捕的犯罪嫌疑人，经办案部门负责人批准，可以传唤到犯罪嫌疑人所在市、县公安机关执法办案场所或者到他的住处进行讯问。"

〔3〕 参见汪海燕：《刑事诉讼法律移植研究》，中国政法大学出版社2015年版，第187页。

　　过去，在是否应当建立侦查讯问时律师在场权制度的问题上，学界存在较大分歧。有学者担心律师在讯问时在场会影响诉讼效率，妨碍侦查，加之讯问时律师在场权遏制刑讯逼供之功效可由非法证据排除规则等措施实现，故认为不宜建立讯问时律师在场制度。[1]这种担心虽有一定的合理性，但是有失偏颇。诚然，从功能实现的角度来看，非法证据排除规则似乎可以替代侦查讯问时律师在场权对遏制刑讯逼供发挥重要作用，因为刑讯逼供获得的供述不得作为定案的依据，这也是我国近年来不断完善非法证据排除规则的重要动因。然而，对二者不能如此简单地作功能对比。探寻讯问时律师在场权与非法证据排除规则的关系，必须回到这两种制度的设立主旨上。我们知道，非法证据排除规则的设立旨在通过事后对非法取得的证据予以排除来震慑侦查机关，促使其不敢非法取证，从而起到遏制刑讯逼供的作用。然而，与之不同的是，侦查讯问时律师在场权是律师在侦查人员对犯罪嫌疑人进行讯问时亲自在场，是在讯问过程中避免刑讯的发生。更为重要的是，赋予律师侦查讯问时在场权，能够使犯罪嫌疑人因为有律师在身边帮助而感到心里踏实，从而有效缓和心里的恐惧与压力，这显然是非法证据排除规则所替代不了的。因此，我国刑事诉讼法应当建立讯问时律师在场权。

　　放眼域外，现代法治国家在确立非法证据排除规则的同时，也并不排斥建立讯问时律师在场权。比如，在美国，联邦最高法院在 1914 年确立非法证据排除规则之后，又于 1936 年的布朗诉密西西比州（Brown v. Mississippi）案中确立了律师在场权，并于 1966 年的米兰达诉亚利桑那州（Miranda v. Arizona）案的判决中将之上升为全国适用的规定。[2]又如，在意大利，在 1988 年《刑事诉讼法》修改时确立了律师在场权制度。根据意大利《刑事诉讼法》的规定，无论是司法警察还是检察官在没有律师在场的情况下对被追诉人进行讯问所得的任何供述在任何阶段均不得作为证据。[3]回视我国，当前司法改革已经为我国建立讯问时律师在场权提供了理念基础与规则支撑。从理念基础来看，"尊重和保障人权"条款不仅被写入《宪法》，同时也被写

─────────────────

　　[1] 参见宋英辉主编：《刑事诉讼法学研究述评（1978-2008）》，北京师范大学出版社 2009 年版，第 179 页。

　　[2] See Mascolo, Edward Gregory, "Miranda v. Arizona Revisited and Expanded: No Custodial Interrogation Without the Presence of Counsel", *Conn. B. J.*, Vol. 68, 1994, p. 305.

　　[3] 参见汪海燕：《刑事诉讼法律移植研究》，中国政法大学出版社 2015 年版，第 188 页。

入了现行《刑事诉讼法》，成为一项重要的宪法原则与刑事诉讼基本原则。从规则支撑的角度来看，按照现行《刑事诉讼法》的规定，律师在侦查阶段已经具有辩护人身份，这为其在场提供了权利来源。而且，值班律师制度的建立为讯问时律师在场权提供了人力支持。

那么，需要进一步追问的是，应当如何构建我国侦查讯问时律师在场权呢？笔者认为，构建侦查讯问时律师在场权宜采取循序渐进的方式进行。具体而言，现阶段可以将律师在场的案件范围限定在未成年人犯罪案件以及被告人可能判处 10 年以上有期徒刑、无期徒刑、死刑的案件。[1] 在这些案件中，侦查人员讯问犯罪嫌疑人时，允许律师在场，并就侦查人员的讯问提出意见。需要指出的是，这里的律师既包括具有辩护人身份的辩护律师，也包括值班律师。辩护律师因为行使辩护权的需要，其在场正当性自不待言。而在犯罪嫌疑人没有聘请辩护律师的情况下允许值班律师在场帮助犯罪嫌疑人，这是维护犯罪嫌疑人合法权益的需要。

（二）进一步完善侦查阶段的非法证据排除程序

非法证据排除规则体现了程序人权保障价值，对于严防刑讯逼供，保障犯罪嫌疑人的合法权益有重要意义。我国 2012 年《刑事诉讼法》修改以立法形式确立非法证据排除规则，嗣后一系列司法解释更是对非法证据排除规则进行细化与完善，但是我国现行非法证据排除规则及其实施仍存在问题。从规范侦查讯问程序，保障犯罪嫌疑人诉讼权利的角度来看，进一步扩大非法证据排除规则的范围、正确理解辩方申请非法证据排除时提供相关线索或材料的性质等是重要措施，对于这些，本书第四章已有详述，此处不赘。此处只对侦查阶段非法证据排除程序的完善进行讨论。根据现行《刑事诉讼法》第 56 条的规定，非法证据排除规则适用于侦查阶段、审查起诉阶段以及审判阶段。因此，在上述三个阶段应当相应地设立非法证据排除程序。应当说，审查起诉阶段与审判阶段的排除程序在相关司法解释中已有规定，但是侦查阶段的排除程序却没有明确规定。这不得不说是一个遗憾。毋庸讳言，侦查阶段非法取得的犯罪嫌疑人供述在审查起诉阶段乃至审判阶段也可以排除，但是侦查阶段作为维护犯罪嫌疑人合法权益的第一道关卡，更应当严把关口，完善程序。因此，应当构建侦查阶段的非法证据排除程序。值得注意的是，

---

〔1〕 参见汪海燕：《刑事诉讼法律移植研究》，中国政法大学出版社 2015 年版，第 191 页。

2017年6月两院三部《严格排除非法证据规定》已经注意到此问题，不仅规定了侦查阶段的排除主体为检察机关，而且规定了侦查阶段排除程序的启动方式包括依申请启动和依职权启动两种方式。[1]因此，应当在下一次修改《刑事诉讼法》时加以吸收并进一步细化，写入法典。

（三）"应当如实回答"规定的删除问题

"不得强迫任何人证实自己有罪"特权已经在我国正式确立。毋庸置疑，在立法上确立不得强迫任何证实自己有罪的规定，可以"从制度上进一步遏制刑讯逼供和其他非法收集证据的行为，维护司法公正和刑事诉讼参与人的合法权利"。[2]需要指出的是，2012年《刑事诉讼法》在确立"不得强迫任何人证实自己有罪"特权的同时，保留了1996年《刑事诉讼法》关于"犯罪嫌疑人对侦查人员的提问，应当如实回答"的规定（现行《刑事诉讼法》第120条）。学界对二者能否同时规定在现行《刑事诉讼法》中产生了较大争议。立法部门有关负责人认为，"不得强迫任何人证实自己有罪，这是我们刑事诉讼法一贯坚持的精神""如实回答是从另外一个层面，从另外一个角度规定的"与"不得强迫任何人证实自己有罪"并不矛盾。[3]而有学者则明确指出，将"不得强迫自证其罪"和"如实陈述条款"并行是很滑稽的，"只要还保留如实供述的条款，在实质上就没有改变"。[4]

笔者认为，"不得强迫任何人证实自己有罪"与"应当如实回答"存在不协调之处。"不得强迫任何人证实自己有罪"禁止侦查人员以胁迫、威胁等非法方法迫使被讯问人违背意愿作出供述，即保障被讯问人供述的自愿性。

---

〔1〕　两院三部《严格排除非法证据规定》第14条规定："犯罪嫌疑人及其辩护人在侦查期间可以向人民检察院申请排除非法证据。对犯罪嫌疑人及其辩护人提供相关线索或者材料的，人民检察院应当调查核实。调查结论应当书面告知犯罪嫌疑人及其辩护人。对确有以非法方法收集证据情形的，人民检察院应当向侦查机关提出纠正意见。侦查机关对审查认定的非法证据，应当予以排除，不得作为提请批准逮捕、移送审查起诉的根据。对重大案件，人民检察院驻看守所检察人员应当在侦查终结前询问犯罪嫌疑人，核查是否存在刑讯逼供、非法取证情形，并同步录音录像。经核查，确有刑讯逼供、非法取证情形的，侦查机关应当及时排除非法证据，不得作为提请批准逮捕、移送审查起诉的根据。"

〔2〕　参见王兆国："关于《中华人民共和国刑事诉讼法修正案（草案）》的说明"，载http://www.npc.gov.cn/wxzl/gongbao/2012-05/29/content_1728283.htm，最后访问日期：2018年4月29日。

〔3〕　参见郎胜："'不得强迫任何人证实自己有罪'与'应当如实回答'不矛盾"，载http://legal.people.com.cn/GB/17332533.html，最后访问日期：2018年4月29日。

〔4〕　参见"对话陈光中：公检法全不赞成'沉默权'入法"，载http://legal.people.com.cn/GB/15688377.html，最后访问日期：2018年4月29日。

然而，"应当如实回答"要求犯罪嫌疑人、被告人在被讯问时不仅应当"回答"，而且应当"如实回答"，这意味着犯罪嫌疑人对侦查人员的提问没有不回答的自由，相反，更是有回答的义务。更为重要的是，犯罪嫌疑人的回答义务还必须"如实回答"，而如实回答的内容有可能会"证实自己有罪"，这显然带有"强迫性"地要求犯罪嫌疑人"证实自己有罪"之嫌，明显与"不得强迫任何人证实自己有罪"精神内核冲突。倘若将二者同时规定在现行《刑事诉讼法》中，只会导致本来就缺乏机制保障的"不得强迫任何人证实自己有罪"规定在很大程度上流于形式，无法发挥其真正作用。从我国民主法治的发展趋势来看，应当删除"应当如实回答"之规定。

第四节　技术侦查措施

一、科技高度发展背景下侦查方式的演进

技术侦查措施不是从来就有的，而是社会发展到一定阶段，尤其是科学技术高度发展的产物。在我国，传统的刑事侦查属于调查型侦查模式，侦查方式主要表现为人力调查、强制讯问、线人揭发、勘验现场、物证技术取证等，在处理证据和认定案件事实上主要借助于身体感官和部分物证技术。[1]随着科学技术发展日新月异，尤其是互联网技术的发展，科学技术已经渗透到社会各个传统行业，推动着社会生活的全面进步，同时也给刑事犯罪提供了延伸的新空间。犯罪分子利用高科技手段炮制出新的犯罪手段和方法，大大增加了犯罪的社会危害性。正如美国国家科学研究院指出："现代窃贼使用计算机偷的东西远比使用手枪抢的东西多得多。同样，未来的恐怖分子使用键盘造成的损害远比使用炸弹造成的损害大得多。"[2]由于借助了高科技，许多犯罪具有较高的技术含量和较大的隐蔽性，传统的侦查模式已难以适应新型互联网犯罪案件侦查对信息技术的需要。一方面，新型犯罪已经超越了单一的现实时空，呈现出虚拟与现实空间交织，甚至表现为网络犯罪的趋势，

---

〔1〕参见韩德明："信息化背景下侦查权范式的要素系谱"，载《中国人民公安大学学报》（社会科学版）2016年第4期。

〔2〕See System Security Study Committee, *Computer at Riks: Safe Computing in the Information age*, National Academies Press, 1990, p. 7. 转引自陈永生："计算机网络犯罪对刑事诉讼的挑战与制度应对"，载《法律科学》（西北政法大学学报）2014年第3期。

传统的调查型侦查模式已难以适应科技高度发展所带来的复杂犯罪趋势。另
一方面，科技高度发展下案件呈现手段科技化、隐蔽性强等特点，已经突破
了传统侦查模式的承载能力，刑事案件数量、技术含量、隐蔽程度的提升大
大增加了侦查破案的难度。因此，为了解决传统侦查方式所面临的窘境，适
应科技时代带来的新挑战，必须构建新型的侦查方式，以应对复杂多变的犯
罪带来的挑战。放眼域外，不同程度地采用技术侦查成为诸多现代法治国家
的选择。在美国，随着科技高度发展，面对越来越复杂的犯罪现象，技术侦
查手段在刑事侦查中越发深入。需要指出的是，美国刑事侦查中的技术侦查
大致分为通讯监控、有形监控和业务记录监控三类。其中，通讯监控是对包
括使用电子媒介在内的一些手段进行的电子通讯的同步监控，如电话监听、
电子邮件的监控等。在英国，为了有效打击网络犯罪，英国警察越来越重视
社交网络监视。在英国警察看来，从掌握的社交网站和以互联网上收集到的
数据绘制的社交网络图中获取有用的情报，是警方侦查破案的一种重要战略
资源和手段。英国警察就通过推特和黑莓手机短信等获取了骚乱分子准备攻
击伦敦奥运场馆及伦敦牛津大街等情报，并根据此信息提前安排了警力，成
功阻止了骚乱分子的破坏活动。在德国，为了加强对网络犯罪的打击，德国
政府安全部门开始使用一款被指控含有非法窃听功能的间谍软件进行网络电
话监听。根据德国法律相关规定，警方在握有具体侦查线索的前提下，可以
给犯罪嫌疑人的计算机发送"木马"间谍程序，监控犯罪嫌疑人的电邮往来，
监听犯罪嫌疑人用网络电话通话的内容，阅读嫌疑人在网络聊天室的聊天记
录。[1]在印度，为了有效应对互联网发展带来的挑战，由印度政府资助成立
了先进的手机取证中心，其中，高级计算机开发中心即为先锋代表。该中心
开发一套手机取证的硬件设备和软件，帮助调查人员调查网络犯罪，分析犯
罪现场的数字证据等。有的邦在与高级计算机开发中心建立合作关系后，已
经成立了经过充分训练的高科技犯罪调查组，专门负责调查与手机和网络有
关的高科技犯罪。[2]

　　由此可以看出来，随着科技的高度发展，科学技术全面渗入刑事诉讼中，

---

〔1〕　参见赵志巍、李翠翠："国外计算机网络犯罪侦查技术概述"，载《中国安防》2016 年第 3
期。

〔2〕　参见赵志巍、李翠翠："国外计算机网络犯罪侦查技术概述"，载《中国安防》2016 年第 3
期。

常规侦查向技术侦查演进，技术侦查在世界各国司法实践中已成为一种重要的侦查方式。

二、我国技术侦查措施的法制化

从历史的维度来看，技术侦查措施写入我国刑事诉讼法并非一蹴而就，而是经历了曲折迂回之路。这种曲折迂回之路当然根植于我国的特定环境。从技术侦查措施的发展路径来看，技术侦查措施的适用主体经历由公安机关向检察机关、国家安全机关、监察机关扩展的过程，其法制化也是通过内部文件或通知的不断积累而在立法上正式确定下来。

自改革开放以来，为了有效打击重大犯罪，我国刑事侦查活动开始重视技术侦查措施在这些案件中的运用，并率先在公安部的内部文件中规定了技术侦查措施。第一次明确规定技术侦查措施的文件是 1980 年公安部下发的第 99 号文件《关于在侦查破案中充分运用各种技术手段的通知》。该通知明确指出："为了加强同重大刑事犯罪分子的斗争，这些技侦手段，按规定的手续批准，可以用于刑事侦查活动。"而后，1984 年召开的全国刑侦工作会议就技术侦查问题提出了进一步的要求："技术侦查手段的管理，采取集中与分散相结合的办法，邮件和固定阵地的侦听、监视仍由侦查技术机构负责；流动的麦侦、话侦、监视、密取等手段，由侦查部门掌握使用。"[1]根据此会议的要求，随后公安部于 1985 年制定的《公安部关于技术侦察手段的使用原则和管理办法的暂行规定》比较详细地规定了技术侦查手段的适用对象、审批程序以及管理制度等，即规定技术侦查主要适用于对敌斗争和侦办危害国家安全的案件，同时也可以适用于其他重大刑事、经济犯罪案件。[2]由此可以看出来，最初技术侦查措施只能由公安部来予以适用，且适用依据只是部门内部文件。

随着经济犯罪问题的突出，尤其是贪污贿赂犯罪案件愈发严重，为了有效打击此类职务犯罪，技术侦查措施只能从公安机关适用扩展至检察机关也可以适用。最高人民检察院和公安部于 1989 年联合颁布的《关于公安机关协

---

〔1〕 郑晓均主编：《侦查策略与措施》，法律出版社 2010 年版，第 253 页。

〔2〕 参见解芳："我国技侦工作立法问题研究"，载郝宏奎主编：《侦查论坛》（第一卷），中国人民公安大学出版社 2002 年版，第 338~341 页。

助人民检察院对重大经济案件使用技侦手段有关问题的通知》明确规定："对经济犯罪案件，一般不要使用技侦手段。对于极少数重大经济犯罪案件，主要是贪污贿赂案件和重大的经济犯罪嫌疑分子，必须使用技术侦查手段的，要十分慎重地经过严格审批手续后，由公安机关协助使用。"〔1〕据此，我国检察机关在对极少数重大经济犯罪案件的侦查过程中，可以使用技术侦查措施。至此，公安机关与检察机关在侦办重大犯罪案件中均可以使用技术侦查措施。

需要指出的是，虽然技术侦查措施在公安机关与检察机关侦办重大犯罪案件时均可以使用，并被写入内部文件或通知中，但规定过于原则，加之内部文件或通知作为使用依据缺乏正当性，因此技术侦查措施亟待法律进行规制。鉴于此，1993 年通过的《国家安全法》首次以立法的形式明确规定了技术侦查措施。〔2〕《国家安全法》第 10 条规定："国家安全机关因侦察危害国家安全行为的需要，根据国家有关规定，经过严格的批准手续，可以采取技术侦察措施。"第 33 条规定："公安机关依照本法第二条第二款的规定，执行国家安全工作任务时，适用本法有关规定。"1995 年通过的《人民警察法》进一步明确了公安机关采取技术侦查措施的权限。即第 16 条规定："公安机关因侦查犯罪的需要，根据国家有关规定，经过严格的批准手续，可以采取技术侦察措施。"需要指出的是，尽管技术侦查措施被写入立法，但是规定过于原则，对技术侦查措施的程序性规定等付诸阙如，无法满足司法实践的需要。为了有效解决技术侦查措施的程序规范问题，公安部于 2000 年制定了《公安部关于技术侦察工作的规定》，明确规定了技术侦查的适用对象、审判程序、法律责任、装备与技术建设、机构和队伍管理等问题，成为此后指导和规范技术侦查工作最为重要的一步法规性文件。〔3〕然而，由于这一规定并非法律规范本身，权威性天然不足，根据该规定所收集到证据资料往往需要经过"转化"才能作为定案的依据，这无疑不利于对重大犯罪的打击，也不

---

〔1〕　参见刘方权："突破与缺憾：技术侦查制度评析"，载《四川警察学院学报》2012 年第 6 期。

〔2〕　2014 年 11 月 1 日第十二届全国人民代表大会常务委员会第十一次会议通过《反间谍法》，以此取代了 1993 年 2 月 22 日第七届全国人民代表大会常务委员会第三十次会议通过的《国家安全法》。现行《国家安全法》是 2015 年 7 月 1 日，第十二届全国人民代表大会常务委员会第十五次会议通过，且由中华人民共和国主席令第 29 号公布的。

〔3〕　参见解芳："我国技侦工作立法问题研究"，载郝宏奎主编：《侦查论坛》（第一卷），中国人民公安大学出版社 2002 年版，第 338~341 页。

利于法治建设的推进。

随着腐败犯罪现象愈益严重，为了有效打击腐败犯罪，我国分别于2003年和2005年签署并批准了联合国《打击跨国犯罪公约》、联合国《反腐败公约》两个国际公约。联合国《打击跨国犯罪公约》明确规定了控制下交付、电子监控、特工行为等技术侦查手段，即第20条第1款规定："各缔约国均应在其本国法律基本原则许可的情况下，视可能并根据本国法律所规定的条件采取必要措施，允许其主管当局在其境内适当使用控制下交付并在其认为适当的情况下使用其他特殊侦查手段，如电子或其他形式的监视和特工行动，以有效地打击有组织犯罪。"联合国《反腐败公约》第50条第1款同样作了类似的规定。[1]毋庸置疑，这两个国际公约的签署及批准，有力地推动了我国技术侦查措施的立法进程。

针对新时期腐败犯罪持续上升的趋势，[2]2012年《刑事诉讼法》修改时正式将技术侦查措施写入法典。2012年《刑事诉讼法》在第二编第二章中增设第八节"技术侦查措施"，以5个法条明确规定了技术侦查措施，不仅明确规定了技术侦查措施的适用主体与适用案件范围，而且对技术侦查措施的适用程序、证据使用要求、审批程序等作了明确规定。2012年《刑事诉讼法》还对公安机关的秘密侦查和控制下交付作出了明确规定，即第151条（现行《刑事诉讼法》第153条——笔者注）规定："为了查明案情，在必要的时候，经公安机关负责人决定，可以由有关人员隐匿其身份实施侦查。但是，不得诱使他人犯罪，不得采用可能危害公共安全或者发生重大人身危险的方法。对涉及给付毒品等违禁品或者财物的犯罪活动，公安机关根据侦查犯罪的需要，可以依照规定实施控制下交付。"毫无疑问，这是我国刑事立法第一次将技术侦查措施纳入法治轨道，具有突破性的重要意义。一方面，进一步细化

---

〔1〕 联合国《反腐败公约》第50条第1款规定："为有效地打击腐败，各缔约国均应当在其本国法律制度基本原则许可的范围内并根据本国法律规定的条件在其力所能及的情况下采取必要措施，允许其主管机关在其领域内酌情使用控制下交付和在其认为适当时使用诸如电子或者其他监视形式和特工行动等其他特殊侦查手段，并允许法庭采信由这些手段产生的证据。"

〔2〕 近年来，腐败犯罪案件呈持续上升的趋势。据官方统计数据显示，2011年全国检察机关立案侦查各类职务犯罪案件32 909件44 085人，同比分别增加1.4%和6.1%。其中，立案侦查贪污贿赂大案18 224件，同比增加0.2%；查办涉嫌犯罪的县处级以上国家工作人员2723人（含厅局级188人、省部级6人），同比增加2%。参见"最高人民检察院工作报告——二〇一一年在第十一届全国人民代表大会第四次会议上"，载《人民日报》2011年3月20日，第2版。

原有技术侦查措施的适用程序，使技术侦查措施的适用更具可操作性。另一方面，在技术侦查措施已经成为世界法治国家以及联合国公约认可的侦查措施的背景下，写入刑事诉讼法典有利于我国刑事立法、司法与世界通行做法相融合与衔接。

需要指出的是，为了深化国家监察体制改革，加强对行使公权力的公职人员的监督，实现国家监察全面覆盖，深入开展反腐败工作，2018 年修正后的《宪法》正式确立了监察权在国家权力结构与体系中的宪法地位，同年 3 月，《监察法》颁布，从而将党的十八届六中全会确定、十九大进一步提出的反腐败体制改革的顶层设计与重大决策通过立法程序予以固定。毋庸置疑，《宪法》的修正以及《监察法》的制定，对于构建集中统一、权威高效的中国特色监察体系，实现改革与立法的衔接而言意义重大、影响深远。按照《监察法》的规定，公职人员职务犯罪的调查权归于监察委员会，监察机关对 6 大类行使公权力的公职人员与有关人员的职务犯罪行为进行调查。[1]与之相适应，原来属于检察机关的技术侦查权也一并转隶至监察机关，赋予监察机关技术调查的权利，[2]即《监察法》第 28 条规定："监察机关调查涉嫌重大贪污贿赂等职务犯罪，根据需要，经过严格的批准手续，可以采取技术调查措施，按照规定交有关机关执行。批准决定应当明确采取技术调查措施的种类和适用对象，自签发之日起三个月以内有效；对于复杂、疑难案件，期限届满仍有必要继续采取技术调查措施的，经过批准，有效期可以延长，每次不得超过三个月。对于不需要继续采取技术调查措施的，应当及时解除。"这无疑为反腐败工作的顺利开展提供了重要保障。

三、技术侦查措施的完善

我国现行《刑事诉讼法》以五个条款对技术侦查措施作了专门规定。由

---

〔1〕《监察法》第 15 条规定："监察机关对下列公职人员和有关人员进行监察：（一）中国共产党机关、人民代表大会及其常务委员会机关、人民政府、监察委员会、人民法院、人民检察院、中国人民政治协商会议各级委员会机关、民主党派机关和工商业联合会机关的公务员，以及参照《中华人民共和国公务员法》管理的人员；（二）法律、法规授权或者受国家机关依法委托管理公共事务的组织中从事公务的人员；（三）国有企业管理人员；（四）公办的教育、科研、文化、医疗卫生、体育等单位中从事管理的人员；（五）基层群众性自治组织中从事管理的人员；（六）其他依法履行公职的人员。"

〔2〕关于技术侦查与技术调查的关系，如本章第二节所述，尽管《监察法》使用"调查"一词，但从性质上与"侦查"无异，因此，此处也一并讨论。

于技术侦查措施要采取一定科学技术手段，往往具有科技性、隐秘性，这对于打击同样高度依赖科技手段的网络犯罪而言无疑具有重要意义。然而，从现行规定来看，我国的技术侦查措施仍然存在问题，主要表现为适用案件范围过于狭窄、适用条件过于原则、操作性不强，且在适用过程中存在侵犯诉讼权利之虞等。为了有效打击网络犯罪等高科技犯罪，应当采取有效措施进一步完善技术侦查措施。

第一，进一步扩大技术侦查措施的适用案件范围。2012 年修订《刑事诉讼法》时旨在确认实践中已经存在的技术侦查措施，明确授予侦查机关在刑事诉讼中采取技术侦查措施的权力。《监察法》将技术调查措施扩展至监察机关调查的案件中。根据现行《刑事诉讼法》第 150 条和《监察法》第 28 条之规定，技术侦查（调查）措施限制适用于以下四种情形的案件中：一是公安机关负责侦查的"危害国家安全犯罪、恐怖活动犯罪、黑社会性质的组织犯罪、重大毒品犯罪或者其他严重危害社会的犯罪案件"；二是检察机关负责侦查的"利用职权实施的严重侵犯公民人身权利的重大犯罪案件"；三是案件中涉及"追捕被通缉或者批准、决定逮捕的在逃的犯罪嫌疑人、被告人"的案件；[1]四是监察机关负责立案调查的"涉嫌重大贪污贿赂等职务犯罪"。由此可以看出来，网络犯罪并没有被纳入可以采用技术侦查措施的案件范围之内，这显然失之偏颇，因为网络犯罪隐蔽性很高，不借助技术侦查措施往往很难侦破。网络诈骗案件就是典型的必须采用技术侦查措施才能有效侦破的样板案例。在网络诈骗案件中，犯罪主体与受害人并没有接触，加之犯罪主体往往通过网络远程操作，以临时注册 QQ 号等方式实施犯罪，隐蔽性极强，且在作案后往往销毁相关网上证据。这种情况下倘若不采用技术侦查措施，则很难确定犯罪嫌疑人，遑论收集犯罪证据。因此，应当扩大技术侦查措施的适用案件范围，将网络犯罪纳入技术侦查措施的适用范围。需要指出的是，公安部已经注意到技术侦查措施对于打击网络犯罪的重要性，在公安部《规

---

〔1〕 现行《刑事诉讼法》第 150 条规定："公安机关在立案后，对于危害国家安全犯罪、恐怖活动犯罪、黑社会性质的组织犯罪、重大毒品犯罪或者其他严重危害社会的犯罪案件，根据侦查犯罪的需要，经过严格的批准手续，可以采取技术侦查措施。人民检察院在立案后，对于利用职权实施的严重侵犯公民人身权利的重大犯罪案件，根据侦查犯罪的需要，经过严格的批准手续，可以采取技术侦查措施，按照规定交有关机关执行。追捕被通缉或者批准、决定逮捕的在逃的犯罪嫌疑人、被告人，经过批准，可以采取追捕所必需的技术侦查措施。"

定》中不仅将技术侦查措施的适用范围扩展至严重暴力犯罪案件、集团性、系列性、跨区域性重大犯罪案件、依法可能判处 7 年以上有期徒刑的案件，而且明确将网络犯罪纳入技术侦查措施的适用范围。[1]可以说，这在很大程度上弥补了立法上对于技术侦查措施适用案件范围上的不足，有利于提高公安机关侦查网络犯罪以及其他重大犯罪案件的能力。但是，公安部《规定》并非《刑事诉讼法》立法，加之其只在公安机关内部适用，而不适用于检察机关、走私犯罪侦查部门等。因此，笔者建议，可借鉴公安部《规定》的具体规定，将网络犯罪以及其他重大犯罪案件可适用技术侦查措施的规定写入现行《刑事诉讼法》。

第二，进一步细化技术侦查措施的适用条件。根据现行《刑事诉讼法》第 150 条的规定，对于可以适用技术侦查措施的案件，其适用技术侦查措施的条件是"根据侦查犯罪的需要"且"经过严格的批准手续"。"侦查犯罪的需要"与"严格的批准手续"从用语上来看是较为原则的表述，何谓"侦查犯罪的需要"？怎样的批准手续才是严格的手续？对这些问题的回答，很有可能会言人人殊，这必然导致在适用上难以准确把握，不利于技术侦查措施的有效实施。尽管有关法律文件对技术侦查措施的适用条件有所细化，如公安部《规定》细化了技术侦查措施的批准程序，要求采取技术侦查措施须"报设区的市一级以上公安机关负责人批准"（第 265 条）。[2]然而，现行规定仍存在较多问题。其一，根据公安部《规定》第 265 条之规定，仅县（区）公安机关侦查的案件必须报请上一级公安机关批准，而设区的市级以上的公安机关负责侦查的案件只需自行决定即可，仍然缺乏监督。其二，尽管公安部《规定》在不同程度上对技术侦查措施的适用条件作进一步细化，但这些规定

---

〔1〕 公安部《规定》第 263 条规定："公安机关在立案后，根据侦查犯罪的需要，可以对下列严重危害社会的犯罪案件采取技术侦查措施：（一）危害国家安全犯罪、恐怖活动犯罪、黑社会性质的组织犯罪、重大毒品犯罪案件；（二）故意杀人、故意伤害致人重伤或者死亡、强奸、抢劫、绑架、放火、爆炸、投放危险物质等严重暴力犯罪案件；（三）集团性、系列性、跨区域性重大犯罪案件；（四）利用电信、计算机网络、寄递渠道等实施的重大犯罪案件，以及针对计算机网络实施的重大犯罪案件；（五）其他严重危害社会的犯罪案件，依法可能判处七年以上有期徒刑的。公安机关追捕被通缉或者批准、决定逮捕的在逃的犯罪嫌疑人、被告人，可以采取追捕所必需的技术侦查措施。"

〔2〕 公安部《规定》第 265 条规定："需要采取技术侦查措施的，应当制作呈请采取技术侦查措施报告书，报设区的市一级以上公安机关负责人批准，制作采取技术侦查措施决定书。人民检察院等部门决定采取技术侦查措施，交公安机关执行的，由设区的市一级以上公安机关按照规定办理相关手续后，交负责技术侦查的部门执行，并将执行情况通知人民检察院等部门。"

只能适用于公安机关，并非同时在公安机关与检察院适用。因此，有必要通过立法进一步细化技术侦查措施的适用条件。具体而言，可参照公安部《规定》，对于适用技术侦查措施的案件，只有报请上一级公安机关负责人批准，才能适用技术侦查措施。此外，应当将此规定写入现行《刑事诉讼法》，使之同时适用于公安机关与检察机关的技术侦查。

第三，确立技术侦查措施的司法审查原则，并落实贯彻非法证据排除规则。如上文所述，强调通过完善技术侦查措施来打击网络犯罪及其他重大犯罪并不意味着可以置人权保障于不顾。恰恰相反，在适用技术侦查措施时更加需要强调人权保障。这是因为技术侦查措施与其他侦查行为相比较而言，侵犯隐私权的风险更高。从技术侦查措施的特点来看，其涉及对公民通讯自由权、隐私权长时间、持续性的干预和限制，这种长时间、持续性的干预与限制对公民实行立体式、全方位、笼罩性的监控，因而有可能威胁到法治国家存在的根本，进而有使法治国家倒退回警察国家之虞。[1]所以，在强调通过完善技术侦查措施以有效应对科技高度发展时代背景下新的犯罪形态的同时，不能不重视对犯罪嫌疑人的权利保障。需要指出的是，完善技术侦查措施"最关键的法律问题是，执法机关为了获得和保全证据，究竟可以在何种条件下，在多大程度上干涉公民的基本权利"。[2]故而，完善技术侦查措施必须要权衡惩罚犯罪和人权保障之间的价值冲突，在二者之间适度平衡。

放眼域外，西方国家对侵犯公民通讯内容信息的侦查行为，普遍奉行司法审查原则，即要求侦查机关在采用此类侦查措施以前，必须向法官提出申请，经法官审查许可才能实施。[3]在德国，《德国刑事诉讼法典》第100b条第1款规定："依照第100a条规定的措施（指通讯监听与录音——笔者注）只能由检察院申请并由法院发布命令。在拖延就有危险时也可由检察院颁发命令。如果在3个工作日内检察院的命令未获得法院的确认，将失去效力。此命令应被限制在至多3个月的期限内。如果命令存在的前提条件继续存在，

---

〔1〕 参见陈永生："计算机网络犯罪对刑事诉讼的挑战与制度应对"，载《法律科学》（西北政法大学学报）2014年第3期。

〔2〕 ［德］托马斯·魏根特：《德国刑事诉讼程序》，岳礼玲、温小洁译，中国政法大学出版社2004年版，第91页。

〔3〕 参见张泽涛："反思帕卡的犯罪控制模式与正当程序模式"，载《法律科学·西北政法学院学报》2005年第2期。

并考虑侦查中所取得的信息，准许每次不超过 3 个月的延长。"〔1〕在美国，根据 1986 年《电子通讯隐私法》的相关规定，执法机构获取客户的历史交易记录以及 IP 地址等信息，必须事先获得法院的搜查令状（search warrant）或者法院命令（court order）。〔2〕需要指出的是，在经历"9·11 事件"后，美国通过了旨在打击和惩罚恐怖分子的《爱国者法案》，该法案虽然强化了执法机构的监控能力，但仍然坚持侵犯公民基本权利的侦查措施需要受到司法审查的做法。在我国香港地区，根据《截取通讯及监察条例》的规定，截取通讯和秘密监察实行"两级授权机制"，同时将秘密监察分为第 1 类监察和第 2 类监察，截取通讯和"第 1 类监察"由"小组法官"负责授权，"第 2 类监察"实行行政授权。〔3〕

回视我国，现行《刑事诉讼法》并未规定技术侦查措施应当接受司法审查。为降低技术侦查措施存在的滥用之风险，公安部《规定》明确要求技术侦查措施需要经过审批，即第 265 条第 1 款规定："需要采取技术侦查措施的，应当制作呈请采取技术侦查措施报告书，报设区的市一级以上公安机关负责人批准，制作采取技术侦查措施决定书。"然而，根据此条规定，审查主体仍然是公安机关，公安机关作为行使侦查权的机关，存在天然的追究犯罪的倾向，这显然与司法审查原则所要求的客观、中立、公正立场所不符。因此，应当将审查权赋予客观公正的主体。从长远的目标来看，当然应当建立由法院进行审查的司法审查机制，然而，此种设想目前难以做到，从现实的角度来考虑，可以规定由检察机关进行审查批准，这是因为检察机关是《宪法》规定的法律监督机关，其负有客观公正义务。检察机关基于诉讼监督的职责，可以客观地审查批准技术侦查措施，有效保障侦查活动依法进行，维护犯罪嫌疑人的合法权益不受侵犯。如果检察机关在审查过程发现技术侦查措施有违比例原则，存在侵害犯罪嫌疑人合法权益的情况，应当本着客观、公正的立场，果断地不予批准。具体而言，公安机关负责侦查的案件，技术侦查措施的适用应当由同级检察机关审查批准；而检察机关负责侦查的案件，

---

〔1〕《德国刑事诉讼法典》，岳礼玲、林静译，中国检察出版社 2016 年版，第 33 页。

〔2〕See Marie-Helen Maras, *Computer Forensics: Cybercriminals, Law, and Evidence*, Sudbeury: John& Bartlett Learning, LLC, 2012, p. 59. 转引自陈永生："计算机网络犯罪对刑事诉讼的挑战与制度应对"，载《法律科学》（西北政法大学学报）2014 年第 3 期。

〔3〕参见兰跃军："比较法视野中的技术侦查措施"，载《中国刑事法杂志》2013 年第 1 期。

从制约的角度来看，应当报请上一级检察机关审查批准。

还需要指出的是，适用技术侦查措施在惩罚犯罪和人权保障之间做到适度平衡，还必须真正落实非法证据排除规则。这不仅是有效打击网络犯罪及其他重大犯罪的需要，而且是联合国的刑事司法准则之一。联合国《禁止酷刑公约》第 15 条规定："每一缔约国应确保在任何诉讼程序中，不得援引任何确属酷刑逼供作出的陈述为根据。但这类陈述可以引作对被控施用酷刑逼供者起诉的证据。"只有将非法取得的证据予以排除，才能有效地遏制侦查违法取证现象，使犯罪嫌疑人、被告人的合法权益免受侵害，从而加强诉讼人权保障，彰显正当程序的正义价值，同时也在很大程度上避免了根据虚假的证据对案件事实作出错误的认定，最大限度地防止、减少冤案错案的发生。2012 年《刑事诉讼法》已明确规定了非法证据排除规则，同时规定采用技术侦查措施取得材料可以作为证据使用。但是在非法技术侦查手段获得的证据排除上仍然存在较多问题，特别是相关规定还不够完善，例如技术侦查的实施方法还缺乏相应的法律依据，技术侦查采取的方法往往处于保密状态等，往往难以查明技术侦查是否存在非法行为。这显然不利于平衡惩罚犯罪和人权保障二者之间的关系。实际上，只有为技术侦查措施的合法性提供法律依据，才能准确把握通过技术侦查获得材料的证据能力，并将非法技术侦查所取得证据排除。因此，应当采取有效措施完善技术侦查的相关制度，真正贯彻落实非法证据排除规则。笔者认为，应当进一步明确技术侦查措施的适用主体，明确实施的步骤、方法、实施过程的记录，明确禁止性规定等。从证据的合法性出发，对于适用主体不当、违反适用要求、不符合适用范围而适用的情形，所获得证据材料均应予以排除。具体而言，其一，公安机关和检察机关是适用技术侦查措施的主体，对于其他机关越权采取技术侦查措施获得的证据材料，属于非法证据，应当予以排除。其二，实施主体未经审批机关审查批准即采取技术侦查措施的，所获得的证据材料属于非法证据，应当予以排除。其三，所涉案件不属于技术侦查措施适用范围而采取技术侦查措施获得的证据材料是非法证据，应当予以排除。值得注意的是，2021 年最高法《解释》修改把技术侦查证据的审查与认定作为修改的重要内容，一方面明确了对技术侦查本身的审查要点包括技术侦查措施所针对的案件是否符合法律规定、是否经过严格的批准手续、技术侦查措施的种类、适用对象和期限是否按批准决定载明的内容执行、采取技术侦查措施收集的证据材料与其他证据是否矛盾等。[1]此外，还明确规定采取技术侦查措施收集的证据材料应当随案移送而没有随案移送的，法院应当根据在案证据对案件事实作出认定。[2]这可以说是对采取技术侦查措施收集的证据材料的证据能力的间接规定。笔者期待，技术侦查措施在司法实践中能够充分发挥其作用。

---

〔1〕　2021年最高法《解释》第119条规定："对采取技术调查、侦查措施收集的证据材料，除根据相关证据材料所属的证据种类，依照本章第二节至第七节的相应规定进行审查外，还应当着重审查以下内容：（一）技术调查、侦查措施所针对的案件是否符合法律规定；（二）技术调查措施是否经过严格的批准手续，按照规定交有关机关执行；技术侦查措施是否在刑事立案后，经过严格的批准手续；（三）采取技术调查、侦查措施的种类、适用对象和期限是否按照批准决定载明的内容执行；（四）采取技术调查、侦查措施收集的证据材料与其他证据是否矛盾；存在矛盾的，能否得到合理解释。"

〔2〕　2021年最高法《解释》第122条规定："人民法院认为应当移送的技术调查、侦查证据材料未随案移送的，应当通知人民检察院在指定时间内移送。人民检察院未移送的，人民法院应当根据在案证据对案件事实作出认定。"

公诉制度改革

公诉是指检察机关向法院起诉并要求法院通过审判确定被追诉人的刑事责任并在此基础上处以刑事处罚的诉讼活动。提起公诉是检察机关最为核心的职权。在我国，公诉制度本身存在着亟待解决的问题。为此，十八届四中全会《决定》明确要求"优化司法职权配置。健全公安机关、检察机关、审判机关、司法行政机关各司其职，侦查权、检察权、审判权、执行权相互配合、相互制约的体制机制"。我国现行《刑事诉讼法》于2018年修改时对公诉制度有所完善，尤其是对认罪认罚从宽案件在审查起诉阶段的适用问题作出了详细规定，但是，此次修改没有涉及司法实践中存在的诸多问题，而且，随着犯罪司法治理模式的发展，尤其是企业犯罪的司法治理模式的新变化，亟需公诉制度改革予以回应。本章拟对案卷移送制度、不起诉制度等问题进行探讨。

第一节　案卷移送制度

一、案卷移送制度的概念

从概念上来看，案卷移送制度有广义和狭义之分。从广义上来看，案卷移送制度是指调整不同诉讼主体之间传递案件材料等诉讼活动的一整套制度的总称。其既包括审前阶段为了提请审查逮捕、提请审查起诉、提起公诉等向有关机关移送案卷材料的活动，也包括在上诉程序中一审法院向上级法院移送案卷的活动。而从狭义上来看，案卷移送制度是指调整公诉机关将起诉书及其他案卷材料向法院移送的诉讼活动的一整套制度的总称。从提起公诉的角度出发，有学者称之为是检察机关向法院提起公诉的制度模式。[1]本节从狭义的角度来探讨案卷移送制度。

从对象上来看，案卷移送的对象是审查起诉阶段形成的案卷材料。这些案卷材料是在侦查机关移送过来的案卷材料的基础上形成的，包括侦查卷宗、公诉卷宗和检察内卷等。由于检察内卷存档于检察机关内部，无须随案移送至法院，而侦查卷宗和公诉卷宗须移送至法院，因此案卷移送主要针对侦查卷宗和公诉卷宗。其中，侦查卷宗包括文书卷和证据卷。文书卷主要涉及刑事诉讼过程中形成的诉讼文书，如拘留证、逮捕证、搜查证等；证据卷则是在侦查阶段和审查起诉阶段所收集的全部证据的总和。主要包括侦查机关在侦查阶段收集的证据材料，如犯罪嫌疑人供述与辩解、被害人陈述、证人证言、物证、书证、鉴定意见、勘验、检查、侦查实验、辨认等笔录、视听资料、电子数据等证据材料和侦查机关的说明性材料；以及检察机关在审查起诉阶段自行调取的证据材料以及侦查机关补充侦查后移送的证据材料等。

毫无疑问，案卷移送的材料范围对法院审判有着重要影响。这种影响主要表现在两个方面：一是对起诉审查范围的影响。所谓起诉审查，是指法院对检察机关移送案卷材料进行审查并作出是否移送审判的决定。起诉审查具有案件分流功能，是旨在保证庭审顺利进行的预备性审查和准备阶段。[2]检察机关向法院移送案卷内容的范围，决定了法院审查的方式与内容。如果检察机关移送的案卷内容详实，那么法院出现实质性审查的可能性就大；如果检察机关移送的案卷内容单薄，那么法院只能进行形式性审查，即只需要审查案件是否具备形式上的审判的要件，而无须审查证据是否充分等实质性内容。二是对法庭审判程序的影响。这主要涉及法庭审判阶段裁判员对案卷材料的依赖程度问题，即所移送的案卷材料是否会使裁判者产生预断以及这种预断可否消除的问题。其中，对裁判者产生的"预断"影响能否消除以及如何消除是案卷移送制度的核心问题。

需要指出的是，对于所移送的案卷材料对裁判者产生的"预断"影响的性质，学界产生了较大争议，并形成三种不同的观点，即预断有害说、预断

---

〔1〕　参见陈瑞华："案卷移送制度的演变与反思"，载《政法论坛》2012 年第 5 期。

〔2〕　参见宋英辉、陈永生："刑事案件庭前审查及准备程序研究"，载《政法论坛》2002 年第 2 期。

必要说与预断可消除说。预断有害说从法官消极、中立的诉讼地位出发，指出法官提前接触检察机关移送的案卷材料会产生被告人有罪的预断。如有学者指出，"法官通过查阅检察官移送而来的卷宗材料，了解控诉方的证据之后，便会根据控方意见和证据产生被告人有罪的预断，并倾向于追诉，从而对法官本应具有的中立性造成极为消极的影响"〔1〕。预断必要说则从诉讼模式出发，指出提前接触检察机关移送的案卷材料是职权主义国家发现案件真实的必然方式。如有学者指出，"仿佛教授在主持研讨课程之前，应当充分备课一样，法官在庭审之前也需要通过卷宗对案件情况获得相当程度的了解。"〔2〕而预断可消除说则承认预断的有害性，但认为产生预断不可避免，应当通过直接言词等原则的确立来消除预断，而非案卷移送制度所能解决。〔3〕

对案卷材料对裁判者产生的预断影响的认识不同，会直接影响对案卷移送制度的设计主张。持"预断有害说"的学者认为应当尽可能地限制案卷移送的范围，同时配之以证据展示制度、诉因制度以保障辩方权利。〔4〕持"预断必要说"的学者则强调要考虑诉讼制度的整体逻辑，职权主义诉讼模式不以控辩双方平等辩论为最主要考量因素，而以法官的澄清义务为原则，案卷移送应当以全案移送为宜，这不仅没有危害，而且是法官主导推进审判过程所必要的。〔5〕持"预断可消除说"的学者则认为应对案卷移送制度的功能作重新审视，不应当仅仅纠缠在消除法官所有预断的功能上，而应当着重贯彻与落实直接言词原则或者交叉询问制度。〔6〕

二、案卷移送制度的域外考察

他山之石，可以攻玉。对域外国家和地区的案卷移送制度进行考察，有助于加深我们对案卷移送制度的理解，此外，域外案卷移送制度的成功经验也可以为我国案卷移送制度的完善提供参考。从域外国家和地区来看，案卷

---

〔1〕 陈瑞华：《刑事审判原理论》，北京大学出版社 2003 年版，第 223 页。

〔2〕 孙远："卷宗移送制度改革之反思"，载《政法论坛》2009 年第 1 期。

〔3〕 参见宋英辉、陈永生："刑事案件庭前审查及准备程序研究"，载《政法论坛》2002 年第 2 期。

〔4〕 参见陈卫东、郝银钟："我国公诉方式的结构性缺陷及其矫正"，载《法学研究》2000 年第 4 期。

〔5〕 参见孙远："卷宗移送制度改革之反思"，载《政法论坛》2009 年第 1 期。

〔6〕 参见郭华："我国案卷移送制度功能的重新审视"，载《政法论坛》2013 年第 3 期。

移送制度分为三种模式：全案移送主义、起诉书一本主义以及双重卷宗制度。以下分述之。

（一）全案移送主义

全案移送主义是指检察机关提起公诉时必须将此前形成和收集到的案卷、证据材料全部移送给法官。在全案移送主义模式下，案卷材料被视为一种侦查结果，会随着预审程序或中间程序进入审判阶段。这种案卷移送制度的模式主要在德国、法国适用。在德国，《德国刑事诉讼法典》第 173 条规定："依法院要求，检察院须向法院移送迄今为止由其所作的处理。"[1]第 199 条第 2 款规定："公诉书应当包含启动审查程序的申请。公诉书和案卷一并提交法院。"[2]需要指出的是，《德国刑事诉讼法典》并未明确规定庭前审查的法官和庭审法官应当分离，这导致实践中德国庭前审查法官和庭审法官往往是同一人。[3]在法国，由于设有独立与庭审法官的预审法官制度，因此法国刑事诉讼试图区分庭前程序和庭审程序而在案卷移送范围上有所不同，但总体上仍属于全案移送主义。根据法国刑事诉讼法的相关规定，法国检察官在预备阶段负责审查初步侦查获得的案卷材料和证据材料，在审查后决定提起诉讼的，应当根据案件的不同性质决定是否适用预审程序，并向有关机关移送案卷材料和证据材料。就法律规定或检察官认为需要经过预审的案件而言，预审的过程常常是案卷的形成过程。[4]需要指出的是，法国刑事诉讼中，案卷移送的范围因区分轻罪案件与重罪案件而有所不同。就轻罪案件而言，预审法官如果认为受审查人被指控的行为已经构成违警罪或轻罪，应将卷宗连同有关裁定移送给检察官，检察官则应立即将收到的裁定和卷宗向轻罪法院或违警罪法院移送。就重罪案件而言，预审法官作出命令直接向重罪法庭提起诉讼的裁定后，应向检察官移送卷宗及其所作的裁定；如果重罪法庭位于预审法官所属法院以外的其他法院，检察官应立即将卷宗和裁定移送给该重罪法庭。由此可以看出来，法国的预审法官肩负着正式侦查职能，其预审过程也是查明案件事实、形成完整案卷卷宗的过程，其收集的证据材料也能顺

---

〔1〕 《德国刑事诉讼法典》，岳礼玲、林静译，中国检察出版社 2016 年版，第 95 页。

〔2〕 《德国刑事诉讼法典》，岳礼玲、林静译，中国检察出版社 2016 年版，第 96 页。

〔3〕 参见陈卫东："初论我国刑事诉讼中设立中间程序的合理性"，载《当代法学》2004 年第 4 期。

〔4〕 参见宋英辉等：《外国刑事诉讼法》，法律出版社 2006 年版，第 278 页。

利进入审判程序，并最终作为法官裁判的依据。

毫无疑问，所有案卷材料无障碍地进入审判程序会对法官产生"预断"的影响。对于如何阻断可能产生的预断，法国采取预审法官与庭审法官相分离的做法，即规定通过预审法官在庭前进行实质审查从而防止检察机关滥诉，而由庭审法官进行裁判，从而起到阻断法官预断的效果。在此问题上，德国没有作出制度上的回应。那么，需要进一步追问的是，为什么德国不采取措施阻断所有案卷材料进入审判程序而对法官产生的预断影响呢？这是因为在德国立法者看来，职权主义的诉讼模式下的制度设置可以排除法官的预断。首先，辨明案卷内容与庭审中所获信息之间的区别，应当是专业法官必备的技能，对于检察官移送的全部卷宗材料，仅有职业法官可于庭前阅览，非职业法官不得接触案卷材料，只能通过庭审形成自己的判断。[1]其次，德国在庭审活动中设立了诸多有效排除预断的审判规则，如直接言词原则、询问本人原则等。再其次，根据《德国刑事诉讼法典》第 251 条规定，德国对以宣读笔录代替询问证人的做法持谨慎态度，并关照辩方权利，要求这种做法须经过被告人和辩护人同意。最后，德国法律要求法官在判决书中对事实认定理由予以详细论证，此举亦可对法官裁判是否受到预断的影响予以有效检验。[2]

毋庸置疑，实行全案移送主义的国家要求将全部案卷材料移送至法院作为法官查明案件事实真相的必经途径，这些国家并不否认全案移送会使法官产生预断，但认为这种预断可以通过程序设置加以阻断。

（二）起诉书一本主义

起诉书一本主义作为案卷移送制度的一种模式，源于英美法系国家，而后被日本所吸收。从词语概念上来看，起诉书一本主义有两种不同的定义与理解：一是指检察官在提起公诉时只能提交起诉书，不能移交卷证材料。[3]二是不仅强调检察官提起公诉时递交一张起诉书即可，而且要求事实裁判者在第一次开庭前对案件事实和证据材料几乎处于一无所知的状态。[4]从起诉

---

〔1〕 参见孙远："全案移送背景下控方卷宗笔录在审判阶段的使用"，载《法学研究》2016 年第 6 期。

〔2〕 同上文。

〔3〕 参见章礼明："日本起诉书一本主义的利与弊"，载《环球法律评论》2009 年第 4 期。

〔4〕 参见唐治祥："刑事卷证移送制度研究——以公诉案件一审普通程序为视角"，西南政法大学 2011 年博士学位论文。

书一本主义是否写入立法的角度出发，起诉书一本主义可分为作为事实的起诉书一本主义和作为规范的起诉书一本主义两种。[1]

作为事实的起诉书一本主义，是指起诉书一本主义是一种司法实践的事实状态，而没有法律明确规定，以美国为典型代表。由于美国适用陪审团制度，法官并不负责对案件事实进行认定，即使检察官将所有案卷材料移送法院，使法官产生所谓的预断，也不会影响案件的公正处理，因此美国检察官没有动力移送全部的案卷材料。正因为如此，有学者指出，"美国没有'起诉书一本主义'的用语，因为这在美国是理所当然的事情"[2]。当然，针对起诉书一本主义所带来的滥用起诉权、辩方难以阅卷等问题，美国通过适用不同的制度来避免检察官滥用起诉，且保障辩方的阅卷权，最典型的就是实行起诉前的审查机制。在美国，受到重罪指控的被告人享有要求治安法官举行预审的权利，检察官必须向治安法官提供证据，并将案件事实证明到"有合理根据"的程度。治安法官根据证据情况进行审查，并作出相应的移送法院审判、作出轻罪指控或驳回指控的处理。此外，为保障辩方的阅卷权利，美国在刑事诉讼中实行证据开示制度。美国《联邦刑事诉讼规则》第16条明确规定了控方开示的证据包括被告人陈述、被告人的先前记录、文件和有形物品、检查、试验报告等。这无疑有助于辩方在审判前更好地了解控方证据情况，防止控方隐瞒有利于辩方的证据。

作为规范的起诉书一本主义，是指由法律明确规定检察官提起公诉时只能提交一张起诉书，以日本为典型代表。为了避免因案卷移送使法官产生预断，《日本刑事诉讼法》明确规定了起诉书一本主义，即第256条规定："起诉书，不得添附可能使法官对案件产生预断的文书及其他物品，或者引用该文书等的内容。"据此，在普通程序中，检察官不得将证据材料移送至法院，从而防止审理法官因检察官移送的案卷材料形成预断。需要指出的是，日本的起诉书一本主义只适用于普通程序，对于适用简易程序审理的案件，为了实现司法资源的合理配置，则适用全案移送主义，即要求检察机关提起公诉时应当移送全部案卷材料。

---

[1] 参见孙远："全案移送背景下控方卷宗笔录在审判阶段的使用"，载《法学研究》2016年第6期。

[2] ［日］松尾浩也：《日本刑事诉讼法》（下卷），张凌译，金光旭校，中国人民大学出版社2005年版，第362页。

尽管《日本刑事诉讼法》明确规定了起诉书一本主义,但是,从实践来看,日本的起诉书一本主义只在庭前阶段有效防止法官产生预断,而在审判阶段的效果甚微。事实上,自起诉书一本主义被写入立法后,很长一段时间里,法官在法庭上仅仅接触警察及检察官提交的在搜查阶段作成的有关案件书面文件(供述书等),但是法官并不是在法庭上获取关于案件有罪或无罪的心证,而是在自己的房间里通过阅读书面文件获取。[1]为避免法官受到案卷材料的影响,日本于2009年开始适用裁判员制度,并在公开审理中贯彻直接主义和口头主义,改变过去的笔录、记录式裁判。[2]

从日本的起诉书一本主义模式来看,作为规范存在的"起诉书一本主义"具有3个特征:第一,不实行完全的当事人主义,为查明案件事实真相裁判者需要查阅案卷材料;第二,以规范形式禁止在庭前移送可能产生预断的案卷材料;第三,以规范形式规定直接言词等规则以进一步减轻或消除庭审中案卷对裁判者的影响。

(三)双重卷宗制度

双重卷宗制度,是指预审法官将初始的侦查卷宗分为庭审卷宗和公诉人卷宗,检察官提起诉讼时只能将庭审卷宗移送法院,而公诉人卷宗则仅为控辩双方所有,庭审法官不接触的案卷移送制度。这是在意大利实行的极具特色的案卷移送制度。在1988年刑事诉讼程序改革以前,意大利在案卷移送制度上实行全案移送主义。为防止法官因接触检察官移送的案卷材料而产生预断,意大利在1988年刑事诉讼程序改革时吸收当事人主义的起诉书一本主义精神,建立了双重卷宗制度。根据双重卷宗制度的内容,庭审卷宗既包括少部分的法定文书,也包括当事人双方协议可进入庭审卷宗的侦查卷宗内容,可以在庭审中宣读并作为最终审判依据。公诉人卷宗则包括检察官、司法警察和律师所实施之诉讼行为而形成的所有笔录及材料。[3]

毋庸置疑,双重卷宗制度将侦查卷宗分为进入法庭的庭审卷宗和仅由控辩双方所有的公诉人卷宗,既能防止法官产生预断,也能充分保障辩方的阅卷权。一方面,庭审卷宗只允许法定文书和控辩双方达成合意的案卷材料进

---

〔1〕 参见尹琳:"日本裁判员制度的实践与启示",载《政治与法律》2012年第1期。

〔2〕 参见胡云红:"日本裁判员法的立法过程及其实施效果评析",载《河北法学》2012年第9期。

〔3〕 参见施鹏鹏:"意大利'双重卷宗'制度及其检讨",载《清华法学》2019年第4期。

入庭审卷宗，在庭审时禁止宣读笔录陈述，证人不出庭的证言不得采纳，避免法官受到侦查卷宗的不当影响以产生预断。另一方面，公诉人卷宗仅能由控辩双方所有则可以有效保障辩方的阅卷权，使辩方更好地了解控方的证据材料。正因为如此，有学者指出，双重卷宗制度吸收了全案移送主义和起诉书一本主义的合理因素，实现了二者的有机结合。[1]

然而，从制度的实际运行来看，意大利的双重卷宗制度并没有取得预期效果。这是因为预审法官、庭审法官在决定庭审卷宗的内容时花费的精力很多，虽然这一过程中庭审法官接触的信息不完整，但也在一定程度上影响其对案件的判断。此外，双重卷宗在实践运行中出现了固守职权主义的异化现象。一方面，意大利最高法院的判例倾向于对庭审卷宗的法定内容进行拓展；另一方面，庭审卷宗的协议内容日趋实质化，双方当事人在庭前讨论卷宗内容时，实际上已经涉及对相关证据的审查判断问题。[2]

三、我国案卷移送制度的演变

我国 1979 年《刑事诉讼法》在制定时，案卷移送制度实行的是全案移送主义。但司法机关在实践中感觉到全案移送使法官提前单方接触控方证据材料，导致开庭流于形式。在此背景下，1996 年修改《刑事诉讼法》时吸收当事人主义的合理因素，在案卷移送制度上实行主要证据复印件移送主义。由于主要证据复印件移送主义在司法实践中效果甚微，2012 年《刑事诉讼法》修改将案卷移送制度回归至全案移送主义。

我国 1979 年《刑事诉讼法》制定时确立了全案移送主义的案卷移送制度。根据 1979 年《刑事诉讼法》的规定，检察院在提起公诉时应当将全部案卷移送给法院，由法官在庭前进行实质审查，必要时甚至可以进行庭外调查。经审查，"案件事实清楚，证据充分"的案件才允许进入审判程序。由于庭前审查的法官参与审判，亦即庭前审查的法官同时是庭审法官，必然导致法官产生"先入为主"的预断，使法庭审理流于形式。有学者把这种做法称为已经是先定后审的表现。[3]应当承认，全案移送主义契合当时我国强职权主义

---

〔1〕 参见唐治祥："意大利刑事卷证移送制度及其启示"，载《法商研究》2010 年第 2 期。
〔2〕 参见施鹏鹏："意大利'双重卷宗'制度及其检讨"，载《清华法学》2019 年第 4 期。
〔3〕 参见李心鉴：《刑事诉讼构造论》，中国政法大学出版社 1992 年版，第 238 页。

的刑事诉讼模式过分追求客观真实的特点，在当时的背景下能够发挥其作用。但其弊端也十分明显，如使开庭流于形式、法官包揽过多、控辩双方的作用难以发挥等。[1]

为避免全案移送主义的弊端，使庭审真正发挥作用。我国1996年《刑事诉讼法》在吸收了当事人主义的合理因素基础上对刑事诉讼制度进行较为全面的改革与完善。其中，在案卷移送制度上，改变过去全部案卷移送的做法，实行主要证据复印件移送主义，即检察院向法院提起公诉时只向法院移送起诉书、证据目录、证人名单和主要证据复印件。为了避免庭审法官庭前产生预断，1996年《刑事诉讼法》修改还将法院庭前审查的实质性审查要求改为形式性审查，且在庭审中吸收对抗制的因素，使法官在法庭上形成心证，而不能根据庭前接触的案卷材料。

从制度设置而言，主要证据复印件移送主义要求只移送主要证据复印件，有效切断法官提前接触全部案卷材料的可能性，进而避免法官产生先入为主的预断，较全案移送主义的案卷移送制度而言，无疑是一大进步。然而，由于我国司法解释赋予检察机关确定"主要证据"范围一定程度的自由裁量权，即规定人民检察院针对具体案件移送起诉时，"主要证据"由人民检察院确定，[2]在此种背景下，检察机关基于追诉犯罪的需要，往往把"主要证据"确定为证明被告人有罪的证据并将之移送法院，导致法院在庭前审查时就单方面接触到证明被告人有罪的证据，客观上仍产生先入为主的预断，这无疑架空了主要证据复印件移送主义的案卷移送制度。更甚的是，由于1996年《刑事诉讼法》修改并没有改变我国职权主义的诉讼模式，因而法官仍然不是消极的裁判者，其负责主导庭审进行，可以说，我国法官"决不是消极的，要掌握和指挥庭审的进行，也要进行询问，不仅限于双方提出的证据，必要时也要进行调查，要积极地认定证据、正确判决"。[3]在此种背景下，加之定

---

[1] 参见陈瑞华："案卷笔录中心主义——对中国刑事审判方式的重新考察"，载《法学研究》2006年第4期。

[2] 1998年六机关《规定》第36条规定："根据刑事诉讼法第一百五十条的规定，人民检察院提起公诉的案件，应当向人民法院移送所有犯罪事实的主要证据的复印件或者照片。'主要证据'包括：（一）起诉书中涉及的各证据种类中的主要证据；（二）多个同种类证据中被确定为'主要证据'的；（三）作为法定量刑情节的自首、立功、累犯、中止、未遂、正当防卫的证据。人民检察院针对具体案件移送起诉时，'主要证据'由人民检察院根据以上规定确定。"

[3] 参见顾昂然：《新中国的诉讼、仲裁和国家赔偿制度》，法律出版社1996年版，第21页。

期宣判制度的存在以及检察机关可在休庭后 3 日内将全部证据材料移送法院，[1]导致有的法官在法庭上不作最后裁判，而是把重心放在庭后阅卷上，使裁判所要求的心证形成于庭后阅卷。这无疑导致旨在防止开庭流于形式的主要证据复印件移送主义改革目标落空。

从结果来看，主要证据复印件移送主义的案卷移送制度在实践中取得的效果甚微。如何设置案卷移送制度成为理论上和实践中需要解决的问题。在此问题上，学术界开始探讨起诉书一本主义在我国刑事诉讼中设置的可能性，并形成截然相反的两种观点，即赞成说和反对说。赞成说认为，为防止法官先入为主，应当实行彻底的起诉书一本主义。[2]反对说则从我国刑事诉讼的实际需要出发，指出起诉书一本主义不适合我国的诉讼模式并进一步指出应当谨慎对待起诉书一本主义。[3]

理论上的争论，加之实践中主要证据复印件移送主义效果不理想，为了纠正主要证据复印件移送主义所产生的问题，尤其是要充分发挥法官在庭审中的主导地位等，我国 2012 年《刑事诉讼法》修改恢复了全案移送主义，即检察机关在提起公诉时，应当将全部案卷材料连同起诉书一并移送至人民法院。需要注意的是，尽管我国 2012 年《刑事诉讼法》恢复了全案移送主义，但是庭前审查仍然坚持形式审查制度，即法院庭审审查只审查起诉书中是否有明确的指控犯罪事实，而不作实质性审查，以此防止法官在庭前审查中产生预断。我国现行《刑事诉讼法》第三次修改在案卷移送制度上保留了 2012 年《刑事诉讼法》的做法。

---

〔1〕　1998 年六机关《规定》第 42 条规定："人民检察院对于在法庭上出示、宣读、播放的证据材料应当当庭移交人民法院，确实无法当庭移交的，应当在休庭后三日内移交。对于在法庭上出示、宣读、播放未到庭证人的证言的，如果该证人提供过不同的证言，人民检察院应当将该证人的全部证言在休庭后三日内移交。"

〔2〕　参见陈卫东、郝银钟："我国公诉方式的结构性缺陷及其矫正"，载《法学研究》2000 年第 4 期；张泽涛："我国现行《刑事诉讼法》第 150 条亟需完善"，载《法商研究》（中南政法学院学报）2001 年第 1 期；李奋飞："从'复印件主义'走向'起诉状一本主义'——对我国刑事公诉方式改革的一种思考"，载《国家检察官学院学报》2003 年第 2 期；吴宏耀："我国刑事公诉制度的定位与改革——以公诉权与审判权的关系为切入点"，载《法商研究》2004 年第 5 期。

〔3〕　参见章礼明："日本起诉书一本主义的利与弊"，载《环球法律评论》2009 年第 4 期；孙远："卷宗移送制度改革之反思"，载《政法论坛》2009 年第 1 期；李国强、李荣楠："证据移送制度研究——兼驳起诉书一本主义"，载《中国刑事法杂志》2007 年第 2 期。

四、我国案卷移送制度的完善

从我国案卷移送制度的反复式改革来看，案卷移送制度的设置主要围绕着如何防止法官在庭前产生预断而展开。目前，我国案卷移送制度实行的是全案移送主义。全案移送主义在一开始就面临着难以防止法官产生预断的诘难。那么，我国的案卷移送制度应当走向何方？究竟是保持现有的全案移送制度还是引入起诉书一本主义？在回答这一问题前，有必要先厘清防止法官在庭前产生预断与案卷移送制度的关系。

过去，在探讨案卷移送制度与法官庭前预断的关系时，法律界一直遵循"全案移送——法官庭前阅卷——法官产生预断"的逻辑。无可否认，倘若审理案件的法官提前阅卷，则必然会产生预断。然而，这并非案卷移送制度的必然结果。这是因为即使全案移送，也可以通过制度设置避免法官在庭前阅卷。在这方面，法国就取得成功经验。在法国，刑事诉讼实行全案移送制度，为了避免法官在庭前产生预断，通过设置预审法官制度切断法官在庭前程序与庭审程序之间的联系。由此可见，案卷移送制度的设置与法官庭前预断的产生并没有直接联系。诚如有学者指出的，在 1996 年《刑事诉讼法》修改之前，庭前预断的成因并不在于案卷材料的全案移送方式，而是源于 1979 年《刑事诉讼法》第 108 条关于实质审查的开庭标准以及庭前审查法官所具有的退回检察院补充侦查的权力规定。[1] 因此，在考虑案卷移送制度如何设置时，重心应该放在如何防止在案卷移送后法官庭前阅卷上。

应当指出的是，不同的案卷移送制度采用不同的防止法官庭前阅卷的策略。在全案移送主义下，一般可以通过制度设置阻断法官在庭前接触案卷材料，如法国的预审法官制度。而起诉书一本主义下，因为要求检察官向法院提起公诉时，仅移送起诉书，且起诉书只能记载被告人的姓名或其他足以特定为被告人的事项、公诉事实与罪名，不得添附使法官对案件产生预断的文书与其他物品或引用其内容，[2] 因此，可以从源头上阻断法官在庭前接触案

---

〔1〕 参见顾永忠："我国刑事辩护制度的重要发展、进步与实施——以新《刑事诉讼法》为背景的考察分析"，载《法学杂志》2012 年第 6 期。

〔2〕 参见汪海燕：《刑事诉讼法律移植研究》，中国政法大学出版社 2015 年版，第 297 页。

卷材料。毫无疑问，无论是通过制度设置的全案移送主义还是起诉书一本主义均可有效排除庭前预断。事实上，实践也表明，无论是采取全案移送制度的德法等国，还是采取起诉书一本主义的美国、日本等国，在"排除庭前预断、保障控辩平等方面均发挥着良好的作用"。[1]

那么，需要进一步追问的是，我国应当选择对全案移送主义进行改革，通过设置具体制度切断法官在庭前接触案卷材料的途径还是直接引入起诉书一本主义？就我国目前的现实环境而言，笔者建议引入起诉书一本主义。一方面，推进以审判为中心的诉讼制度改革为起诉书一本主义的引入提供了制度空间。十八届四中全会《决定》提出"推进以审判为中心的诉讼制度改革"，审判为中心的核心要求在于庭审实质化，其实现路径包括切断侦查与审判的联系，以及摈弃庭审中的卷宗依赖主义。[2]在庭审实质化的要求下，我国近年来对庭审方式进行了多方面改革，如增加了庭前会议制度、加强辩方庭审中的对质权、强调裁判结果形成于法庭等，为实行起诉书一本主义提供了制度土壤。另一方面，辩护律师诉讼权利及保障机制的完善为控辩双方在法庭上提交证据、质证等提供了制度保障。[3]因此，对我国当前的案卷移送制度进行改革，引入起诉书一本主义的案卷移送制度，不仅是庭审实质化的要求，而且具有制度支撑与制度空间。

当然，从制度的形成脉络来看，任何制度都不能凭空产生，而是根植于深厚的理论基础、文化土壤等。一国的理论基础、文化土壤影响着一项制度能否在本国产生与蓬勃发展。因此，为避免起诉书一本主义在我国"水土不服"，将其引入我国刑事诉讼时，也应考虑我国的制度背景。笔者认为，我国案卷移送制度在废除全案移送主义并实行起诉书一本主义之后，还应当对相关制度进行改革与完善。一是完善我国起诉书的撰写方式。目前，起诉书所记载的内容是按照全案移送主义所设计。按照2019年最高检《规则》第358条第2款的规定，起诉书的主要内容包括：被告人的基本情况、案由和案件

---

〔1〕 参见蔡杰、刘晶："刑事卷宗移送制度的轮回性改革之反思"，载《法学评论》2014年第1期。

〔2〕 参见张建伟："审判中心主义的实质内涵与实现途径"，载《中外法学》2015年第4期。

〔3〕 对辩护律师的权利保障，请参见第三章。

来源、案件事实、起诉的根据和理由、被告人认罪认罚情况。[1]其中要求在起诉书中详细说理容易使法官产生预断。根据起诉书一本主义的要求,起诉书中不能记载任何使法官对案件产生预断的信息。因此,应当删除起诉的理由,仅要求起诉书记载起诉的根据即可,而且,在撰写根据时,不能援引证据进行论证,只能记载所依据的具体法条条文。二是对庭前会议进行改革。2012年《刑事诉讼法》修改增设了庭前会议制度,允许法院召开庭前会议就有关问题了解情况、听取意见。2021年最高法《解释》修改更是赋予法院在庭前会议中对程序性事项视情况作出处理的权力,[2]为控辩双方整理案件争议焦点提供了很好的制度空间。然而,按照当前的庭前会议制度设置,召集召开庭前会议的法官同时也是庭审法官,加之法官在庭前会议可以就影响定罪量刑的证据材料了解情况、听取意见,倘若控辩双方在庭前会议中就证据材料发表意见,则会架空真正的法庭审判程序,遑论阻断法官在庭审前接触证据材料了。因此,应当将召集庭前会议的法官与参与法庭审理的审判人员分离开来。只有将二者分离开来,才能避免参与法庭审理的审判人员在庭前接触案卷材料,保证法庭审理的审判人员根据在法庭上的证据材料进行裁判。

---

〔1〕 2019年最高检《规则》第358条第2款规定:"起诉书的主要内容包括:(一)被告人的基本情况,包括姓名、性别、出生年月日、出生地和户籍地、公民身份号码、民族、文化程度、职业、工作单位及职务、住址,是否受过刑事处分及处分的种类和时间,采取强制措施的情况等;如果是单位犯罪,应当写明犯罪单位的名称和组织机构代码、所在地址、联系方式,法定代表人和诉讼代表人的姓名、职务、联系方式;如果还有应当负刑事责任的直接负责的主管人员或其他直接责任人员,应当按上述被告人基本情况的内容叙写;(二)案由和案件来源;(三)案件事实,包括犯罪的时间、地点、经过、手段、动机、目的、危害后果等与定罪量刑有关的事实要素。起诉书叙述的指控犯罪事实的必备要素应当明晰、准确。被告人被控有多项犯罪事实的,应当逐一列举,对于犯罪手段相同的同一犯罪可以概括叙写;(四)起诉的根据和理由,包括被告人触犯的刑法条款、犯罪的性质及认定的罪名、处罚条款、法定从轻、减轻或者从重处罚的情节,共同犯罪各被告人应负的罪责等;(五)被告人认罪认罚情况,包括认罪认罚的内容、具结书签署情况等。"

〔2〕 2019年最高法《解释》第228条第3款规定:"对第一款规定中可能导致庭审中断的程序性事项,人民法院可以在庭前会议后依法作出处理,并在庭审中说明处理决定和理由。控辩双方没有新的理由,在庭审中再次提出有关申请或者异议的,法庭可以在说明庭前会议情况和处理决定理由后,依法予以驳回。"

第二节　不起诉制度

一、不起诉制度的历史源流

我国不起诉制度不是从来就有的，而是刑事司法制度尤其是公诉制度发展到一定历史阶段的产物。随着 1979 年《刑事诉讼法》的制定，不起诉制度在我国刑事诉讼中正式确立。从不起诉制度的类型来看，1979 年《刑事诉讼法》确定了法定不起诉制度，即第 104 条第 1 款规定："被告人有本法第十一条规定的情形之一的，人民检察院应当作出不起诉决定。"[1]在此基础上，1979 年《刑事诉讼法》还确定了免予起诉制度，即 101 条规定："依照刑法规定不需要判处刑罚或者免除刑罚的，人民检察院可以免予起诉。"毫无疑问，免予起诉制度体现了检察机关一定的自由裁量权，是对法定不起诉制度的重要补充，对程序分流发挥重要作用。但是，由于免予起诉制度是由检察机关对被追诉人有罪定罪的情况下对其免予起诉，因此其"实质是未经人民法院审判而由人民检察院对被告人进行实体定罪但又不予追诉的一种处分，其具有与人民法院的定罪免刑判决相同的法律效力，侵犯了法院定罪权，不符合现代法治原则"。[2]

随着社会主义民主与法制建设的往前推进，犯罪形势也发生了新的变化，1979 年《刑事诉讼法》在很大程度上已难以适应日益增长的打击犯罪需要，需要对 1979 年《刑事诉讼法》进行修改。1996 年《刑事诉讼法》进行了第一次修改。这次修改对刑事诉讼的各个阶段都进行了修改，涉及诸多诉讼制度的改革。其中，在不起诉制度的改革中，在保留法定不起诉制度的基础上，考虑到免予起诉制度存在侵蚀法院定罪权的问题，废止了免予起诉制度。在此基础上，为了进一步强调法院行使定罪权的唯一性，1996 年《刑事诉讼法》同时增加了"未经法院依法判决不得确认任何人有罪"原则，即第 12 条

---

〔1〕 1979 年《刑事诉讼法》第 11 条规定："有下列情形之一的，不追究刑事责任，已经追究的，应当撤销案件，或者不起诉，或者宣告无罪：（一）情节显著轻微、危害不大，不认为是犯罪的；（二）犯罪已过追诉时效期限的；（三）经特赦令免除刑罚的；（四）依照刑法告诉才处理的犯罪，没有告诉或者撤回告诉的；（五）被告人死亡的；（六）其他法律、法令规定免予追究刑事责任的。"

〔2〕 参见陈光中主编：《刑事诉讼法》，北京大学出版社、高等教育出版社 2016 年版，第 332 页。

规定："未经人民法院依法判决，对任何人都不得确定有罪。"我国 2012 年和 2018 年《刑事诉讼法》两次修改均保留了此原则。

需要指出的是，随着刑事案件的不断增加，单一的法定不起诉制度已不能满足案件繁简分流的实践需要。放眼域外，面对不断增长的刑事案件数量，赋予检察机关对符合起诉条件的案件的自由裁量权的起诉便宜主义成为诸多国家的选择。如在日本刑事诉讼中就实行起诉犹豫制度，允许公诉机关根据犯罪人的性格、年龄、境遇和犯罪的轻重、情节以及犯罪后的情况，认为没有必要提起公诉时，可以不提起公诉。[1]因此，我国 1996 年《刑事诉讼法》修改在借鉴起诉便宜主义做法的基础上，增设了酌定不起诉制度，即 1996 年《刑事诉讼法》第 142 条第 2 款规定："对于犯罪情节轻微，依照刑法规定不需要判处刑罚或者免除刑罚的，人民检察院可以作出不起诉决定。"毫无疑问，酌定不起诉制度赋予检察机关自由裁量权，由检察机关根据案件的具体情况作出是否起诉的决定，能够起到繁简分流的作用，不仅有助于提高诉讼效率，而且是审查起诉阶段贯彻落实"宽严相济"刑事司法政策的重要途径。

此外，随着社会的不断进步，加之人权保障理念的深入发展，我国刑事立法认识到疑罪从无原则对于保障人权、防止冤错案件发生的重要意义，于是 1996 年《刑事诉讼法》修改不仅增设了证据不足的无罪判决规定，而且在审查起诉阶段确定了体现疑罪从无原则的证据不足不起诉制度，即第 140 条第 4 款规定："对于补充侦查的案件，人民检察院仍然认为证据不足，不符合起诉条件的，可以作出不起诉的决定。"

毫无疑问，酌定不起诉制度和证据不足不起诉制度写入 1996 年《刑事诉讼法》，不仅大大丰富了我国不起诉制度的内容，而且进一步扩展了我国检察机关的自由裁量权，使审查起诉阶段成为刑事案件繁简分流、贯彻"宽严相济"刑事司法政策的重要环节。

自 1996 年《刑事诉讼法》修改后，社会环境发生了深刻变化，司法领域也发生了重大的观念变化。一方面，我国民主法制建设取得了长足的发展，"保障人权"条款被写入《宪法》；另一方面，1996 年《刑事诉讼法》在实施过程中出现了诸多问题，加之我国犯罪活动出现新的趋势，1996 年《刑事诉讼法》已不能满足司法实践的需要，为适应我国司法实践的发展需要，2012

---

〔1〕 参见陈光中主编：《刑事诉讼法》，北京大学出版社、高等教育出版社 2016 年版，第 333 页。

年《刑事诉讼法》进行了第二次修改。此次《刑事诉讼法》修改是全方位的修改，不仅增加了"尊重和保障人权"的规定，而且对辩护制度、证据制度、强制措施、侦查措施、审查起诉程序、审判程序等进行了改革与完善。公诉制度尤其是不起诉制度也得到了较大改革完善，不仅保留法定不起诉制度、酌定不起诉制度和证据不足不起诉制度的规定，对证据不足不起诉制度的内容进行了调整，即第 171 条第 2、3、4 款规定："人民检察院审查案件，对于需要补充侦查的，可以退回公安机关补充侦查，也可以自行侦查。对于补充侦查的案件，应当在一个月以内补充侦查完毕。补充侦查以二次为限。补充侦查完毕移送人民检察院后，人民检察院重新计算审查起诉期限。对于二次补充侦查的案件，人民检察院仍然认为证据不足，不符合起诉条件的，应当作出不起诉的决定。"而且为了适应轻微犯罪处理的非犯罪化、非刑罚化的发展趋势，进一步贯彻落实"宽严相济"刑事司法政策，同时有效化解社会矛盾，构建和谐社会，2012 年《刑事诉讼法》修改专门针对未成年人犯罪案件增设附条件不起诉制度，即第 271 条第 1 款规定："对于未成年人涉嫌刑法分则第四章、第五章、第六章规定的犯罪，可能判处一年有期徒刑以下刑罚，符合起诉条件，但有悔罪表现的，人民检察院可以作出附条件不起诉的决定。"这无疑进一步丰富了我国不起诉制度的内容。事实上，通过对符合特定条件的未成年人犯罪案件附有条件地先对其进行考验并根据考验的结果作出最后起诉或不起诉决定，能够使未成年人更好回归社会，起到化解社会矛盾、提高诉讼效率的效果。

　　自十八大召开以来，新一轮司法改革拉开序幕，十八届四中全会更是为刑事司法改革提供了方向。随着国家监察制度的确立以及反腐败工作的深入开展，加之新一轮刑事司法改革取得了重大成果，尤其是认罪认罚从宽制度的试点工作已经取得了显著成效，亟待通过修改《刑事诉讼法》将成熟经验以立法形式固定下来。在此背景下，我国现行《刑事诉讼法》进行了第三次修改。从修改的内容来看，此次《刑事诉讼法》修改主要涉及监察制度与刑事诉讼制度的衔接、认罪认罚从宽制度的立法以及刑事缺席审判程序的构建等问题。[1]其中，就认罪认罚从宽制度的立法而言，为进一步鼓励犯罪嫌疑人自愿认罪认罚，现行《刑事诉讼法》修改将认罪认罚从宽制度写入刑事诉

---

　　〔1〕　关于 2018 年《刑事诉讼法》修改内容的评析，请参见陈光中、肖沛权："刑事诉讼法修正草案：完善刑事诉讼制度的新成就和新期待"，载《中国刑事法杂志》2018 年第 3 期。

讼法典时，增加了认罪认罚特别不起诉制度。按照现行《刑事诉讼法》第182条规定，检察机关对于符合以下三个条件的公诉案件，可以做出不起诉决定：一是犯罪嫌疑人自愿认罪认罚；二是犯罪嫌疑人有重大立功或案件涉及国家重大利益；三是须经最高人民检察院核准。[1]毫无疑问，认罪认罚特别不起诉制度写入法典，不仅有效推动了认罪认罚从宽制度的适用，而且进一步丰富了我国不起诉制度的内容。至此，我国公诉案件不起诉制度形成了种类繁多、适用条件不同的不起诉制度体系。

二、不起诉制度存在的问题

我国已经形成了包含法定不起诉、酌定不起诉、证据不足不起诉、附条件不起诉以及认罪认罚特别不起诉五种不起诉制度的体系。从制度体系而来看，我国五种不起诉制度层次分明、并行不悖，理应发挥繁简分流、提高诉讼效率的作用。然而，事实并非如此。从司法实践来看，我国不起诉制度仍然存在不少问题，阻碍了我国不起诉制度的发展。

首先，总体适用率偏低，难以实现繁简分流。从不起诉制度的功能来看，不起诉制度能够对案件进行过滤，从而实现案件的繁简分流。放眼域外，世界诸多国家不起诉制度适用较高，充分发挥了不起诉制度的过滤功能，有效提高诉讼效率。如日本2006年~2015年10年间不起诉率一直处于上升状态，由40.7%上升到50.4%，德国不起诉率也在20%以上，美国不起诉协议在刑事诉讼程序中更是大量存在。[2]这些国家的不起诉制度充分发挥了过滤案件的功能，有效提高诉讼效率。回视我国，从不起诉制度的历史源流来看，我国不起诉制度的确立和发展同样围绕如何实现审查起诉阶段刑事案件的繁简分流而展开。例如酌定不起诉制度的确立，通过赋予检察机关自由裁量权，尤其对那些已构成犯罪但情节轻微，按照《刑法》规定不需要判处刑罚的案件，行使自由裁量权作出不起诉决定，从而起到过滤案件的作用，实现案件的繁简分流，提高诉讼效率。然而，从当前我国不起诉制度的司法适用来看，适用率远远低于域外诸多国家。关于我国刑事案件不起诉率，请参见表6-1：

---

〔1〕 现行《刑事诉讼法》第182条第1款规定："犯罪嫌疑人自愿如实供述涉嫌犯罪的事实，有重大立功或者案件涉及国家重大利益的，经最高人民检察院核准，公安机关可以撤销案件，人民检察院可以作出不起诉决定，也可以对涉嫌数罪中的一项或者多项不起诉。"

〔2〕 参见郭烁："酌定不起诉制度的再考查"，载《中国法学》2018年第3期。

表 6-1 我国 2014 年~2018 年刑事案件不起诉统计表[1]

单位：人

年份	提起公诉人数	不起诉人数	不起诉率
2014 年	1 391 225	80 020	5.4%
2015 年	1 390 933	81 087	5.5%
2016 年	1 402 463	90 694	6.0%
2017 年	1 664 810	114 994	6.4%
2018 年	1 692 846	140 650	7.6%

由表 6-1 可以看出来，我国自 2014 年至 2018 年之间不起诉率在 5%~7% 左右，远远低于域外诸多国家的不起诉率。[2]不起诉率低意味着我国不起诉制度在实践中无法发挥案件过滤功能、提高诉讼效率的作用。从 2014 年至 2018 年全国法院判处无罪或轻缓性的情况来看，我国不起诉制度确实没有发挥出过滤案件的功能。关于我国 2014 年至 2018 年全国法院判处无罪或轻缓性的情况，请参见表 6-2：

表 6-2 2014 年~2018 年全国法院判处无罪或轻缓刑情况[3]

单位：人

年份	当年生效判决人数	宣告无罪	宣告不负刑事责任	免予刑事处罚	拘役	缓刑	管制	单处附加刑	无罪或轻缓刑占比
2014 年	1 184 562	778	–	19 253	145 086	368 129	12 226	23 951	48.7%
2015 年	1 232 695	1039	–	18 020	157 915	363 517	11 768	23 059	46.6%
2016 年	1 220 645	1076	–	19 966	165 161	366 321	9463	23 859	46.1%
2017 年	1 270 141	1156	478	20 684	158 860	347 989	7372	22 997	44.0%
2018 年	1 430 091	819	500	16 711	198 508	401 127	7503	9756	44.3%

---

〔1〕 此数据根据 2015 年~2019 年间最高人民检察院在全国人民代表大会上的工作报告以及 2015 年~2019 年《中国法律年鉴》整理所得。

〔2〕 不起诉率≈不起诉人数/（不起诉人数+提起公诉人数）。

〔3〕 根据最高人民法院公报司法统计专栏整理所得，参见 http:// gongbao. court. gov. cn/ArticleList. html? serial_ no=sftj，最后访问日期：2020 年 12 月 4 日。

由表 6-2 可以看出来，在人民法院生效判决中，判处无罪、宣告免予刑事处罚以及拘役、管制、缓刑、单处附加刑等轻缓刑平均约占 45%。当然，判处无罪或轻缓刑的比例是多方面原因的结果，但是不起诉制度适用率低是其中重要的原因。事实上，对这些案件，如果可以在审查起诉阶段合理适用不起诉予以处理，可能会有更好的效果。[1]由此可见，不起诉制度适用率低，导致难以实现繁简分流。

其次，酌定不起诉制度与附条件不起诉制度的适用条件存在竞合，导致司法实践无所适从。法律表现形式理性化要求之一即法律规范体系之间各个要素相互联系及其内部的一致性，不仅要有法律规范调整人们（包括国家机关）的各项行为，而且法律规范本身要结构严谨，层次分明，具有和谐性、不能自身相互冲突。[2]在刑事诉讼中，不同的不起诉制度之间应当形成结构严谨、层次分明的体系，且不同的不起诉制度的适用应当是和谐的。然而，按照现行《刑事诉讼法》的规定，只要事实构成犯罪且情节轻微按照《刑法》不需要判处刑罚，就可以适用酌定不起诉制度。也就是说，酌定不起诉制度的适用并未附加任何考察条件，一旦作出即是最终不追究刑事责任的状态。而附条件不起诉制度的适用条件有五个，分别是未成年人犯罪案件、涉嫌刑法分则第四章、第五章、第六章规定的犯罪、可能判处 1 年有期徒刑以下刑罚、符合起诉条件、有悔罪表现。"符合起诉条件"意味着检察机关认为事实清楚，证据确实充分，这与酌定不起诉制度一致。此外，"可能判处一年有期徒刑以下刑罚"意味着有可能不需要判处刑罚或者免除刑罚，而且，酌定不起诉制度本身并未禁止在未成年人犯罪案件中适用。由此可以看出来，附条件不起诉制度的适用条件与酌定不起诉制度的适用条件存在竞合之处。倘若未成年人犯罪案件同时符合酌定不起诉制度和附条件不起诉制度的条件，则适用何种不起诉制度就存在争议，这必然导致司法实践部门无所适用。倘若检察机关一味适用附条件不起诉制度，则会架空酌定不起诉制度在未成年人犯罪案件中的适用；反之亦然。由此可见，检察机关在同时符合两种不起诉制度的案件中适用不同的不起诉制度，只会破坏法律的统一适用，遑论树立法律权

---

〔1〕 参见童建明："论不起诉权的合理适用"，载《中国刑事法杂志》2019 年第 4 期。

〔2〕 参见汪海燕："形式理性的误读、缺失与缺陷——以刑事诉讼为视角"，载《法学研究》2006 年第 2 期。

威了。

再其次，被害人针对不起诉决定寻求救济的机制设置得不够合理。不起诉制度功能的发挥，需要建立一套与制度运行相配套的具体规范作支撑。这主要涉及不起诉制度的适用条件、不起诉制度的适用程序、不起诉制度的救济机制等问题。我国现行《刑事诉讼法》及相关司法解释对上述问题均有规定。对不起诉制度适用程序问题，2019 年最高检《规则》有所完善，如规定检察机关立案侦查的案件不起诉决定的作出由本院负责捕诉的部门报检察长批准后作出。然而在适用条件上则存在酌定不起诉制度与附条件不起诉制度适用条件上的竞合等问题，对此上文已有详述，此处不赘。在不起诉制度的救济机制上，虽然现行《刑事诉讼法》《监察法》及相关司法解释明确规定了公安机关、监察机关、被害人以及被不起诉人等人的救济机制，但是不起诉制度的救济机制仍然存在问题，尤其是被害人的救济机制不够合理。一般而言，被害人作为犯罪行为直接侵害的对象，往往有着较为强烈的追究犯罪嫌疑人、被告人刑事责任的意愿。倘若检察机关对犯罪嫌疑人作出不起诉决定，则意味着被害人"复仇"的愿景没有实现，此种情况下被害人通常会对不起诉决定不满。为了解决被害人救济无门的问题，我国现行《刑事诉讼法》赋予被害人将公诉案件转为自诉案件，直接向法院提起自诉的权利，即对于侵犯被害人人身权利或财产权利的公诉案件，如果被害人对检察机关作出的不起诉决定不服的，有权直接向法院提起自诉。[1]应当承认，允许被害人直接向法院提起自诉的初衷旨在保障被害人的诉讼权利。在此类案件中，由被害人承担证明责任，即被害人提起自诉须提出足以证明被告人有罪的证据，否则法院驳回起诉。然而，我国现行《刑事诉讼法》并没有赋予被害人收集证据的手段和措施，更甚的是，国家专门机关收集有罪证据尚且存在困难，遑论作为法律外行的一般个体，其追诉犯罪成功的难度自不待言。从有关学者的实证调研数据来看，被害人不服检察机关不起诉决定向法院提起自诉的成功率并不高。有学者以被害人不服酌定不起诉决定向法院提起自诉的情况

---

　　[1] 现行《刑事诉讼法》第 180 条规定："对于有被害人的案件，决定不起诉的，人民检察院应当将不起诉决定书送达被害人。被害人如果不服，可以自收到决定书后七日以内向上一级人民检察院申诉，请求提起公诉。人民检察院应当将复查决定告知被害人。对人民检察院维持不起诉决定的，被害人可以向人民法院起诉。被害人也可以不经申诉，直接向人民法院起诉。人民法院受理案件后，人民检察院应当将有关案件材料移送人民法院。"

作为调研对象，发现 S 省 2013 年至 2016 年间，检察机关对 9576 人作出酌定不起诉决定，但仅有 5 人针对酌定不起诉决定提起自诉。[1] 由此可见，被害人针对公诉案件直接向法院提起自诉的做法在实践中十分罕见，被害人陷入有权无利、告状有门但无路的尴尬境地，[2] 导致被害人通过向法院提起自诉以实现对不起诉决定监督的途径形同虚设。[3] 应当承认，被害人提起自诉率低的原因是多样的，但是缺乏收集证据的手段导致难以成功是其中重要原因。需要指出的是，2021 年最高法《解释》为了解决被害人取得证据困难的问题，明确规定被害人有权向法院申请调取证据。而且，针对通过信息网络实施的侮辱、诽谤行为，被害人提起自诉，但提供证据确有困难的，人民法院可以主动要求公安机关提供协助。[4] 毋庸置疑，这在一定程度上缓解了被害人取得证据困难的问题，但并没有得到根本解决。

最后，不起诉制度设置不能满足司法实践发展的需要。如上文所述，我国目前确立了包括法定不起诉制度、酌定不起诉制度、证据不足不起诉制度、附条件不起诉制度以及认罪认罚特别不起诉制度五种不起诉制度。然而，随着经济全球化的发展趋势，近年来我国企业在国际社会上开始遭受合规问题的诘难与挑战，如 2018 年 6 月中兴通讯因合规问题遭到美国商务部诘难，迫使中兴通讯通过完善合规计划、支付巨额罚款等方式换取生存空间。[5] 同样的，抖音海外版 Tik Tok 在 2020 年也因合规问题遭到美国禁令。[6] 在此背景下，加之我国检察职能的发展需要，在审查起诉阶段如何激励对企业合规计划的重视以及制定合规计划成为审查起诉阶段的新问题。放眼域外，要求企

---

〔1〕 参见张树壮、周宏强、陈龙："我国酌定不起诉制度的运行考量及改良路径——以刑事诉讼法修改后 S 省酌定不起诉案件为视角"，载《法治研究》2019 年第 1 期。

〔2〕 参见门美子："检察机关不起诉制度的制约与救济"，载孙力、王振峰主编：《不起诉实务研究》，中国检察出版社 2010 年版，第 216 页。

〔3〕 参见戚劲松："论不起诉的权力制约"，载孙力、王振峰主编：《不起诉实务研究》，中国检察出版社 2010 年版，第 189 页。

〔4〕 2021 年最高法《解释》第 325 条规定："自诉案件当事人因客观原因不能取得的证据，申请人民法院调取的，应当说明理由，并提供相关线索或者材料。人民法院认为有必要的，应当及时调取。对通过信息网络实施的侮辱、诽谤行为，被害人向人民法院告诉，但提供证据确有困难的，人民法院可以要求公安机关提供协助。"

〔5〕 参见李玉华："我国企业合规的刑事诉讼激励"，载《比较法研究》2020 年第 1 期。

〔6〕 参见刘少军："企业合规不起诉制度本土化的可能及限度"，载《法学杂志》2021 年第 1 期。

业制定合规计划并根据企业完成情况最终作出是否起诉决定的做法作为一种企业犯罪司法治理模式，因其有效激励企业重视合规计划而受到世界诸多国家的青睐。回视我国，我国不起诉制度的种类并没有专门的措施应对此种新变化，可以说，目前不起诉制度的设置不能满足司法实践发展的需要。

三、不起诉制度的完善

不起诉制度的完善是一项系统工程，非一朝一夕之功所能完成，但仍要采取措施，完善我国的不起诉制度。需要指出的是，面对司法实践发展的需要，探索构建企业合规不起诉制度是重要改革方向，对此，笔者将在本章第三节进行讨论。此处就其他问题的解决进行讨论。

首先，就不起诉制度适用率低的问题，建议以认罪认罚从宽制度为切入，扩大酌定不起诉制度的适用率，从而起到提高不起诉制度适用率的作用。我国自 2016 年开展认罪认罚从宽制度的试点工作并在现行《刑事诉讼法》修改时将之写入法典。从当时试点的情况来看，认罪认罚案件不起诉率并不高，作出不起诉处理的只占 4.5%，但同时免予刑事处罚的占 0.3%，判处 3 年有期徒刑以下刑罚的占 96.2%，其中判处有期徒刑缓刑、拘役缓刑的占 33.6%，判处管制、单处附加刑的占 2.7%。[1]这为通过认罪认罚从宽制度提高不起诉制度适用率提供了空间。事实上，两院三部《认罪认罚从宽指导意见》也明确要求在认罪认罚案件中扩大酌定不起诉制度的适用，即第 30 条第 1 款规定："完善起诉裁量权，充分发挥不起诉的审前分流和过滤作用，逐步扩大相对不起诉在认罪认罚案件中的适用。对认罪认罚后没有争议，不需要判处刑罚的轻微刑事案件，人民检察院可以依法作出不起诉决定。人民检察院应当加强对案件量刑的预判，对其中可能判处免刑的轻微刑事案件，可以依法作出不起诉决定。"随着认罪认罚从宽制度的发展，扩大酌定不起诉在认罪认罚案件中的适用，可以有效发挥不起诉制度的审前分流功能，有效提高诉讼效率。

其次，正确处理酌定不起诉制度与附条件不起诉制度的关系。如上文所述，我国酌定不起诉制度与附条件不起诉制度在适用条件上存在竞合，容易

---

〔1〕　参见周强："关于在部分地区开展刑事案件认罪认罚从宽制度试点工作情况的中期报告"，载《人民法院报》2017 年 12 月 24 日，第 2 版。

导致适用上的无所适从。因此，应当采取措施厘清酌定不起诉制度与附条件不起诉制度之间的关系，真正发挥两种不起诉制度在审前的分流功能。需要指出的是，过去，我国理论界在如何理顺酌定不起诉制度与附条件不起诉制度二者关系的问题产生较大的争议，并形成三种不同的改革思路：交叉式、阶梯式与重整式的改革思路。[1]交叉式是指在保留原有酌定不起诉制度适用范围基础上，另行设立附条件不起诉的案件适用范围，并适用于特殊主体即未成年人。阶梯式立法思路则主张在现有酌定不起诉的案件范围基础上增加一个等级，情节相对较重但还属于轻罪范围内，并设置若干附加条件，使之与无附加条件的现有酌定不起诉制度一起，形成酌定不起诉制度的两个等级。[2]重整式则主张参照德日立法，重新划定酌定不起诉范围，在这一范围内，检察官既可以作出酌定不起诉，也可以作出附条件不起诉，裁量的标准在于犯罪嫌疑人的性格、年龄、境遇、犯罪的轻重及犯罪后的情况，利用非刑罚的方法是否更有利于维护社会公共利益和被追诉人的利益。[3]从上述三种改革思路来看，我国现行《刑事诉讼法》所采取的就是第一种改革思路，但如上文所述，此种思路在实践中已经暴露出相关问题，因此，仍需要改革。如果对酌定不起诉制度与附条件不起诉制度采取阶梯式立法思路，似乎能够较好地解决二者竞合的问题，但是这种阶梯式的立法思路，以酌定不起诉制度本身的适用条件容易把握为前提条件。从我国目前司法实践来看，酌定不起诉制度的适用条件并不容易把握，在本来就不容易把握的条件上再增加附条件不起诉制度的标准，只会使原来的酌定不起诉制度在实践中适用率更低。就可操作性而言，应当采取重整式的立法思路，只有这样，才能真正使得适用条件易于把握和理解，而且有效避免当前酌定不起诉制度与附条件不起诉制度之间出现竞合。

最后，完善被害人对不起诉决定的救济机制。针对被害人对不起诉决定提起自诉这一救济机制流于形式的问题，应当采取有效措施进行完善。理论界就如何完善被害人对不起诉决定救济机制从不同的角度提出不同的解决方案。如有学者提出废止公诉转自诉制度，建立强制起诉制度，即建议：被害

---

[1] 参见葛琳："附条件不起诉之三种立法路径评析——兼评刑诉法修正案草案中附条件不起诉之立法模式"，载《国家检察官学院学报》2011年第6期。

[2] 参见陈光中："关于附条件不起诉问题的思考"，载《人民检察》2007年第24期。

[3] 参见陈卫东主编：《模范刑事诉讼法典》，中国人民大学出版社2005年版，第439页。

人不服不起诉决定的，应当向上一级检察院申诉；对上一级检察院维持不起
诉决定不服的，可以向原作出决定的检察院的同级法院申请对案件进行审查。
同级法院认为被害人申请判处被不起诉人刑罚的理由可能成立的，应通知检
察院移送案件材料；经审查案件材料，认为不起诉决定存在错误，应追究被
不起诉人刑事责任的，裁定检察院提起公诉。此制度设计将被害人向检察机
关申诉作为向法院提出申请的前置程序，也相应取消了被害人的举证责任。
[1]有学者同样主张废止我国的公诉转自诉制度，但另辟蹊径从域外经验寻找
灵感，指出可以借鉴日本的准起诉程序设置被害人对不起诉决定的救济机制，
如果被害人对检察官不起诉决定不服可以申请法院对检察官的不起诉决定进
行司法审查，对于该申请，法院可以作出驳回诉讼请求或者交付审判的裁定。
如果法院作出交付审判的裁定，将案件移送管辖法院审判，则视为已向法院
提起诉讼，其效力等同于检察机关提起公诉，但此时公诉人不再是检察官，
而是法院指定的律师。[2]此外，还有学者认为被害人对不起诉决定提起自诉
的权利改革的方向应当是建立被害人司法审查申请制，即被害人有证据证明
不起诉决定有错，法院为审查之目的有权要求检察机关移送案件材料，并进
行调查核实，经审查认为被害人理由成立的，作出继续追究刑事责任的决定，
移交检察机关执行；理由不成立的则予以驳回。[3]有学者在被害人司法审查
申请制的基础上进一步指出，法院对于公诉转自诉的司法审查，应仅限于不
起诉决定的合法性；而对于合理性的判断，应该尽可能尊重检察院的决
定。[4]在笔者看来，无论是强制起诉制度还是借鉴日本做法建立准起诉程序，
在我国当前的司法环境中都难以实现。尤其是准起诉程序的构建，公诉人由
法院指定的律师担任，这显然与我国目前的司法环境不相符合。从可行性的
角度来看，笔者建议构建被害人司法审查申请制，这样既可以避免被害人的
自诉权有名无实的尴尬境地，又可以通过司法审查的方式对检察机关的不起
诉决定进行监督，畅通被害人对不起诉决定的救济渠道。

---

〔1〕 参见张树壮、周宏强、陈龙："我国酌定不起诉制度的运行考量及改良路径——以刑事诉讼
法修改后 S 省酌定不起诉案件为视角"，载《法治研究》2019 年第 1 期。

〔2〕 参见周长军："认罪认罚从宽制度推行中的选择性不起诉"，载《政法论丛》2019 年第 5
期。

〔3〕 参见张枚、杨崇华："不起诉救济制度研究——以被害人自我救济为视角"，载孙力、王振
峰主编：《不起诉实务研究》，中国检察出版社 2010 年版，第 224~225 页。

〔4〕 参见郭烁："酌定不起诉制度的再考查"，载《中国法学》2018 年第 3 期。

刑事审判制度改革

　　审判制度是刑事诉讼的核心制度之一。刑事诉讼法几次修改均把审判制度作为重点改革领域。十八届四中全会《决定》在"推进严格司法"部分更是明确提出"推进以审判为中心的诉讼制度改革，确保侦查、审查起诉的案件事实证据经得起法律的检验"。以审判为中心的诉讼制度改革以庭审实质化为落脚点。如何实现庭审实质化是刑事司法改革的重要课题。此外，近年来我国为了增强境外追逃的工作力度，2018 年增设了刑事缺席审判制度。然而，刑事缺席审判制度的内容仍然较为粗疏，如何完善刑事缺席审判制度是审判制度改革的重要内容。基于此，本章主要探讨庭审实质化与刑事缺席审判制度。

第一节　　庭审实质化

　　庭审实质化是指应通过庭审的方式认定案件事实并在此基础上决定被告人的定罪量刑，[1]其核心要求在于发挥庭审的实质作用，做到"事实证据调查在法庭，定罪量刑辩护在法庭，裁判结果形成于法庭"，[2]使庭审程序在认定被告人是否有罪的问题上发挥关键作用。庭审实质化是以审判为中心的刑事诉讼制度的落脚点，它首先要求庭审程序应当是实质化的，也就是庭审过程不能走过场，而应当扎扎实实地对案件事实及相关证据进行调查，在此基

---

　　〔1〕　参加汪海燕："论刑事庭审实质化"，载《中国社会科学》2015 年第 2 期。
　　〔2〕　最高法《防范冤假错案意见》第 11 条规定："审判案件应当以庭审为中心。事实证据调查在法庭，定罪量刑辩论在法庭，裁判结果形成于法庭。"

础上对案件事实作出认定，并根据法律规定对被告人是否有罪、应否承担刑事责任以及如何承担刑事责任作出裁判。庭审对于控辩双方来说诉讼意义不同。对控方来讲，是其依法履行证明被告人有罪及应负刑事责任的举证责任的过程；对辩方而言，则是其针对控方的指控依法行使质证权的过程，其中也包括提出有利证据反驳控方的指控。因此，庭审实质化在程序上的要求就是庭审程序或庭审过程的实质化，其中主要是有效保障辩方的质证权。[1]

一、庭审实质化的程序要求

（一）庭审实质化与庭审程序实质化

庭审实质化是与庭审虚化相对应的概念，它要求庭审应当在查明事实、认定证据、保护诉权、公正裁判中发挥决定性作用。[2]所谓庭审虚化，是指法官对证据和案件事实的调查认定主要不是基于法庭上控辩双方的举证和质证活动来完成的，而是通过庭审之前或之后对案卷的书面审查来完成的，或者法院的判决主要不是由主持庭审的法官或合议庭作出的，而是由"法官背后的法官"作出的，庭审在刑事诉讼过程中没有发挥实质性作用，司法人员不经过庭审程序也照样可以作出被告人是否有罪的判决，庭审沦为纯形式的"走过场"。[3]而庭审实质化是指庭审应当真正发挥其在调查认定案件事实并在此基础上决定对被告人定罪量刑的实质作用。庭审实质化的程序要求是指庭审活动是决定被告人命运的关键环节，诉讼证据质证在法庭、案件事实查明在法庭、诉辩意见发表在法庭、裁判理由形成在法庭。[4]由此也决定了庭审实质化是以审判为中心的刑事诉讼制度的核心内容。[5]

---

〔1〕　本章使用的"质证权"，包括辩方对言词证据和实物证据的质证。

〔2〕　实践中，庭审长期没有发挥应有的功能，事实认定、法律适用、纠纷解决主要不是通过庭审来完成。十八届中全会《决定》提出，要保证庭审在查明事实、认定证据、保护诉权、公正裁判中发挥决定性作用。

〔3〕　参见何家弘："刑事庭审虚化的实证研究"，载《法学家》2011年第6期。

〔4〕　参见汪海燕："论刑事庭审实质化"，载《中国社会科学》2015年第2期；最高法《防范冤假错案意见》第11条："审判案件应当以庭审为中心，事实证据调查在法庭，定罪量刑辩护在法庭，裁判结果形成于法庭。"最高人民法院《关于全面深化人民法院改革的意见——人民法院第四个五年改革纲要（2014—2018）》又将之分化为"四个在法庭"：即"实现诉讼证据质证在法庭、案件事实查明在法庭、诉辩意见发表在法庭、裁判理由形成在法庭"。

〔5〕　参见汪海燕："论刑事庭审实质化"，载《中国社会科学》2015年第2期；李冉毅："刑事庭审实质化及其实现路径"，载《宁夏社会科学》2016年第1期。

庭审实质化首先表现在庭审程序的实质化上，即庭审程序不能形式化、走过场。事实证据调查在法庭，定罪量刑辩论在法庭，裁判结果形成于法庭是实现庭审实质化的程序要求。[1]换句话说，庭审如何具备发现真相的功能？如何能实现对被告人准确地定罪、量刑？又如何能在庭审的基础上作出权威、终局的裁判？这些问题具体表现在：庭审中司法证明的实质化、控辩对抗的实质化、坚持证据裁判原则、裁判文书说理充分、审判公开公正等。[2]而落实这些抽象的要求，就必须做到证人鉴定人出庭、贯彻直接言词原则、对控方实行严格证明责任、依法排除非法证据、有效保障被告人和辩护人的辩护权、加强法律援助辩护等。[3]这些都是实现庭审实质化必不可少的原则和措施。[4]

(二) 庭审程序实质化的基本要求

职权主义国家的庭审规则以法官的认知结构为基础确立并展开：法官-证据-案件，法官有发现真实的义务，并享有广泛的调查职权，法官亲自调查言词证据和实物证据，并在证据的基础上发现真实，作出裁判。而在当事人主义的背景下，庭审实质化基本上围绕着被告人的对质权展开，被告人是否能提出有利证据、质疑对方的不利证据、对争议进行充分辩论是推进程序和发现事实的最重要机制。虽然认知结构和立足点不相同，但是两大法系国家在庭审实质化的核心上却拥有相同的要求：一是证人出庭；二是裁判者的亲历性（直接审理和直接采证）；三是只能在庭审的基础上制作判决。[5]这样，庭审程序实质化的要求可转化为以下三个问题。

首先是证人出庭作证的问题。证人出庭作证是为了发现真实并且维持审判程序的公平。在美国，对质权是被告人的一项基本的宪法性权利，《美国联邦宪法》第六修正案规定"被告人有权和对自己不利的证人进行当面对质"，证人出庭作证是为了保障被告人的对质权。美国的学者进一步指出，对质条款不仅是保护被告人有权让不利于自己的证人出庭的权利，"证人当庭作证"

〔1〕 参见顾永忠："试论庭审中心主义"，载《法律适用》2014 年第 12 期。
〔2〕 参见孙长永、王彪："论刑事庭审实质化的理念、制度和技术"，载《现代法学》2017 年第 2 期；郭天武、陈雪珍："刑事庭审实质化及其实现路径"，载《社会科学研究》2017 年第 1 期。
〔3〕 参见龙宗智："庭审实质化的路径和方法"，载《法学研究》2015 年第 5 期。
〔4〕 本章所研究的"庭审"仅指一审普通程序，不包括简易程序、速裁程序。
〔5〕 参见魏晓娜："以审判为中心的刑事诉讼制度改革"，载《法学研究》2015 年第 4 期。

还必须包含四个完整的要素：一是可以接受交叉询问；二是在伪证罪的威慑下提供证言；三是使得陪审团可以观察到证人作证时的言行举止；四是证人必须与被告人面对面地提供证言。[1]也就是说，为了从实质意义上实现被告人的对质权，证人出庭本身并不是目的，证人不仅要出庭，而且应当能够接受控辩双方的交叉询问，和被告人面对面进行对质，如果作伪证还将面临伪证罪的刑事处罚。而在德国传统的法庭审判中，庭审的核心任务是发现真实，证人出庭并不是为了保障被告人的对质权，而是为了协助法官发现事实真相，只有在征得法官同意的情况下，被告人才能对证人进行发问。[2]需要指出的是，自2000年开始，欧洲人权法院通过判例对《欧洲保障人权和基本自由公约》第6条进行了解释，将对质权确立为被告人的基本人权，包括：第一，只能在被告人在场时才能调查证据；第二，询问证人必须遵循武器平等原则，也即"平等对抗的原则"；第三，应当保障被告人有面对面地质问证人的权利。可以说，欧洲人权法院的解释将证人出庭问题直接转化为保障被告人对质权的问题。因此，一旦将对质权作为被告人的基本诉讼权利，证人出庭从本质上来说就是为了实现被告人的对质权，这是世界范围内被告人的人权发展趋势。

其次是裁判者的亲历性问题。在陪审团和对抗式诉讼的基础上，美国法庭的裁判权实行事实裁判权和法律适用裁判权二元化的制度。陪审团负责对事实问题作出裁断，在主审法官的主持下，控辩双方在陪审团面前举证、质证和辩论，除了维持法庭规则和证据规则而外，主审法官是消极中立的。美国的陪审团制度使得控方卷宗被成功阻隔在法庭之外，加之传闻证据规则的适用，证人出庭作证必须让陪审团观察到证人的言行举止，庭审之后立刻不间断评议，使得陪审团作出的决定只能基于当庭获取的对证人、证据材料以及控辩双方的言词辩论形成的印象。[3]而陪审团所获取的一切信息均基于控辩双方对证据材料的出示、辩论以及对证人的交叉询问。基于对被告人对质

---

〔1〕 参见［美］约书亚·德雷斯勒、艾伦·C.迈克尔斯：《美国刑事诉讼法精解》（第二卷·刑事审判），魏晓娜译，北京大学出版社2009年版，第231页。

〔2〕 参见林钰雄：《严格证明与刑事证据》，法律出版社2008年版，第214~222页。

〔3〕 由于陪审团制度的存在，美国法庭形成了传闻证据规则，使得事实裁判者的亲历性有了极大的保障。参见朱立恒："从陪审团审判到公正审判——关于传闻证据规则的历史沿革和理论嬗变"，载《政法论坛》2009年第3期。

权的保障，证人必须出庭作证，否则其证言将以损害被告人对质权为由予以排除。[1]因此，可以说，因为确保了被告人一方的对质权，才使得裁判者可以亲历审判。

我国近年来不断强调在庭审中贯彻直接言词原则，理论界对这一问题基本已经达成共识，但是，实践中一些地方法院将直接言词原则简单化为证人、鉴定人出庭问题，这是对直接言词原则的误读。直接言词原则作为大陆法系国家庭审中保障裁判者亲历性的基本原则，包括直接审理原则和言词审理原则。言词审理原则的含义包括两个方面：其一是参与庭审的各方都应该用言词陈述的方式进行攻击、防御、辩论、审判等诉讼活动，没有以言词方式进行的诉讼行为不具有程序法上的效力。其二是庭审过程中控辩双方提出的证据材料，包括法官庭外调查核实后提出的证据，都应该以言词陈述的方式进行，如口头询问证人、被害人、鉴定人，以口头方式提出实物证据并发表意见，任何未经言词提出和调查的证据不得作为定案的根据。[2]由此可以看出，无论是进行诉讼活动还是提出证据、对证据发表意见，都离不开被告人的质证权。进一步说，质证可以分为对人的质证和对物的质证，对人的质证毫无疑问是一个对质诘问的过程，但是在对物的质证过程中，对有争议的书证、物证等实物证据，仍然需要制作人、提取人、保管人出庭说明情况，接受辩方的质证，以证明证据的同一性或保管链条的完整性；[3]对有疑问的勘验、检查、侦查实验笔录，侦查人员和检察人员应当出庭作证说明情况并接受辩方的质证。如此，裁判者的亲历性要得到保障，必须有辩方的质证权作为前提。

最后是在庭审的基础上制作判决的问题。庭审应当具有自治性，也就是具有能产生权威、终局性裁判结论的能力。要实现上述目标，庭审活动必须遵循程序正义的最低限度的要求：第一，有争议的双方充分参与了判决的制作过程，影响了对自己有利害关系的判决结果，被告人的辩护权、程序参与

---

〔1〕 值得注意的是，在美国刑事诉讼中，损害被告人对质权的传闻证据并不绝对排除，传闻证据本身有其排除范围和例外，传闻例外能否作为证据使用又不损害被告人的对质权，适用"真实担保理论"和"防止政府权力滥用理论"。关于传闻证据和对质权关系的讨论，参见易延友："'眼球对眼球的权利'——对质权制度比较研究"，载《比较法研究》2010年第1期。

〔2〕 参见陈瑞华："什么是真正的直接和言词原则"，载《证据科学》2016年第3期。

〔3〕 参见刘译矾："论电子数据的双重鉴真"，载《当代法学》2018年第3期。

权得到了充分的保障；第二，法院判决的作出是建立在控辩双方对事实、证据、法律的充分表达和辩驳基础之上的，控辩双方的意见、观点、疑虑经过了正反两面的质疑和辩驳，中立的法官在此基础上作出事实认定和法律适用的决定；第三，公开审判、直接言词原则、集中审理原则在庭审中得到了充分的展现。[1]通过分析可以发现，只有控辩双方充分参与裁判制作过程，在庭审中展现全部的证据和观点，法庭才能据此作出令人信服的判决。在这个意义上，只有充分保障了辩方的质证权，双方的充分参与才有可能，裁判也才会基于庭审而产生。

综上所述，庭审实质化的程序要求虽然体现在诸多方面，但核心是有效保障辩方的质证权。如果辩方的质证权得不到有效保障，庭审实质化改革就很难有所突破。

二、辩方质证权的内容及其有效保障

（一）辩方对质权与质证权

我国理论界往往把美国法中被告人"对质权"与辩方的质证权混为一谈。其实，对质权是指被告人与对自己不利的证人进行对质的权利（right to be confronted with the witnesses against him），也就是说，对质权的对象不包含同案被告人和控方所提交的所有证据材料。因此，美国法上的"对质权"比我国刑事诉讼理论中的"辩方质证权"外延更为狭小。通常而言，"质证是指在审判人员的主持下，由控辩双方对所出示证据材料及出庭作证人员的言词证据的证据能力和证明力相互进行质疑和辩驳，以确认是否作为定案依据的诉讼活动"[2]。证据材料和证人证言未经过辩方的质证，不得作为定案的根据。[3]因此，辩方质证权是指被告人、辩护人对控方出示的证据材料及出庭作证人员的言词证据的证据能力和证明力进行质疑和辩驳的权利，任何未经被告人、辩护人质证的证据材料，不得作为定案根据。以法庭调查程序

---

〔1〕　参见魏晓娜：《刑事正当程序原理》，中国人民公安大学出版社 2006 年版，第 266~275 页。

〔2〕　《人民检察院公诉人出庭举证质证工作指引》第 2 条第 2 款。

〔3〕　现行《刑事诉讼法》第 61 条规定："证人证言必须在法庭上经过公诉人、被害人和被告人、辩护人双方质证并且查实以后，才能作为定案的根据。法庭查明证人有意作伪证或者隐匿罪证的时候，应当依法处理。"最高法《防范冤假错案意见》第 12 条第 1 款规定："证据未经当庭出示、辨认、质证等法庭调查程序查证属实，不得作为定案的根据。"

为视角，[1]辩方质证权又可以分为"对人的质证权"和"对物的质证权"。前者是对证人、鉴定人、被害人、侦查人员等作证人员的对质询问的权利，后者则是对书证、物证以及电子数据等实物证据进行质疑和发表意见的权利。而且一旦对实物证据的证据能力存有疑问且会影响到案件事实的澄清，实物证据的提取人、记录人、保管人、侦查勘验笔录的制作人都应当出庭接受辩方的询问。

（二）辩方质证权的内容

第一，辩方"对人的质证权"。对质权（对人的质证权）的立法模式分为大陆法系国家以查明事实真相为基础的"职权对质模式"和英美法系国家建立在被告人对质权制度基础上通过对质权规范和传闻证据规则实现的"对质权对质模式"。[2]英美司法制度中的对质权是提出证人证言的基本方式，对质权的主要内容可从三方面理解：一是对质权的权利主体是被告人而不是其他诉讼参与人；二是该权利指向的对象是不利证人而非所有证人；三是这一权利还包括了强制要求不利证人出庭的权利。而大陆法系国家一般不从权利的角度来理解对质制度，而把对质当作一种发现真实的证据方法，但由于欧洲人权法院的解释，被告人的对质权已经普遍确立起来。我国学者对对质权的组成要素存在不同的观点，有学者认为对质权包括四个要素：到场规则、宣誓规则、面对面规则、交叉询问规则。[3]而有学者指出这个内涵虽然较为完整地概括了英美对质权的要素，但是没有考虑到对质权作为一项普遍权利的应用问题，因此主张对质权包括"面对面""接受质询者的诚实义务""对抗性质询"这三项要素。[4]而有学者则指出，从实质上来讲对质权表现为被告人的询问权，从形式上来讲对质权表现为被告人的在场权。[5]也有学者在对欧洲人权法院判例分析的基础上指出对质诘问权是公正程序的最低标准，主要是被告人面对面、全方位挑战及质问不利证人的适当机会。[6]

---

[1] 就证据调查的对象而言，法庭调查可以分为"人证调查"和"物证调查"两类。参见步洋洋：《刑事庭审实质化路径研究》，法律出版社 2018 年版，第 139~152 页。

[2] 参见龙宗智："论刑事对质制度及其改革完善"，载《法学》2008 年第 5 期。

[3] 参见陈永生："论辩护方当庭质证的权利"，载《法商研究》2005 年第 5 期。

[4] 参见廖耘平：《对质权制度研究》，中国人民公安大学出版社 2009 年版，第 12~19 页。

[5] 参见郭天武："论我国刑事被告人的对质权"，载《政治与法律》2010 年第 7 期。

[6] 参见林钰雄："证人概念与证人对质诘问权——以欧洲人权法院相关裁判为中心"，载《欧美研究》2006 年第 1 期。

笔者认为，上述不同观点不存在实质分歧，都从不同的角度展现了被告人对质权的组成要素和内容。在对上述不同观点的综合比较和取舍的基础上，笔者赞同被告人"对人的质证权"包含"对质权"和"询问权"两项内容。[1]通过"对质权"和"询问权"的行使，辩方可以有效质证不利证人证言的证据能力和证明力。

就"对质权"而言，"对质权"包含"在场权"和"面对面"的权利。其一，"在场权"是指被告人及其辩护人的在场权以及被告人及辩护人要求不利证人在场的权利。法院应当确保被告人及其辩护人拥有实现这项权利的机会，控方负有提出控方证人出庭作证的义务，证人则负有出席法庭作证的义务。在诉讼法意义上来看，在场权意味着被告人及其辩护人有权出席法庭审判的权利，被告人及其辩护人不仅有权参与法庭审判的全过程，而且在法庭举行的庭外调查或者庭前会议中也应当在场。而对于控方以及不利证人而言，如果控方无故不出席法庭，法庭可以终止审理或者撤销指控，证人经传唤无故不出席法庭不仅应当面临相应的处罚，而且其庭外证言不得作为定案的根据。其二，"面对面的权利"是指被告人有权与出庭的不利证人面对面进行对质的权利，这项权利其实是在场权的延伸。我国有学者甚至将这一权利强调为"眼球对眼球的权利"。[2]在美国法中，这项权利包括被告人目视证人的权利和使证人目视自己的权利，被告人有权目视证人比较容易理解，因为事实真相如何，仅被告知悉，被告人在场目视证人可以有效协助律师对证人进行质证。[3]而证人应当目视被告人则是美国联邦最高法院在一份判决中所指出的，其理由是"一般人更容易在背后捏造事实诬陷他人，但很难当面撒谎……使证人与被告人当面对质，能有效揭露虚伪证言"。[4]

就"询问权"而言，"询问权"是指被告人及其辩护人有权在法庭上对出庭的不利证人进行"对抗性质询"的权利。在英美法系国家，由于其独特的证据调查方式，"询问权"通常又叫作交叉询问权（right to cross-examina-

[1] 参见沈源洲：《刑事被告人对质询问权研究》，中国政法大学出版社2012年版，第16~36页。
[2] 参见易延友："'眼球对眼球的权利'——对质权制度比较研究"，载《比较法研究》2010年第1期。
[3] 参见王兆鹏：《美国刑事诉讼法》，北京大学出版社2014年版，第448页。
[4] Coy v. Iowa, 487 U. S. 1012（1988）.

tion）。询问权应当包含如下最低限度的要素：一方面，法院对被告人询问证人负有提供机会的义务，这又包括两个基本要求：一是除非有合理理由，法官不得打断被告人的询问；二是未经被告人询问的证人证言，不得作为定案根据；另一方面，证人对被告人的询问负有容忍义务和如实回答的义务。由此可见，对抗性质询应当满足以下要求：首先是被告人及其辩护人应当有机会向法庭提供与不利证人证言内容不一致的证据材料；其次是应当允许被告人及其辩护人通过提出品格证据来对证人的可信性进行攻击和质疑；最后是被告人及其辩护人应当有权观察不利证人的言行举止，并且有权在法官面前对此作出评价。[1]

第二，辩方"对物的质证权"。辩方"对物的质证权"是指被告人、辩护人对控方出示的证据材料的证据能力和证明力进行质疑和辩驳的权利，任何未经被告人及其辩护人质证的证据材料，不得作为定案根据。放眼域外，基于陪审团制度和对抗制传统，英美法庭的证据调查方式多为对人证进行调查。然而，与之不同的是，我国庭审中涉及诸多卷宗的使用，这使得我国庭审更多的通过物证调查而不是人证调查实施法庭调查活动，我国司法实践也因此产生了通过口供印证规则和补强规则来认定事实的方法。[2]同时，从刑事司法制度的发展趋势来看，科学技术的进步推动了以人证为主的证明方法转向了以物证为主的证明方法。[3]因此，辩方质证权主要集中在"对物的质证权"领域。

辩方对实物证据的质证主要围绕着对实物证据的证据能力进行质证以及对实物证据的证明力进行质证两个方面展开。具体如下：

一是对实物证据证据能力的质证。[4]证据能力是指证据能够转化为定案根据的法律资格，证据能力问题属于典型的法律问题。对于控方实物证据的证据能力，辩方主要可以从证据的取证主体、证据的表现形式以及证据的取证手段等三个方面进行反驳和质疑。首先是取证主体的合法性问题，我国现行《刑事诉讼法》对取证主体作出了明确的限制，比如，讯问嫌疑人应当由

〔1〕 参见廖耘平：《对质权制度研究》，中国人民公安大学出版社 2009 年版，第 18~19 页。

〔2〕 参见龙宗智："印证与自由心证——我国刑事诉讼证明模式"，载《法学研究》2004 年第 2 期。

〔3〕 参见熊秋红："刑事证人作证制度之反思——以对质权为中心的分析"，载《中国政法大学学报》2009 年第 5 期。

〔4〕 参见陈瑞华：《刑事证据法》，北京大学出版社 2018 年版，第 132~136 页。

侦查机关两名以上的侦查人员负责进行、搜查妇女身体由女性工作人员进行等。取证主体在证据法意义上有四方面的限制：取证机关必须是国家法定侦查机关、该机关必须对案件拥有管辖权、负责收集证据的人员必须是侦查人员、搜查取证工作应当满足特定的人数要求。因此，辩方在法庭上可以就取证主体的合法性对控方提出的证据进行质疑和辩驳。其次是证据表现形式的合法性问题，证据的表现形式合法是指证据载体在记录证据收集过程和证据相关情况方面符合法定的要求。辩方主要可以通过以下方面对实物证据的表现形式是否合法进行质疑和辩驳：一是对证据收集时间、地点的载明；二是主持证据勘验、搜查、扣押、辨认等活动的侦查人员的签名；三是参与证据收集活动的被讯问人、被搜查人、见证人等的签名；四是证据收集、制作、固定、保全的过程和情况等。最后是取证手段的合法性问题，现行《刑事诉讼法》对侦查人员在调查取证的方法、手段、方法、步骤等方面均作出了规定。辩方可以通过对实物证据的来源、收集、保全、出示等方面的合法性验证，以及实物证据的取得、制作、储存、传递、收集、出示等各个环节是否违背法定诉讼程序来对实物证据的取证手段合法性提出挑战。

需要指出的是，自 2010 年两院三部《办理死刑案件证据规定》和《非法证据排除规定》颁布开始，对实物证据产生了一种新的审查判断方法，即"鉴真"方法，鉴真制度的发展为辩方质证权的行使创造了大量空间。鉴真有两层含义，一是证明法庭上出示、宣读的某一实物证据，与举证方"所声称的那份实物证据"是一致的；二是证明法庭上所出示、播放的实物证据的内容，如实记录了实物证据的本来面目，反映了实物证据的真实情况。鉴真是一种用来鉴别证据真实性的方法。[1]以鉴真制度为基础，被告人及其辩护人可以挑战控方的物证、书证、视听资料以及电子数据等实物证据的证据能力，以达到排除实物证据的效果。例如，辩方可以针对书证、物证是否通过相应的勘验、检查、搜查、提取、扣押笔录来印证，是否属于控方所声称的那一份证据而进行质证。[2]视听资料的制作人、制作时间、地点、条件、方法是

---

〔1〕 参见陈瑞华："实物证据的鉴真问题"，载《法学研究》2011 年第 5 期。

〔2〕 两院三部《办理死刑案件证据规定》第 9 条第 1 款规定："经勘验、检查、搜查提取、扣押的物证、书证，未附有勘验、检查笔录，搜查笔录，提取笔录，扣押清单，不能证明物证、书证来源的，不能作为定案的根据。"

否载明，是否经过伪造、变造，等都是辩方可以质证的对象；[1]对于电子数据而言，被告人及其辩护人可以对以下事项提出质疑和挑战：电子数据是否以封存状态移送；是否有鉴定人、鉴定机构的签名盖章；电子数据的名称、类别、格式等是否具体记载清楚；电子数据是否经过伪造、变造等。[2]总的来说，对于实物证据的质证，被告人及其辩护人应当重点抓住书证、物证的同一性问题或者独特性问题；视听资料和电子数据除了要注意外部载体的保管链条是否完整而外，[3]还应当考虑到内部载体的同一性和真实性问题。一旦书证、物证、视听资料和电子数据不满足上述鉴真的要求，辩方则可以申请法院作出排除证据的决定，或者要求法院责令控方对相关瑕疵进行补正，否则不得作为定案根据。

二是对实物证据证明力的质证。证明力是指证据对于证明案件事实而言有无证明作用及证明作用如何。证明力是裁判者在运用证据认定案件事实时根据逻辑推理和经验法则进行裁量、判断的。对于控方实物证据的证明力，辩方主要可以从对单个证据证明力的质疑和对案件全部证据整体证明力的质疑这两个方面进行质证。关于证据证明力的问题，我国现行《刑事诉讼法》及相关司法解释有若干规定。例如，现行《刑事诉讼法》第 55 条第 1 款规定："对一切案件的判处都要重证据，重调查研究，不轻信口供。只有被告人供述，没有其他证据的，不能认定被告人有罪和处以刑罚；没有被告人供述，证据确实、充分的，可以认定被告人有罪和处以刑罚。"2021 年最高法《解释》第 139 条第 2 款规定："对证据的证明力，应当根据具体情况，从证据与案件事实的关联程度、证据之间的联系等方面进行审查判断。"由此可见，辩

---

[1] 两院三部《办理死刑案件证据规定》第 27 条规定："对视听资料应当着重审查以下内容：（一）视听资料的来源是否合法，制作过程中当事人有无受到威胁、引诱等违反法律及有关规定的情形；（二）是否载明制作人或者持有人的身份，制作的时间、地点和条件以及制作方法；（三）是否为原件，有无复制及复制份数；调取的视听资料是复制件的，是否附有无法调取原件的原因、制作过程和原件存放地点的说明，是否有制作人和原视听资料持有人签名或者盖章；（四）内容和制作过程是否真实，有无经过剪辑、增加、删改、编辑等伪造、变造情形；（五）内容与案件事实有无关联性。对视听资料有疑问的，应当进行鉴定。对视听资料，应当结合案件其他证据，审查其真实性和关联性。"第 28 条规定："具有下列情形之一的视听资料，不能作为定案的根据：（一）视听资料经审查或者鉴定无法确定真伪的；（二）对视听资料的制作和取得的时间、地点、方式等有异议，不能作出合理解释或者提供必要证明的。"

[2] 参见刘译矾："论电子数据的双重鉴真"，载《当代法学》2018 年第 3 期。

[3] 参见陈永生："证据保管链制度研究"，载《法学研究》2014 年第 5 期。

方在法庭上可以对实物证据与待证事实的关联程度、实物证据与其他证据之间的联系等方面进行证明力的质证，也可以根据逻辑推理、经验法则等对全案证据的证明力判断能否达到证明标准等方面进行证明力的质证。

（三）有效保障辩方质证权的意义

辩方质证权的有效保障是庭审实质化改革的一个突破口。如上文所述，辩方质证权可以分为对人的质证权和对物的质证权，在对人和对物的质证过程中，辩方质证权的诉讼价值也能得到体现。从内在价值来看，辩方质证权的有效保障是被告人有效参与庭审、促进控辩平等对抗、裁判者消极中立、实现公正审判的必然要求。从外在价值来看，辩方质证权的有效保障有利于发现真实并防范冤假错案的发生，加强人权保障水平。另外，质证只针对"争议的证人证言"和"争议的实物证据"，有利于节约司法资源，提高诉讼效率。辩方质证权三项价值的实现将有力促进庭审实质化。以下分述之。

一是有效保障辩方质证权的内在价值。被告人及其辩护人在对控方证人、证物提出质疑和表达意见的时候，拥有了充分的机会、富有意义地参与了裁判的制作过程，影响了裁判的结果，无论辩方质证权的行使是否有助于实体公正的实现，从总体上它都具有一种独立的意义，即，使得那些受到法庭裁判结果影响的人拥有了诉讼主体的地位，使他们的人格尊严和内在价值得到承认和尊重。另外，刑事诉讼中的对抗表现为国家和被告人之间的对立，被告人及其辩护人质证权的确立可以促进平等武装，为被告人及其辩护人在庭审中提供有力的攻防手段，使得控辩双方能够真正平等、有效地参与刑事诉讼。同时，被告人及其辩护人质证权的保障使得其能有效揭露控方证人、证物的瑕疵、错误和虚假成分，可以减轻法官的真实发现义务，削弱法官当庭的积极主动性，使得法官能减少庭外调查活动，更加消极中立。

二是有效保障辩方质证权的外在价值。尽管有学者认为辩方对质权的首要价值是保障被告人的权利，发现真实只是对质权的一项附带价值。[1]但是，辩方质证权从总体上有利于真实的发现是没有什么异议的，证据法学大师威格摩尔曾经将对证人出庭接受交叉询问的制度誉为"发现真相最伟大的利器"。在对人的质证上，辩方质证权有助于发现真实。首先，对质权的行使使得被告人有机会面对控方证人，当面作证能减少证人作伪证的可能性。其次，

---

〔1〕　参见沈源洲：《刑事被告人对质询问权研究》，中国政法大学出版社 2012 年版，第 102~107 页。

对质权的行使不仅可以当面戳穿不利证人的虚伪证言，还可以提醒和纠正不利证人的非出于故意的错误证言。[1]在对物的质证上，辩方质证权的有效保障也可以使实物证据的证据能力和证明力在法庭中得到充分的呈现。裁判者可以在双方充分辩论的基础上，用最可靠的证据建构案件事实从而作出处理。同时，"防止无辜的人被错误定罪"是发现真实的另一项重要目标，辩方质证权的存在可以从根本上保障虚假证据、错误的证人证言无法通过法庭的对抗性质询，从而实现消极的实体真实。

三是有效保障辩方质证权的效率价值。在研究被告人对质权的过程中，有学者指出，不能将证人出庭率拿来衡量我国证人出庭存在的问题，原因就在于证人出庭率并不等于"必要证人出庭率"，并非所有刑事案件的证人都要出庭，只有必要证人在特定情况下才需要出庭作证，刑事司法制度应当保障的是必要证人出庭而非所有证人出庭。由于被告人对质权的存在，法庭对于判断"必要证人"就有了实际的标准，即对于控方证人，被告人及其辩护人对证人证言有法律意义上的疑问，需要对其在法庭上进行交叉询问的，其就满足"必要证人"的条件，应当出庭作证。[2]而对于没有疑问和争议的不利证人，法庭就没有必要传唤其到庭接受质证，从而节约司法资源，提高司法效率。

三、辩方质证权有效保障存在的问题及其原因

（一）被告人"对质权"无法律明确保障致使"必要证人"出庭难

现行《刑事诉讼法》第 192 条第 1 款规定："公诉人、当事人或者辩护人、诉讼代理人对证人证言有异议，且该证人证言对案件定罪量刑有重大影响，人民法院认为证人有必要出庭作证的，证人应当出庭作证。"由此可以看出，必要证人出庭有三个条件：一是控诉方或辩护方对证人证言有异议，二是被提出异议的证人证言对定罪量刑有重大影响，三是法院认为该证人有必要出庭。在同时满足三个条件的情况下证人才属于"有必要出庭的证人"。但是，这三个条件的设置是存在问题的，在前两个条件都满足的情况下，即控辩双方对特定证人证言有重大异议，而且这个异议将会严重影响定罪量刑，

---

〔1〕 参见沈源洲：《刑事被告人对质询问权研究》，中国政法大学出版社 2012 年版，第 104 页。

〔2〕 参见易延友："证人出庭与刑事被告人对质权的保障"，载《中国社会科学》2010 年第 2 期。

法院还有什么理由来考量证人有无出庭的必要呢？如果这个时候法院以"本院认为没有必要"来拒绝控辩双方要求证人出庭作证的申请，那么证人就无从出庭了。司法实践中也确实如此，在不少案件中，律师提出符合前两个条件的证人出庭申请，法院却以"证人出庭没有必要"为由加以拒绝，以致受到了广大律师的质疑。〔1〕

在必要证人不出庭的情况下，其庭外书面证言能否作为定案根据在法律上并未明确规定。实践中通常都会通过宣读证人证言笔录的方式进行法庭调查活动，一旦得到其他证据的所谓相互印证，就可以毫无障碍地作为定案根据。〔2〕值得注意的是，2017 年最高法《一审普通程序法庭调查规程》第 13 条第 1 款规定，"控辩双方对证人证言、被害人陈述有异议，申请证人、被害人出庭，人民法院经审查认为证人证言、被害人陈述对案件定罪量刑有重大影响的，应当通知证人、被害人出庭。"这一新规定实质上把法庭审查判断证人有无出庭必要的条件限定在前两个条件上了，"法庭认为有必要"不再是一个独立的条件。但是证人出庭的条件仍然受到"法院审查认为"和"重大影响"的限制。也就是说，法院对争议证人是否出庭依然实行一种严格的实质审查，即使控辩双方对争议证人均有异议，法院依然可能用"对定罪量刑无重大影响"为由拒绝双方要求证人出庭作证的申请。尤其在案多人少和办案期限的压力下，有理由对法官能否满足辩方行使质证权而要求证人出庭感到担忧。除此之外，证人出庭的经济补偿不到位、安全保障制度不完善、证人不愿涉讼等因素的存在，〔3〕以及法庭审判奉行以案卷笔录为中心的裁判方式导致证人、鉴定人、侦查人员在很大程度上没有出庭的意愿和必要，法官、检察官缺乏让必要证人出庭的动力。〔4〕在以上因素的综合作用下我国刑事诉讼中证人出庭率较低。

在 2010 年，有学者通过实证研究发现我国法庭的必要证人出庭率为 25% 左右，实践中仍然有 75% 的必要证人不出庭作证。〔5〕在 2015 年 2 月到 2016

〔1〕　参见顾永忠："庭审实质化与交叉询问制度——以《人民法院办理刑事案件第一审普通程序法庭调查规程（试行）》为视角"，载《法律适用》2018 年第 1 期。

〔2〕　参见陈瑞华：《刑事诉讼的中国模式》，法律出版社 2010 年版，第 159~205 页。

〔3〕　参见左卫民、马静华："刑事证人出庭率：一种基于实证研究的理论阐述"，载《中国法学》2005 年第 6 期。

〔4〕　参见陈瑞华：《刑事诉讼的中国模式》，法律出版社 2010 年版，第 191~192 页。

〔5〕　参见易延友："证人出庭与刑事被告人对质权的保障"，载《中国社会科学》2010 年第 2 期。

年 4 月，四川省成都市中级人民法院一共审结刑事案件 1.5 万件，选取了 102 件案件进行了庭审实质化试点，同时选取了 91 件事实、证据情节类似的案件进行了对比，在这期间，示范庭一共有 58 起案件有证人出庭，证人总数 572 人次，证人出庭数量 122 人次，其中争议案件且关键证人出庭比仅为 37.5%。[1] 而对比庭当中共有 2 起案件有证人出庭，证人总数为 336 人次，证人出庭数量为 3 人，其中争议案件且关键证人出庭比居然为 0%。[2]

如果抛开庭审实质化试点中较高的证人出庭率，刨除无争议案件中的证人出庭数量，可以发现，我国证人出庭问题并没有大的改变。必要证人出庭率依然很低，即使在庭审实质化试点庭审中，必要证人出庭率也仅为 37.5%，没有作为试点的庭审，案件有争议且证人对定罪量刑皆有影响的案件，必要证人出庭率为 0%。当然，这个实证研究的数据存在地域性、时间片段性的问题，但是不妨碍得出一个结论：在我国庭审中必要证人仍然普遍不出庭。辩方质证权的行使，在法官面前对不利证人的当庭对质，影响法官的裁判结论，全都以不利的争议证人出庭为前提，如果不利的争议证人不出庭，辩方质证权就没有行使的空间。

（二）侦查人员不出庭致使辩方对程序事项的质证权无法实现

一般而言，需要侦查人员出庭说明的情况一般包括以下三方面的内容：一是侦查人员在对犯罪嫌疑人进行抓捕的经历中了解的案件事实情况；二是侦查人员在实施搜查、扣押、辨认、讯问、询问等侦查活动中了解的案件事实情况和与实施侦查活动本身的合法性相关的情况；三是侦查人员在接受犯罪嫌疑人投案或者对犯罪嫌疑人提供的立功线索进行查证等活动中了解的案件事实情况。[3]侦查人员在其执行职务过程中感知和了解的案件情况，通常以勘验、检查等笔录和破案经过、抓获说明等文字形式出现，如果对上述文字记载的内容或相关侦查活动的合法性有争议，相关侦查人员就应当出庭作证。在此情形下，辩方对以上三项内容的质证权才能得到有效保障。但是，法律规范并未对侦查人员出庭作证的情况和条件作出强制性规定，也未规定任何制裁性的后果，加上我国司法传统和侦查人员等思想观念的原因，侦查

---

〔1〕 争议案件且关键证人，是指被告人不认罪且对事实有异议的案件证人。
〔2〕 参见卫民："地方法院庭审实质化改革实证研究"，载《中国社会科学》2018 年第 6 期。
〔3〕 参见最高人民法院刑事审判第一、二、三、四五庭主编：《刑事审判参考》（2011 年第 4 集）（总第 81 集），法律出版社 2012 年版，第 41~48 页。

人员很少出庭作证。[1]

现行《刑事诉讼法》第 59 条第 2 款规定："现有证据材料不能证明证据收集的合法性的，人民检察院可以提请人民法院通知有关侦查人员或者其他人员出庭说明情况；人民法院可以通知有关侦查人员或者其他人员出庭说明情况。有关侦查人员或者其他人员也可以要求出庭说明情况。经人民法院通知，有关人员应当出庭。"这个规定存在两个问题：其一是侦查人员不出庭，存有疑问的证据的效力如何没有明确规定。实践中侦查人员往往不出庭，而是通过出具"情况说明"来解决证据争议问题，违背了直接言词原则。其二，《刑事诉讼法》第 58 条第 1 款规定法庭应当进行证据合法性调查的条件是"存在第五十六条规定的以非法方法收集证据的情形"，根据体系解释，也就是说，只有存在以刑讯逼供等手段获取非法言词证据的情形时，法庭才会去调查取证合法性问题，才会通知侦查人员出庭作证，然而对使用严重违法的手段收集的实物证据，则没有明确规定如何处置。

最高法《一审普通程序法庭调查规程》第 13 条第 3 款规定："控辩双方对侦破经过、证据来源、证据真实性或者证据收集合法性等有异议，申请侦查人员或者有关人员出庭，人民法院经审查认为有必要的，应当通知侦查人员或者有关人员出庭。"这个规定较以往规定有明显突破，其一，申请侦查人员出庭的主体扩大到了辩护方；其二，申请条件不再限于存在现行《刑事诉讼法》第 56 条刑讯逼供等情形，只要侦查过程、证据来源、证据真实性、证据收集合法性存有疑问的情形，辩方就可以申请法庭通知侦查人员出庭作证。同时，最高法《排除非法证据规程》第 20 条第 1 款规定："不得以侦查人员签名并加盖公章的说明材料替代侦查人员出庭。"第 23 条第 2 款规定："经人民法院通知，侦查人员不出庭说明情况，不能排除以非法方法收集证据情形的，对有关证据应当予以排除。"从规范上来看，在证据合法性、真实性存在重大异议，侦查人员经通知不到庭的情况下，已经有了"有关证据予以排除"的制裁措施，争议证据不得再作为定案根据。但是问题在于，仅仅以最高法院的名义发布的最高法《排除非法证据规程》，究竟能有多大的效力？在实践中能否得到实施？在公、检、法分工负责、互相制约的司法体制之下，这个规范的实施效力令人担忧。

---

[1]　参见杨光："论警察不出庭作证的原因与对策"，载《政法学刊》2017 年第 1 期。

（三）辩方对鉴定意见的质证虚化

根据辩方质证权的要求，无论是证人还是证物，只要是不利于被告人的，被告人及其辩护律师就有权对其质证。但是，由于种种原因，2012 年《刑事诉讼法》修改以前，辩方对鉴定意见的质证处于虚化状态，首先就是"鉴定结论"具有终局性，其次是鉴定人普遍不出庭，缺乏有效质证的基础，最后是因为辩方缺乏专门知识，即使鉴定人出庭也难以对其进行有效质证。[1] 1999 年发生在云南的杜培武故意杀人案就是一个样板冤案，杜培武没有到过杀人现场，也没有作案时间，检察机关却出具了经微量元素比对，从杀人现场提取到的泥土以及射击残留物与杜培武鞋底的泥土和衣服上的射击残留物一致的鉴定结论。被告人及其辩护人对案发现场提取物的来源以及鉴定意见的真实性严重质疑，要求有关鉴定人、侦查人员出庭对质但未获批准，最终这份虚假的鉴定意见使得法官产生了不正确的心证，造成了冤案。[2] 在福建念斌投毒案中，福建省福州市中级人民法院于 2007 年、2009 年、2011 年的 3 次庭审中，面对有争议的司法鉴定意见，均没有通知任何鉴定人出庭，所以在上级法院两次发回重审后，依然作出死刑判决，几乎酿成冤案。直到 2012 年福建省高级人民法院再次开庭审理本案，辩护律师依法申请鉴定人出庭同时申请有专门知识的人出庭进行质证获得法院支持，从而否定了该案多份鉴定意见的真实性，法院作出了无罪判决。[3]

2010 年两院三部《非法证据排除规定》与《办理死刑案件证据规定》确立了在检材来源不明、鉴定资质不合格、鉴定程序不合法的情况下排除鉴定意见的证据规则。[4] 2012 年《刑事诉讼法》修改明确了鉴定意见的性质，并且确立了"专门知识的人"出庭对鉴定意见质证的制度，还明确鉴定人经通知不到庭鉴定意见不得作为定案根据的制裁后果。2017 年最高法《一审普通程序法庭调查规程》对"有专门知识的人"出庭作了进一步的细化规定。但是，目前存在的疑问是，第一，并非所有被告人都能聘请"有专门知识的

---

〔1〕 参见卞建林，谢澍："庭审实质化与鉴定意见的有效质证"，载《中国司法鉴定》2016 年第 6 期。

〔2〕 参见王达人、曾粤兴：《正义的诉求：美国辛普森案与中国杜培武案的比较》，北京大学出版社 2012 年版，第 66~97 页。

〔3〕 念斌投放危险物质案，福建省高级人民法院刑事附带民事判决（2012）闽刑终字第 10 号。

〔4〕 两院三部《办理死刑案件证据规定》《非法证据排除规定》（法发〔2010〕20 号）。

人"出庭协助对质,我国刑事案件的被告人,尤其是暴力犯罪案件刑事被告人对鉴定意见的质证权利如何保障存在很大的疑问;[1]第二,"有专门知识的人"法律地位仍然不明确,实践中存在将有专门知识的人发表的意见作为单独的证据种类的情形。[2]而且辩方能否对其直接发问,在控方鉴定人未出庭的情况下,辩方能否申请"有专门知识的人"出庭对鉴定意见进行质证在实践中存在适用不一的情形。

（四）辩方对控方证据难以提出有效的反驳证据

由于辩护律师调查取证能力弱、风险高,庭前充分阅卷障碍较多,加上我国庭前证据开示制度不完善等因素的存在,辩方在法庭上基本无法提出针对控方证据的对抗性证据。何家弘教授曾经带领研究团队对292起案件进行实证研究,辩护方只在34起案件中提出了证据,占案件总数的11.64%;控方举证共5725件,辩方举证只有92件,控方举证数大约是辩方举证数的62倍。从证据种类对控辩双方举证情况进行考察发现,在292起案件中,公诉方举出书证1924件,辩方仅举出57件;公诉方举出证人证言1286件,辩方仅举出27件;公诉方举出物证419件,辩方仅举出7件;公诉方举出视听资料22件,辩方仅举出1件。此外,公诉方还举出被告人口供506件,被害人陈述484件,鉴定结论358件,勘验检查笔录204件,而辩方在这几种证据上的举证数量皆为0件。[3]在单纯调查案卷笔录的审判程序中,辩方没有国家公权力的背景作为支撑,是根本无法依靠案卷来完成举证活动的。因此,我国法律虽然规定控辩双方都可以在法庭调查环节提出证据,司法实践中辩方很难举出证据,少数情况下能拿出的证据一般也是涉及量刑的证据,比如被告人的家庭情况调查或者社会评价之类的材料。

（五）我国庭审尚无规范、科学的交叉询问规则

实践中,由于法官对被告人有着强烈的追诉倾向,缺乏基本的中立性,我国庭审质证程序存在所谓的"单个质证""分组质证""单方质证""综合

---

[1]　一般认为,我国刑事案件平均辩护率为30%左右,暴力犯罪的被告人通常经济条件比较差,聘请律师尚且有困难,更加难以聘请所谓的"有专门知识的人"对鉴定意见进行质证。刑事案件辩护率的实证研究可参见顾永忠、陈效:"中国刑事法律援助制度发展研究报告（下）*",载《中国司法》2013年第2期。

[2]　杜某污染环境案,浙江省宁波市鄞州区人民法院刑事判决书（2014）甬鄞刑初字第737号。

[3]　参见何家弘:"刑事诉讼中证据调查的实证研究",载《中外法学》2012年第1期。

质证"的程式，没有明确的规范，法官完全凭借检察官的举证情况决定辩方应当选择何种方式质证。[1]辩方在质证方式的选择上甚至没有最低限度的自主性。在英美法系国家，质证的基本方式和形式就是交叉询问。[2]有学者认为我国法庭审判中由控辩方实施直接人证调查的方式可以界定为交叉询问，[3]但是无论从现行《刑事诉讼法》还是最高法《一审普通程序法庭调查规程》的相关规定我们都可以发现，我国的人证调查方式、程序不属于交叉询问。根据最高法《一审普通程序法庭调查规程》第 19 条第 1、2 款规定："证人出庭后，先向法庭陈述证言，然后先由举证方发问；发问完毕后，对方也可以发问。根据案件审理需要，也可以先由申请方发问。控辩双方向证人发问完毕后，可以发表本方对证人证言的质证意见。控辩双方如有新的问题，经审判长准许，可以再行向证人发问。"最高法《解释》2021 年修订时吸收了此规定并作出类似规定。[4]应当说，我国庭审中的人证调查程序已经具备了"交叉询问"的基本形态，但却没能抓住交叉询问的"精髓"。

交叉询问承载着人证调查的方式和程序两方面的内容，而我国的人证询问规则最多只能是一种程序，所谓先由举证方发问，再由对方发问，各自发问的范围如何确定？举证方发问完毕后，质证一方超出举证方发问范围该当如何处理？如果这些规则不明确，法庭调查就会发生混乱，重复发问或者无

---

〔1〕 参见李文军："法庭质证的内在结构与理论剖析——兼评'三项规程'的相关规定"，载《北方法学》2018 年第 5 期。

〔2〕 交叉询问本身包含着方式和程序两方面的内容，方式体现于程序当中。交叉询问的一个基本前提就是将出庭的证人分为控方证人和辩方证人，在证人出庭后，人证调查的基本程序和方式为：(1) 主询问（direct-examination）是指控辩双方对本方的证人作的首轮发问，第一次发问，其功能有二，首先，主询问是控辩双方对本方证人进行全面的展示；其次，主询问为反询问设定了范围；主询问的规则有二，首先是连续询问和回答；其次，绝对禁止提诱导性问题。(2) 反询问（cross-examination）指控辩双方对对方的证人进行的反驳性发问，其功能有二，首先，揭露证人证言不可靠、违背常识，逻辑上不成立或者矛盾；其次，通过揭露该证人的说谎性人格等质疑证人的不可靠；其规则有二，首先，一问一答，绝对不允许连续陈述，跟主询问形成鲜明对比；其次，允许提诱导性问题。(3) 再询问（re-direct-examination）是控辩双方对本方证人进行的第二轮主询问，目的就是弥补本方证言漏出的破绽。(4) 再反询问（re-cross-examination）是第二轮反询问，目的就是再寻找漏洞。

〔3〕 参见龙宗智："论我国刑事审判中的交叉询问制度"，载《中国法学》2000 年第 4 期。

〔4〕 2021 年最高法《解释》第 259 条规定："证人出庭后，一般先向法庭陈述证言；其后，经审判长许可，由申请通知证人出庭的一方发问，发问完毕后，对方也可以发问。法庭依职权通知证人出庭的，发问顺序由审判长根据案件情况确定。"

效发问容易导致诉讼拖延。而且实践中还经常出现控方证人不出庭的情况下，由辩方向法庭申请控方证人出庭，如果确定由举证一方先发问，辩护方的质证如何展开？[1]另外，2021 年最高法《解释》第 263 条规定："审判人员认为必要时，可以询问证人、鉴定人、有专门知识的人、调查人员、侦查人员或者其他人员。"交叉询问规则要充分发挥作用的一个前提就是法官的消极中立，如果法官可以任意询问证人、鉴定人、有专门知识的人等，则会直接压缩辩方的质证空间。同时，作为最了解案件事实真相的被告人只有在法官的允许下才能对出庭证人进行发问，这显然违背对质的一般要求。如果赋予法官这项权力，其可以在被告人的询问中任意打断被告人，违背对人的质证中法官不得任意打断被告人发问的规则。最高法《一审普通程序法庭调查规程》第 20 条规定，禁止所有的诱导性发问，这使得辩护方无法对控方证人的可靠性和证言的真实性进行有效质证。

（六）法庭对辩方针对控方证据的质证普遍当庭不认证

认证是指法官在审判过程中对诉讼双方提供的证据，或自行收集的证据，进行的审查判断，确认其证据能力和证明力的活动。[2]一般而言，法官对证据的认证活动可以分为庭审中的认证和庭后认证。在庭审过程中，法官亲历审判，对控辩双方的举证、质证、辩论有直接的接触，对证人、证物有着最为直接和真实的感受，其当庭作出采纳或者不采纳证据的认证决定，最能体现控辩双方影响裁判制作过程的精神。一旦到庭后再进行认证，法官对当庭获取的证言、证物的直观印象就会减弱，而且容易遭受法庭审判外因素的干扰，变成了主要通过庭后阅卷、补充其他材料进行认证。另外，请示汇报架空了审理者的裁判权，裁判结论和庭审过程没有因果关系，从而导致作出的认证决定不是基于控辩双方的质证活动。在学者研究的 292 个案例中，主审法官当庭认证的案件共有 62 件，占 21.23%，而其中 52 件的当庭认证只是"对双方

---

〔1〕　因为实践中大量存在由于对证人的证言持反对意见而提请通知出庭的情形，目的在于弹劾该证人的证言，如果由提请通知一方先发问，会形成先质证再举证的情形，试点中对于此类情形，曾尝试由提请通知的辩方先发问，结果辩护人质疑性的发问完毕后，公诉人说"我补充问几个问题"，不仅举证质证的顺序颠倒，而且导致公诉人发问成为辩护人质证的"补充"，发问性质发生混乱。参见郭彦、魏军："规范化与精细化：刑事庭审改革的制度解析——以 C 市法院'三项规程'试点实践为基础"，载《法律适用》2018 年第 1 期。

〔2〕　参见何家弘、刘品新：《证据法学》，法律出版社 2013 年版，第 243 页。

明确无异议的证据的可采性予以认可"。[1] 可见，我国法庭对证据当庭认证的比例很低，对争议证据的当庭认证更低。这无疑影响到辩方质证权行使的效果。

另外，程序正义理论要求法官如果没有当庭进行认定证据的活动，则应当在判决书或者裁定书中载明其庭后认定证据的情况和理由。但是我国法院判决书对待律师辩护意见的基本模式是"辩护律师所提的辩护意见没有证据予以支撑，与事实和法律不符，本院不予采纳"。对质证的证据是否采纳，证据能力和证明力是如何判断的，一个有争议的证据是否对案件事实的认定发生了影响，辩方往往无法通过法官作出的判决书得知。即使法庭上控辩双方进行了热火朝天的举证、质证，然而法官所采纳的证据材料往往与双方的质证活动无关，那么质证的意义又何在呢？

（七）辩方无法对实物证据进行有效质证

从司法实践来看，法院对实物证据的调查主要从证明力的角度审查证据的真实性而忽略证据的合法性（证据能力），[2] 因此，实物证据的证明力审查成为我国刑事司法领域一种重要的物证调查方式。

在以往的司法实践中，实物证据的证据能力问题一般仅仅通过一些技术性的手续予以保障。与言词证据不同，只要实物证据是真实的，其证据能力很难受到挑战。同时，实物证据的真实性问题和被告人权利保障没有十分密切的关系，因此，实物证据的排除无论在理论上还是实务中都存在很大的争议。[3] 在 2015 年的快播案中，辩方对控方提出的关键性证据"四台存储淫秽视频"的服务器，提出了如下几点关于合法性的质疑：扣押时未对服务器的物证特征进行固定、服务器在行政扣押期间的保管状态不明、服务器移交程序违法、淫秽物品鉴定存在程序违法等。按照证据法的一般理论，只要对服务器的扣押或者鉴定程序违法，并且无法补正的情况下，其就不具有证据能力。但是在后续的庭审中，法院通过重新委托鉴定确定了服务器所载内容并未受到篡改、添加，证实服务器内容的真实性之后，依然将其作为了定案根据。[4] 从快播案中可以发现，司法实践中辩方很难通过质疑实物证据的合法

---

[1] 参见何家弘："刑事诉讼中证据调查的实证研究"，载《中外法学》2012 年第 1 期。
[2] 参见陈瑞华："以限制证据证明力为核心的新法定证据主义"，载《法学研究》2012 年第 6 期。
[3] 参见陈瑞华："实物证据的鉴真问题"，载《法学研究》2011 年第 5 期。
[4] 深圳市快播科技有限公司等制作、复制、出版、贩卖、传播淫秽物品牟利案，北京市海淀区人民法院刑事判决书（2015）海刑初字第 512 号。

性来挑战控方的证明体系。这也就意味着辩方在对实物证据的质证中，无法对其证据能力进行有效质证。

（八）辩方对证人不能有效质证时缺乏程序救济和法律后果

现代刑事诉讼对对质权的保障，要求当被告人对质权受到侵犯时，允许被告人向法院提出司法救济申请。我国立法虽然为辩方质证权的行使预留了空间，即"未经控辩双方有效质证的证据，不得作为定案根据"，但如上文所述，这个规定的理论基础并非从保障辩方的质证权的角度出发，而是为了防止冤假错案。从纯粹规范的逻辑构造上来看，证据未经有效质证并不等于侵犯了辩方质证权，因为辩方质证权在法律上缺乏明文的授权条款。现行《刑事诉讼法》第 193 条第 2 款规定，"证人没有正当理由拒绝出庭或者出庭后拒绝作证的，予以训诫，情节严重的，经院长批准，处以十日以下的拘留。被处罚人对拘留决定不服的，可以向上一级人民法院申请复议。复议期间不停止执行。"据此，在证人不出庭的情况下，立法对证人进行实体惩罚，但没有明确其不出庭的程序性法律后果，可以说，在证人不出庭特别是辩方对证人书面证言存在质疑而证人不出庭的情况下，应当如何处理证人书面证言，现行《刑事诉讼法》并没有作出明确规定。这就意味着，当证人不出庭致使辩方不能有效质证时，并不能获得程序救济。需要指出的是，2021 年最高法《解释》在吸收最高法《一审普通程序法庭调查规程》规定的基础上，明确规定了证人不出庭的程序性法律后果，即第 91 条第 3 款规定："经人民法院通知，证人没有正当理由拒绝出庭或者出庭后拒绝作证，法庭对其证言的真实性无法确认的，该证人证言不得作为定案的根据。"但是，根据该规定，不出庭的证人证言不得作为定案根据的前提条件是"法庭对其证言的真实性无法确认"，换言之，即使庭前证言存在违法或者其他重大瑕疵的可能，只要其真实性得到了其他证据的印证，辩方则无法通过"未经有效质证"申请将其排除于法庭之外。

应当承认，对辩方质证权缺乏有效保障是多方面原因造成的结果。其一，从目的来看，辩方质证权的确立并不是为了保障被追诉人的诉讼权利包括质证权，而是为了实体上防止冤假错案。由于辩方质证权本身不是目的，而被演化为实现一种不确定目标的手段，这必将影响其实现的过程和结果；其二，立法不够完善，包括证人、侦查人员出庭作证制度在内的大多数程序规则缺乏不利法律后果，使得辩方在不能有效行使质证权时没有救济的途径；其三，以案卷笔录为中心的审判方式限制了辩方质证权行使的效果;其四,法律移植的不完整以及本土诉讼结构对交叉询问制度的抵制,导致辩方质证权行使方式和程序的混乱;其五,围绕真实性建立的证据排除规则限制了辩方对实物证据合法性质疑的空间。

四、辩方有效质证保障机制的完善

辩方质证权的有效保障是实现庭审实质化的核心所在,因此在庭审实质化背景下,应当以问题为导向,在分析影响辩方质证权有效保障的原因的基础上,提出针对性的解决措施。

(一)从单纯防范冤假错案转向保障诉讼权利与防范冤假错案并重

为什么要赋予并保障辩方的质证权,需要从理念上进行调整、转变。以往对此问题的理解主要是基于防范冤假错案的考虑。这毫无疑问具有正当性。但是,如果只是从防范冤假错案的角度考量保障辩方质证权,辩方质证权则难以得到有效保障。司法人员往往会从防范冤假错案的实体目的考虑保障辩方质证权的"必要性",以致当其认为"没有必要"时就限制甚至剥夺辩方的质证权。如上所述,辩方质证权的有效保障确有发现真实、防范冤假错案的功能,但更重要的是,辩方质证权的有效行使本身就是刑事诉讼过程公正性和正当性的重要体现,也可以说是刑事诉讼的一个重要目的。十八届四中全会《决定》明确提出"推进以审判为中心的诉讼制度改革",而庭审实质化是以审判为中心的诉讼制度的落脚点,最高人民法院制定"三项规程"并在2021年最高法《解释》修改时将其细化落实到法庭审判活动中,[1]首先就是为了实现庭审过程的实质化,然后再实现庭审结果的实质化。其中主要体现在保障辩方的质证权上,进而一方面确保庭审程序的公正性,另一方面通过确保庭审程序的公正性最大限度地实现庭审结果的公正性,有效防范冤假错案。

(二)完善证人出庭制度,强化控方严格证明责任

证人、鉴定人和就其目击到的犯罪情况出庭的侦查人员在理论上可称为广义证人。证人、鉴定人和侦查人员出庭作证是辩方行使对人质证权的前提,

---

〔1〕 最高人民法院的"三项规程"指最高法《庭前会议规程》《排除非法证据规程》以及《一审普通程序法庭调查规程》。

也是特殊情况下行使对物质证权的必要条件。为了解决必要证人出庭率普遍较低、鉴定意见质证虚化以及侦查人员不出庭的困境，2012 年《刑事诉讼法》修改时增加了证人的经济补偿权、人身保护权等规定，但是这些规定还不能完全解决证人出庭问题。应当认识到，证人经济补偿并非证人出庭的先决条件，相反，证人出庭作证是每个公民的义务。所以，应当从出庭范围和不出庭法律后果两方面着手解决证人出庭的问题。如前所述，最高法《排除非法证据规程》《一审普通程序法庭调查规程》以及 2021 年最高法《解释》已经对证人、鉴定人以及侦查人员出庭作证确立了必要的情形和制裁后果，但是在实践中难以实施。

在实行认罪认罚从宽制度的背景下，并非所有案件都要进入审判或者进行正式审判，庭审实质化的程序要求只在应当适用正式审判程序的案件中才适用。[1]而在正式审判程序的案件中，并非所有的证人都应当出庭作证，只有同时符合控辩双方有异议、该证言对定罪量刑有重大影响且法院认为有必要这 3 个条件的"必要证人"才需要出庭作证。即使控辩双方有异议且该证言对定罪量刑有重大影响，但法院认为没必要的，该证人仍然可以不出庭。也就是说，证人是否出庭，法院有很大的自由裁量权。这显然不利于证人出庭。因此，应当修改必要证人出庭的条件。具体而言，可设置为诉讼启动为原则，法院依职权通知出庭为例外，即建议将现行《刑事诉讼法》第 192 条第 1 款修改为："公诉人、当事人或者辩护人、诉讼代理人对证人证言有异议，且该证人证言对案件定罪量刑有重大影响的，或者人民法院认为证人有必要出庭作证的，证人应当出庭作证。"一般来说，只要控辩双方对证人证言有异议且证人证言对定罪量刑有重大影响并向法庭提出正式申请，法庭就应当通知证人出庭作证；在事实证据不清，会影响对被告人的定罪量刑且辩方没有申请相关证人出庭的时候，法官可依职权通知必要证人出庭作证。而在证人经通知不到庭，其证言对定罪量刑有重大影响的情况下，应当依法强制证人出庭。

而侦查人员应当在三种情况下出庭作证，即作为了解案件事实、证明取证合法性、证明被告人有自首立功等重大量刑情节的证人出庭作证。最高法

---

〔1〕 参见顾永忠："以审判为中心背景下的刑事辩护问题突出问题研究"，载《中国法学》2016年第 2 期。

《排除非法证据规程》第20条、第23条规定不得以"说明材料"代替证人出庭，侦查人员经通知不到庭且不能排除非法取证可能性的情况下，有关证据应当予以排除，这弥补了现行《刑事诉讼法》没有规定侦查人员不出庭的法律后果的缺陷。这个规定的实施情况如何，尚待进一步观察。如果该规定的运行良好，应当将该规定吸收到现行《刑事诉讼法》当中，提升该规定的法律位阶，从而克服其权威性不足的问题。

另外，还需要指出的是，在辩方有理由对控方案卷笔录的形成和内容提出质疑的情况下，控方应当承担严格证明责任，其中包括保证有关证人、鉴定人出庭作证的义务。现实中以案卷笔录为中心的调查方式使得证人出庭成为例外，以致控方在申请证人出庭问题上态度十分消极，这无形之中将证人出庭的责任和压力转移给了法院。因此，在审判中心主义的改革背景下，法院应当通过对控方适用严格证明责任，促使检察机关主动申请证人出庭。严格证明意味着控方出示的证据必须具有证据能力，必须经过当庭的质证，必须达到排除合理怀疑的证明标准，[1]控方不主动申请争议证人出庭，争议证人的证言就不具有证据能力，可以直接排除于法庭之外。这将有利于促使控方更加积极主动地申请证人出庭。

（三）妥善处理证人庭前证言与当庭证言的关系

当证人出庭作证后，如果其当庭口头证言与庭外书面证言不一致，对此应当如何处理是目前实践中面临的新困境。[2]证人出庭作证后，其庭前证言笔录能否作为证据使用？根据最高法《一审普通程序法庭调查规程》第25条规定，证人出庭作证的，其庭前证言一般不再出示、宣读，但下列情形除外：证人出庭作证时遗忘或者遗漏庭前证言的关键内容，需要向证人作出必要提示的；证人的当庭证言与庭前证言存在矛盾，需要证人作出合理解释的。据此，对于当庭证言和庭前证言一致的当然可以作为定案根据，而对于不一致的证言，控方可以用庭前证言笔录对证人当庭证言进行弹劾，要求其说明改变证言的合理性。此外，2021年最高法《解释》第91条第2款规定："证人当庭作出的证言与其庭前证言矛盾，证人能够作出合理解释，并有其他证据

---

〔1〕 参见闵春雷："严格证明与自由证明新探"，载《中外法学》2010年第5期。
〔2〕 参见陈瑞华："新间接审理主义'庭审中心主义改革'的主要障碍"，载《中外法学》2016年第4期。

印证的，应当采信其庭审证言；不能作出合理解释，而其庭前证言有其他证据印证的，可以采信其庭前证言。"最高法《一审普通程序法庭调查规程》第48条也规定，证人没有出庭作证，其庭前证言真实性无法确认的，不得作为定案的根据。证人当庭作出的证言与其庭前证言矛盾，证人能够作出合理解释，并与相关证据印证的，应当采信其庭审证言；不能作出合理解释，而其庭前证言与相关证据印证的，可以采信其庭前证言。由此可见，对于证人证言，从立法上存在一个根深蒂固的逻辑是，不管是否具有证据能力，只要是真实的，能得到其他证据印证的，就可以作为定案根据。

笔者认为，上述规定一定程度上解决了证人出庭后其庭前证言与当庭证言的关系。但是却不利于被告人权利保障，也不利于鼓励证人出庭，从而也不利于实现真正的庭审实质化。必要证人不出庭，其书面证言一般应当排除，这是基于保障辩方质证权的要求。而司法解释的倾向是在证人证言真实性得到验证的情况下，无论辩方质证权是否得到有效保障，该证言都可以作为定案根据。那么，在这种情况下，辩方行使质证权的意义是什么？既然证人出庭所作的证言在不利于被告人的情况下一般有效，在不利于控方的时候则效力待定，证人出庭不就变成走形式了吗？

因此，应当贯彻证人当庭证言的优先效力，原则上只要证人出庭作证，其庭前证言就失去效力，不得当庭宣读，法官也不得再阅览。在证人当庭证言不利于控方的情况下，控方可以宣读笔录对证人进行弹劾，至于前后证言的证明力大小强弱如何，则由法官通过自由心证去判断。

（四）保障调查取证权和庭前证据开示，提升律师质证能力

对于庭审中辩方很少提出证据对控方证据体系进行有针对性的反驳的问题，应当从辩护律师庭前调查取证权的保障、完善证据开示制度两方面加以解决。

2012年《刑事诉讼法》修改后，辩护律师会见难、阅卷难的问题基本解决。[1]这让辩护律师能更清楚地了解控方掌握的事实和证据，能有效对控方证据进行质证，但是这样一种通过阅卷辩护的方式基本上还建立在控方收集的证据基础之上。刑事诉讼法规定律师有调查取证权，但是实践中律师行使

---

[1] 参见顾永忠："新刑诉法中律师'会见难''阅卷难'基本解决"，载《检察日报》2012年3月26日。

调查取证权面临的问题较多，也承担着被"职业报复"的制度风险。[1]根据有关实证调研数据显示，42.1%的律师明确表示，在侦查阶段从未进行过调查取证工作，只有58.9%的律师表示曾经有过调查取证的经历。[2]辩方质证权之所以能有助于真相的发现，原因之一就在于辩方通过调查取证之后行使质证权能向法庭供给必要的案件信息，使得法官"兼听则明"。律师调查取证权在中国基本上分为三种模式，一种是向证人、被害人调查取证，一种是向检察院、法院申请调取证据，一种是向法院申请证人出庭。此处着重论述审前阶段向法院申请调查取证的制度构建。

结合我国司法体制，要有效保障律师审前阶段进行调查取证的权利，可以借鉴德国的做法，即律师一般应当向法院提出申请，请求法院调查相关证据，法院一般应当同意调查证据的申请，以不同意为例外，只有在出现特定情况，如提出申请是为了拖延诉讼、所调查证据对查明事实没有意义、证据不可收集等情况下才可以作出拒绝申请的裁定。同时，在申请被拒绝的情况下，应当当庭说明或者在判决书中载明律师向法庭申请调查特定证据的情况，以及被拒绝的理由。只要能将律师庭前阶段调查证据的权利激活，辩方除了有质疑控方的机会和能力，也能有针对性地反驳控方。

在中国语境下，证据开示制度更多强调的是控方向辩方展示所有的证据、证人。一般来说，充分保障辩方的阅卷权并且发挥好庭前会议的功能，对贯彻证据开示制度大有裨益。但在以往司法实践中召开庭前会议的比例非常低，庭前证据开示制度方面，主要采用单方阅卷的方式。在推进以审判为中心的诉讼制度改革的背景下，如果真正要对少数被告人不认罪、控辩双方争议大的案件实行庭审实质化的审判，召开庭前会议的必要性就非常大，其中一项任务就是证据开示和争点整理，以确定庭审调查的范围和重点。2021年最高法《解释》修改时也已经注意到这个问题，不仅允许控辩双方申请召开庭前会议，[3]而且对庭前会议的的内容进行了调整，并赋予法院在庭前会议召开

---

[1] 参见陈瑞华："辩护律师调查取证的三种模式"，载《法商研究》2014年第1期。

[2] 参见刘方权："检查侦查阶段律师辩护问题实证研究"，载《四川大学学报》（哲学社会科学版）2016年第3期。

[3] 2021年最高法《解释》第227条规定："控辩双方可以申请人民法院召开庭前会议，提出申请应当说明理由。人民法院经审查认为有必要的，应当召开庭前会议；决定不召开的，应当告知申请人。"

后针对符合特定条件的程序性事项实质性处理的权力。[1]下一步主要是贯彻实施好这些规定。

（五）建立审判法官与卷宗隔离制度，破除卷宗中心主义

贯彻直接言词原则已经成为学界解决庭审虚化问题的共识。直接言词原则的贯彻是庭审实质化的重要表现和直接要求，也成为辩方质证权有效行使的重要保障。而案卷笔录中心主义的审判方式是贯彻直接言词原则最大的障碍。因此，要有效保障辩方质证权，就必须对以案卷笔录为中心的审判方式进行改革。

案卷笔录中心主义使得直接言词原则无法贯彻的发生机制如下：首先，法官所接触的都是侦查人员的案卷材料，无法摆脱侦查人员的立场和影响；其次，法官所接触的都是传来证据，而不是直接产生于案件事实的原始证据；再次，对于控方的案卷材料，被告人及其辩护人无法获得有效的质证机会，造成法官在只听取一面之词的情况下对案件事实产生了内心确信；最后，在案卷材料的影响下，法官无法对案件事实进行独立的探究，而仅仅对公诉方认定的事实进行形式上的审查和确认，容易造成法庭审理的非实质化。[2]

因此，要解决案卷笔录中心问题必须分两步走，第一步就是切断案卷笔录对法官造成的影响。这主要涉及案卷材料移送制度的改革问题，对此问题的解决，已在第六章第一节论述，此处不赘。第二步是否定控方移送至法院的案卷笔录的证据能力，检察官应当当庭提出证人、举出证据，所有证据经过辩方当庭质证、法官当庭审查才可以作为定案根据。

（六）完善庭审调查规则，建立中国式交叉询问制度

如上文所述，最高法《一审普通程序法庭调查规程》与 2021 年最高法

---

〔1〕 2021 年最高法《解释》第 228 条规定："庭前会议可以就下列事项向控辩双方了解情况，听取意见：（一）是否对案件管辖有异议；（二）是否申请有关人员回避；（三）是否申请不公开审理；（四）是否申请排除非法证据；（五）是否提供新的证据材料；（六）是否申请重新鉴定或者勘验；（七）是否申请收集、调取证明被告人无罪或者罪轻的证据材料；（八）是否申请证人、鉴定人、有专门知识的人、调查人员、侦查人员或者其他人员出庭，是否对出庭人员名单有异议；（九）是否对涉案财物的权属情况和人民检察院的处理建议有异议；（十）与审判相关的其他问题。庭前会议中，人民法院可以开展附带民事调解。对第一款规定中可能导致庭审中断的程序性事项，人民法院可以在庭前会议后依法作出处理，并在庭审中说明处理决定和理由。控辩双方没有新的理由，在庭审中再次提出有关申请或者异议的，法庭可以在说明庭前会议情况和处理决定理由后，依法予以驳回。庭前会议情况应当制作笔录，由参会人员核对后签名。"

〔2〕 参见陈瑞华：《司法体制改革导论》，法律出版社 2018 年版，第 385～387 页。

《解释》的有关规定已经初步具备交叉询问的基本形态，但是没有抓住交叉询问的精髓。目前对证人质证程序迫切需要从询问顺序、询问范围、询问方式予以完善。首先，法庭上的证人，无论是证人、鉴定人还是侦查人员，应当区分为控方证人和辩方证人；其次，发问顺序应当按照"为谁作证谁先问"（主询问），然后再由对方发问（反询问），对方发问范围不得超出先发问一方的询问范围，否则法官应当打断或者提醒；再次，主询问时，不得进行诱导性询问，而反询问时，应当允许诱导性询问；最后，确保被告人对证人进行询问的权利，无需得到法官批准。同时，要真正将交叉询问规则运用于法庭上，让辩方质证权发挥最大效用，还应当加强对公诉检察官和刑事辩护律师进行交叉询问的技能培训，使他们真正懂得交叉询问的诉讼原理，从而熟练运用交叉询问规则。

（七）完善实物证据调查方式，确保辩方有效质证

我国司法实践中对人证和物证的庭审调查不仅在顺序上是截然分开的，而且在物证调查方式上也是把对物证本身的调查与获取物证相关的人完全分离开来。也就是说，对实物证据的法庭调查是"见物不见人"。而"物"本身不会说话，以致辩方对实物证据的质证难以有效进行。在庭审实质化的过程中，要保障辩方对实物证据的有效质证，就需要完善实物证据的庭审调查方式。

对实物证据的庭审调查方式进行完善，具体思路是把对实物证据的调查与获取实物证据的有关人员的调查结合在一起，凡涉及对实物证据调查时，应当安排获取实物证据的有关人员出庭，由其对获取实物证据的过程作证，辩方对其有疑问的，可当即质证。比如对于案发现场提取的物证进行庭审调查时，不仅应当出示该物证，还应当由发现、提取、保管该物证的有关人员出庭作证并由辩方对其质证，以发现、确认该物证本身的真实性和获取物证过程的客观性，防止物证有假或物证被污染。

（八）加强当庭裁判和裁判文书说理

辩方质证权的有效行使和保障除了应当在整个庭审过程中均有所体现外，还应当体现在法官的当庭认证和裁判结论上。因此，控辩双方在法庭上的举证、质证活动应当是法院对案件事实作出认定进而对案件作出裁判的事实依据。而认定事实的前提首先是对证据的认证，原则上能够在法庭上对证据作出认证的应当当庭认证。同时在裁判文书上对于认证情况及其依据要进行解

释说明，特别是对于辩方质证意见不采纳的，应当说理回应。

第二节　刑事缺席审判制度

一、刑事缺席审判制度确立的价值平衡必要

从性质上来看，刑事诉讼是国家专门机关运用国家强制力追究犯罪、惩罚犯罪的活动。在追究犯罪嫌疑人、被告人刑事责任的过程中，犯罪嫌疑人、被告人往往处于弱势地位，其合法权益容易受到公安司法机关的侵犯，加之刑事诉讼本身涉及对犯罪嫌疑人、被告人财产权、人身权的限制乃至剥夺，这就要求在刑事诉讼中必须充分保障犯罪嫌疑人、被告人的诉讼权利。如严禁刑讯逼供、非法搜查扣押和其他以侵犯人权的方式取证；又如保障犯罪嫌疑人、被告人的辩护权等。其中，关键是保证被告人出席法庭接受审判，这是由被告人的诉讼主体地位所决定的。随着被告人诉讼主体地位的确立，被告人不再被视为被追诉的客体，而是享有诉讼权利、积极参与诉讼的主体，诉讼程序必须保障被告人能够实质性地参与诉讼活动，确保"在作出关系他们的判决之前，法院听取其意见，即他们拥有发言权"。[1]可以说，被告人出席法庭接受审判是其参与刑事诉讼的最直接方式。通过出席法庭，被告人可以当庭向法院充分表达自己的意见，可以直接与证人当面对质，影响法院判决的形成，使其利益和需要真正得到尊重。正因为如此，被告人有权出席庭审作为被告人的重要诉讼权利被写入联合国公约。联合国《两权公约》第14条第3款明确规定了被告人出席法庭接受审判的权利，即规定："在判定对他提出的任何刑事指控时，人人完全平等地有资格享受以下的最低限度的保证：……（丁）出席受审并亲自替自己辩护或经由他自己所选择所法律援助进行辩护；……"

然而，从价值论的角度而言，刑事诉讼的价值是多元的，很难找到使这些多元价值同时实现的途径，"如果其中的一项价值得到完全的实现，难免在

---

〔1〕　参见〔美〕迈克尔·D. 贝勒斯：《法律的原则——一个规范的分析》，张文显等译，中国大百科全书出版社1996年版，第35页。

一定程度上牺牲或者否定另一价值"。〔1〕因此，需要对多元价值进行平衡。由此观之，刑事缺席审判制度的确立必然是诉讼价值平衡后的一种理性选择。

"价值冲突"是刑事诉讼程序设计理性选择的基础。诚如美国学者卓尔萨马哈所言，刑事诉讼程序是按照平衡相互冲突的利益中心议题而组织的。〔2〕刑事诉讼诸多规则的设置都是建立在相互冲突的不同价值之间权衡与选择的前提下，如非法证据排除规则的设置、技术侦查措施的设置、亲属作证豁免特权的设置等。总而言之，在价值存在冲突的前提下，立法者在设置具体规则时往往平衡各种价值，并以满足刑事诉讼利益最大化为标准作出理性选择。

刑事审判制度的设置也存在价值冲突的情形。"从诉讼规律的角度要求出发，追究犯罪嫌疑人、被告人的刑事责任要符合相关原理和理念。"〔3〕故此，基于人权保障的需要，刑事审判活动必然要求被告人亲自出席法庭接受审判，而不能在被告人缺席的情况下进行。然而，现实中不可能如此完美地实现该目标。在司法实践中，被告人可能因为各种原因会主动或被动地不到法庭接受审判。倘若被告人不出席法庭接受审判，法院就要面临着两难的选择：如果选择停止审判，那么能够最大限度地维护被告人的程序参与权，保证程序公正的实现，但以诉讼周期延长、诉讼成本增加、导致诉讼效率低下为代价；如果选择在被告人缺席的情况下进行审判，那么可以最大限度地发挥刑罚的震慑功能，同时可以节约大量诉讼资源，提高诉讼效率，但却在一定程度上牺牲了程序公正。由此看来，刑事诉讼中公正与效率两大价值在一定程度上会存在冲突与矛盾，这就要求立法者在考虑是否允许法院在被告人不出席法庭的情况下进行审判时必须考虑这两大价值的平衡。毋庸讳言，刑事诉讼所追求的首要价值当属包括程序公正在内的司法公正，从这个角度来看，刑事缺席审判制度缺乏确立的理论基础，因为刑事缺席审判制度直接侵害被告人的程序参与权。然而，由于刑事案件的复杂性，有些案件的被告人通过潜逃方式妨碍诉讼的正常进行，如果一味要求被告人必须出庭才能进行审判只会导致这些案件一直处于悬而未决的状态，致使刑事诉讼程序拖延，无法及时实现国家刑罚权，这在一定程度上也会影响司法公正的实现。所谓"迟来的

〔1〕 徐国栋：《民法基本原则解释：成文法局限性之克服》，中国政法大学出版社 1992 年版，第333 页。

〔2〕 参见卞建林：《刑事证明理论》，中国人民公安大学出版社 2004 年版，第 64 页。

〔3〕 汪海燕："监察制度与《刑事诉讼法》的衔接"，载《政法论坛》2017 年第 6 期。

正义为非正义"，诉讼的拖延很可能导致一些关键证据灭失或者毁损，让案件事实难以查清，影响公正裁判的作出。"刑罚的及时性是比较有益的，因为犯罪与刑罚之间的时间间隔得越短，在人们心中，犯罪与刑罚两个概念的联系就越突出、越持续。"[1]因而，立法者在设立刑事审判制度时当然也会考虑公正与效率两大价值的平衡，在保证公正得到实现的前提下，选择确立刑事缺席审判制度以最大限度地提高诉讼效率。放眼域外，世界法治国家为了及时实现国家刑罚权，避免因被告人不出席法庭无法审判而导致诉讼效率低下，在对程序公正与诉讼效率进行平衡后均选择在刑事诉讼法中确立缺席审判制度，将之作为被告人出席法庭接受审判的重要补充。

由此观之，通过价值平衡的视角对刑事缺席审判制度进行分析，对于进一步理解刑事缺席审判制度作为被告人出庭接受审判制度重要补充的正当性具有重要意义。

二、刑事缺席审判制度确立的价值考量

刑事缺席审判制度之所以为世界法治国家所确立，并于我国现行《刑事诉讼法》2018 年修改时所确立，使之成为我国刑事审判制度的重要补充，有价值平衡上合理的正当性。

（一）被告人放弃出席法庭权利的情况下，刑事缺席审判体现了对被告人诉讼主体地位的尊重

如前所述，被告人亲自参与审判过程，通过与不利于自己的证人对质、最后陈述等方式行使自己的诉讼权利并影响法院判决的形成，这是被告人行使程序参与权的直接方式，体现了被告人的诉讼主体地位。因此，从权利保障的角度来看，应当在确保被告人到庭的情况下进行审判。但是，从权利的性质来看，权利是权利主体在法定范围内为满足其特定利益而自主享有的权能和利益，集中表现为权利主体可以为一定行为或者不为一定行为的自由。享有权利的主体在这个自由的范围内作出任何决定都应视为其权利的实现。由此可见，放弃权利本身也是权利主体行使权利的重要方式。换言之，倘若被告人选择放弃出席法庭，则这也是被告人行使权利的途径，因此，在被告人放弃出席法庭的情况下进行缺席审判并没有漠视其作为刑事诉讼主体的地

---

[1] ［意］切萨雷·贝卡利亚：《论犯罪与刑罚》，黄风译，中国法制出版社 2002 年版，第 66 页。

位。相反，在一定条件下尊重被告人不参加庭审的主观意愿，允许其不出席法庭，是对被告人诉讼主体地位的尊重。此点在联合国公约中已经得到确认。"根据联合国人权事务委员会在'审理'有关'案件'中所发表的'意见'，在被告人已经被给予一切必要的通知，包括告知审判时间和地点等，以及被要求出席法庭审判，但被告人自己却决定不出席审判的情况下，进行刑事缺席审判并不违背联合国《两权公约》第14条第3款（丁）项关于出席法庭审判权的规定。"[1]其实，从纯粹规范的角度来看也可以看出允许被告人放弃出席法庭的权利是对被告人诉讼主体地位的尊重，因为纯粹规范必然要求权利主体对自己的权利享有自决权，尊重主体地位就要尊重和考量其选择放弃自己权利的自决权。因此，在刑事诉讼中，倘若已经通过各种途径给予了被告人出席法庭的机会，被告人本人却放弃出席法庭的权利的，则尊重其选择。此种情况下对刑事案件进行缺席审判不仅能够符合被告人不出庭的主观意愿，而且是尊重被告人主体地位的体现。

（二）刑事缺席审判有助于节约诉讼成本，提高诉讼效率

近年来，我国刑事案件数量不断增长，"犯罪现象总是层出不穷，加之现代社会贫富分化加剧、社会关系日趋复杂化等原因，犯罪现象不仅没有呈现减少或消灭的趋向，反而呈现上升的势头"。[2]毫无疑问，日趋紧张的司法资源远不能满足解决不断增长的刑事案件的需要。故此，如何采取有效措施对有限司法资源进行科学配置，实现诉讼效率最大化是当前刑事司法缓解诉讼压力亟待解决的问题。对有限司法资源进行科学配置当然可以通过对刑事案件进行繁简分流来实现，这也是世界法治国家所采取的通常做法。例如，美国面对大幅增长的刑事案件，为了缓解诉讼压力，辩诉交易制度在美国刑事诉讼应运而生并在司法实践中广泛适用。据统计，美国90%以上的刑事案件都通过辩诉交易得到解决。[3]又如，在德国，原本不存在辩诉交易制度，但在上世纪六十年代刑事案件大幅增长，法院的诉讼负担越来越重，使得诉讼结果协商这种有效率的、节时省力但无法律根据的诉讼解决方式在德国获得

---

[1] 张毅："论《打击跨国有组织犯罪公约》和《反腐败公约》与我国刑事诉讼制度改革"，载陈光中主编：《21世纪域外刑事诉讼立法最新发展》，中国政法大学出版社2004年版，第77页。

[2] 参见陈光中："刑事诉讼中的效率价值"，载陈光中：《陈光中法学文选》（第2卷），中国政法大学出版社2010年版，第316页。

[3] 参见陈光中、葛琳："刑事和解初探"，载《中国法学》2006年第5期。

了法院的普遍接受并被公开，[1]而后在 2009 年，德国式的辩诉交易制度作为调节有限司法资源的重要制度更是被写入《德国刑事诉讼法》。[2]应当指出的是，通过对刑事诉讼程序繁简分流固然能提高诉讼效率，但是如果案件进入诉讼后由于某种原因中止，那么哪怕适用较为简化的诉讼程序也无法提高诉讼效率，因为案件一旦中止就停滞不前，导致诉讼周期延长而使案件处于僵局状态，不仅导致司法资源的重复投入，而且案件长期未结会累积成沉重的讼累，严重影响诉讼效率的提高。而刑事缺席审判制度可以避免因为被告人不出庭而导致审判中止，[3]诉讼周期也不会因为被告人不出庭而无限延长，由此可见，刑事缺席审判可以节约诉讼成本，提高诉讼效率。

（三）刑事缺席审判有利于严厉打击腐败犯罪等重大犯罪

在我国，由于过去缺乏刑事缺席审判制度，一些严重腐败分子为了逃避法律的制裁，往往携款外逃或者故意采取一定行为使自己丧失诉讼行为能力，导致法院不能追究其刑事责任。据官方公布的数据显示，2008 年至 2013 年 5 年里共抓获外逃贪污贿赂犯罪嫌疑人 6694 名。[4]这在一定程度上反映了我国腐败犯罪分子外逃现象的严重程度。尽管近几年新增外逃人员逐年下降，但情况仍然较为严峻，如果缺乏相应的法律制度追究外逃腐败分子的刑事责任，那么境外就有可能成为腐败犯罪分子逃避审判的"法外"之地，这无疑打击了民众对司法有效惩罚腐败犯罪的信心，也会影响民众与腐败犯罪作斗争的积极性。虽然 2012 年《刑事诉讼法》修改时增设了违法所得没收程序，在一定程度上解决了腐败犯罪案件违法所得及其他涉案财产的追回问题，但违法所得没收程序并未涉及腐败犯罪分子的刑事责任追究问题，对于腐败犯罪分子不到庭的，法院仍然不能对其进行审判。此时，如果允许法院在被告人缺席的情况下进行审判，那么就能有效打破腐败犯罪分子通过外逃来逃避审判

---

〔1〕　参见［德］托马斯·魏根特："德国刑事诉讼程序的改革：趋势和冲突领域"，樊文译，载陈光中主编：《21 世纪域外刑事诉讼立法最新发展》，中国政法大学出版社 2004 年版，第 244~245 页。

〔2〕　参见《德国刑事诉讼法典》，岳礼玲、林静译，中国检察出版社 2016 年版，序言第 12 页。

〔3〕　现行《刑事诉讼法》第 206 条规定："在审判过程中，有下列情形之一，致使案件在较长时间内无法继续审理的，可以中止审理：（一）被告人患有严重疾病，无法出庭的；（二）被告人脱逃的；（三）自诉人患有严重疾病，无法出庭，未委托诉讼代理人出庭的；（四）由于不能抗拒的原因。中止审理的原因消失后，应当恢复审理。中止审理的期间不计入审理期限。"

〔4〕　参见张德笔："外逃贪官增多：名单易开，想抓不易"，载 http://view.news.qq.com/original/intouchtoday/n2793.html#，最后访问日期：2018 年 4 月 27 日。

的幻想，有助于严厉惩治腐败犯罪。由此可见，《刑事诉讼法》确立的刑事缺席审判制度可以确保不管腐败犯罪分子逃到哪里，都将受到法律应有的裁判，在最大限度上惩治腐败犯罪，有利于树立司法权威。

其实，从国际上追回外逃资产的要求来看，刑事缺席审判也有利于严厉打击腐败犯罪等重大犯罪。联合国《反腐败公约》第 57 条第 3 款第 2 项规定："对于本公约所涵盖的其他任何犯罪的所得，被请求缔约国应当在依照本公约第五十五条实行没收后，基于请求缔约国的生效判决，在请求缔约国向被请求缔约国合理证明其原对没收的财产拥有所有权时，或者当被请求缔约国承认请求缔约国受到的损害是返还所没收财产的依据时，将没收的财产返还请求缔约国，被请求缔约国也可以放弃对生效判决的要求。"由此可以看出来，要从境外追回外逃资产，原则上以对犯罪人定罪的生效裁判为前提。虽然被请求缔约国可以放弃对生效判决的要求，但是如果被请求国坚持此要求才予以合作，那么我国若不满足这一要求，在追回外逃资产上就会非常被动。事实上，司法实践中不少西方国家就是以没有"已经生效的裁判"为由拒绝我国追回外逃资产的合理请求。[1]在提供符合条件的生效裁判方面，或许可以以违法所得没收程序的生效裁定作为依据，但是由于违法所得没收程序的裁定本身并不涉及被告人的定罪问题，该裁定能否得到被请求国的认同仍然存疑，如果被请求国不认同，那么我国司法机关要追回外逃资产就会面临种种困难。在此背景下，现行《刑事诉讼法》确立缺席审判制度，可以有效排除因被告人不出席法庭而导致无法提供生效判决的障碍，使我国向被请求国提出的追回外逃资产要求有了真正的权威依据，有助于加强打击腐败犯罪、追回外逃资产的国际合作，最大限度上打击腐败犯罪等重大犯罪现象。

三、刑事缺席审判制度的完善

刑事缺席审判制度载入我国刑事诉讼法以后，在司法实践中发挥作用。法院对符合刑事缺席审判制度条件的案件，即使被告人本人不出庭，也可以依照缺席审判程序进行审判。毋庸置疑，如果能够正确理解与适用刑事缺席审判制度，将对打击腐败犯罪，追回外逃资产，提高诉讼效率大有裨益。因

---

〔1〕 参见张毅："论《打击跨国有组织犯罪公约》和《反腐败公约》与我国刑事诉讼制度改革"，载陈光中主编：《21 世纪域外刑事诉讼立法最新发展》，中国政法大学出版社 2004 年版，第 70 页。

而，当前理论上和实践亟待澄清刑事缺席审判制度的内涵与适用程序。

（一）刑事缺席审判制度的适用范围和立法技术

第一，刑事缺席审判的适用范围。要正确适用刑事缺席审判制度，首先必须明确刑事缺席审判制度的适用范围。按照价值平衡的需要，刑事缺席审判制度的适用范围应当在对司法公正与诉讼效率两大价值进行平衡的基础上科学设置。毋庸讳言，作为对缺席审判制度的重要补充，刑事缺席审判制度应当设置在合理的适用范围内，以降低因缺席审判对司法公正所带来的克减。那么，刑事缺席审判可以适用于哪些刑事案件？在这个基础性问题上，学界存在较大分歧。有学者认为，考虑到刑事缺席审判严重关涉被告人的人权，应将刑事缺席审判的适用范围严格限制在"涉嫌严重腐败犯罪，涉案数额巨大，并在全国范围内造成重大影响的案件"。[1]然而，也有学者认为刑事缺席审判制度既可以适用于轻微刑事案件，也可以适用于被告人经合法传唤无正当理由拒不到庭的或者已经潜逃的刑事案件。[2]现行《刑事诉讼法》根据缺席的原因不同将适用缺席审判的案件划分成以下三类：第一类，对于贪污贿赂犯罪案件，犯罪嫌疑人、被告人潜逃境外，人民检察院认为犯罪事实已经查清，证据确实、充分，依法应当追究刑事责任而向法院提起公诉的。第二类，由于被告人患有严重疾病无法出庭，中止审理超过 6 个月，被告人仍无法出庭，被告人及其法定代理人申请或者同意继续审理的。第三类，被告人死亡，有证据证明被告人无罪的；或者人民法院按照审判监督程序重新审判的案件，被告人死亡的。其中，潜逃境外属于被告人故意逃避审判的情形；而被告人有严重疾病或死亡则属于被告人客观不能出庭的情形，准许在上述 3 种情形适用缺席审判制度，有利于刑事案件的及时处理，能够实现提高诉讼效率的目的。

但是，需要进一步追问的问题是，刑事缺席审判制度应否适用于其他案件？答案是肯定的，因为无论是轻罪案件还是重罪案件，被告人都有可能不出席法庭。倘若刑事缺席审判制度只适用于重罪案件，则与缺席审判的目的相违背，也不符合逻辑。以腐败犯罪案件为例，腐败犯罪本身就存在轻重之

---

〔1〕　参见陈光中、胡铭："《联合国反腐败公约》与刑事诉讼法再修改"，载《政法论坛》2006年第1期。

〔2〕　参见王新清、卢文海："论刑事缺席审判"，载《中国司法》2006年第3期。

分，如果只有严重腐败犯罪案件才能适用缺席审判制度，是否意味着其他腐败犯罪案件中就不需要追回涉案财物？答案显然是否定的。由此可见，轻罪案件也应当适用刑事缺席审判制度。实际上，在轻罪案件中适用刑事缺席审判制度也是一些法治国家的通行做法。如在法国，《刑事诉讼法典》第二卷（审判管辖）第二编（轻罪的审判）第四节（审理）就明确规定了刑事缺席审判制度适用于轻罪案件中，即第412条明确规定："如果传票没有送达被告人本人，又不能确认其知悉此项传唤，在被告人没有到庭的情况下，可以缺席裁决。"[1] 又如，在德国，缺席审判制度只适用于轻罪案件。《德国刑事诉讼法》第232条规定："1. 对被告人已经依法传唤，在传票中已经指明可以对其缺席审判的，可以对被告人缺席审理，以预期仅单处或者并处180日以下的日额罚金、保留处刑的警告、禁驾、收缴、没收、销毁或者废弃为限。在此程序中不允许判处更高的刑罚或者科处矫正及保安处分。在传票中已经对被告人告知有此可能性的，准许剥夺驾驶许可。2. 仅公示传唤的，不得进行被告人缺席审理。3. 法官讯问被告人的笔录应在法庭审理中宣读。4. 在被告人缺席情况下作出的判决，如果不是依照第145a第1款规定对辩护人送达的，则必须连同判决理由一并向被告人交付送达。"[2] 同样的，在英国，轻罪案件也可以适用缺席审判。英国1980年《治安法院法》第11条就规定："当在所确定的审判或延期审判的时间、地点公诉人出庭而被告人没有出庭时，治安法院可以在被告人缺席的情况下进行审判。"[3] 因此，我国刑事缺席审判制度的适用范围设置应当坚持宽广的思路，既可以适用于腐败犯罪案件，也可以适用于其他案件（包括轻罪案件和重罪案件）。

回视我国，从被告人缺席的理由来看，除潜逃境外、患有严重疾病或死亡导致缺席法庭外，被告人还有可能因为违反法庭秩序被带出法庭，这是被告人自身原因导致要接受缺席的惩罚；被告人也有可能因为脱逃而缺席法庭，这是被告人故意逃避审判的行为。由此可见，这两种情形也存在缺席审判的理论基础，即被告人因客观原因或故意逃避审判理由而缺席审判。因此，笔者认为，应当将因违反法庭秩序被带出法庭而缺席法庭以及因脱逃缺席法庭

---

〔1〕《法国刑事诉讼法典》，余叔通、谢朝华译，中国政法大学出版社1997年版，第151页。

〔2〕《德国刑事诉讼法典》，岳礼玲、林静译，中国检察出版社2016年版，第103页。

〔3〕 *Blackstone's Criminal Practice* 2002, Oxford Universtity Press 2002, p. 1532.

的情形列入缺席审判制度的适用范围。

第二，刑事缺席审判制度的立法技术。按照现行《刑事诉讼法》的规定，我国刑事缺席审判制度立法采取的模式是：先规定第一类缺席审判，接着规定完善的权利保障机制（下文将详述），而后规定后两种缺席审判类型。这种立法方式容易让人产生权利保障机制能否适用于后两种缺席审判类型的困惑，因为如果权利保障机制同时适用于三种缺席审判类型，那么从立法技术上应当在规定了三种缺席审判类型之后再规定权利保障机制。需要指出的是，2021年最高法《解释》修改为了消除疑窦在"第二十四章缺席审判程序"中用7个条文明确规定权利保障机制只适用于第一类缺席审判类型。这是值得肯定的。但是，从立法严谨性来看，建议再次修改现行《刑事诉讼法》时，对3种不同类型的缺席审判制度进行顺序调整。具体而言：首先，在新增的第五编第三章缺席审判中只规定第一类缺席审判。其次，把第二类缺席审判规定在现行《刑事诉讼法》第206条关于第一审程序中止审理的规定之后。再次，对第三类缺席审判的两种情形分别处理。其中，有证据证明被告人无罪的缺席审判可以写入现行《刑事诉讼法》第16条。至于人民法院按照审判监督程序重新审判的案件，被告人死亡的，则建议放在现行《刑事诉讼法》审判监督程序中。最后，对于被带出法庭而缺席审判以及因脱逃而缺席审判的情形，建议相应地写入现行《刑事诉讼法》第199条和206条中。值得注意的是，2021年最高法《解释》修改已在相关条文中增加了其与缺席审判制度的衔接规定，现行《刑事诉讼法》修改时应当将之写入法典。

（二）刑事缺席审判的适用条件

刑事缺席审判制度的适用条件关系到该制度的功能发挥，涉及如何提高诉讼效率的同时最大限度保障被告人诉讼权利的关键性问题，因此必须科学、合理地设定。如前所述，无论轻罪案件还是重罪案件，都可以适用刑事缺席审判制度。但是，并非轻罪案件与重罪案件不加区分一律适用。事实上，无论是轻罪案件还是重罪案件，都应当根据案件的不同类型而在适用条件上有所区别。具体分述如下：

第一，就贪污贿赂犯罪的犯罪嫌疑人、被告人潜逃境外的案件而言，现行《刑事诉讼法》要求以"人民检察院认为犯罪事实已经查清，证据确实、充分，依法应当追究刑事责任的"为适用缺席审判的条件。这是值得肯定的。通常而言，贪污贿赂犯罪案件的犯罪嫌疑人、被告人潜逃境外往往是为了逃避法庭审判,而缺席审判是其承担因故意逃避审判而克减诉讼权利不利后果的重要方式,而且由此作出的缺席判决是将其引渡回国的重要法律依据。[1]作为引渡被告人回国的法律依据,缺席判决只有建立在"犯罪事实清楚,证据确实、充分"基础之上才能最大限度地获得被请求国的认可。因此,贪污贿赂犯罪案件中犯罪嫌疑人、被告人潜逃境外的,根据现有证据已经查清案件事实,有确实、充分的证据确认被告人的行为构成犯罪,据此进行缺席审判,由此作出的缺席有罪判决有助于提高把被告人引渡回国的可能性。

第二,就因患有严重疾病无法出庭导致中止审理超过 6 个月,被告人仍无法出庭的案件而言,现行《刑事诉讼法》赋予了被告人及其法定代理人是否进行缺席审判的选择权。这也是值得肯定的,因为这类案件被告人缺席不是因为主观上逃避审判,而是因为客观原因导致不能出庭。如果这类案件的被告人明确表示放弃出庭的权利而申请法庭缺席审判或者同意法院在其本人未出庭的情况下继续审判,那么这种情况下进行缺席审判不仅尊重了被告人的程序参与权,而且可以及时处理案件,避免案件积压。

第三,就被告人死亡的刑事案件而言,现行《刑事诉讼法》区分两种情形而在适用条件上有所不同。第一种情形是被告人死亡,但有证据证明被告人无罪的。2021 年最高法《解释》修改时采取了相同的表述。[2]诚然,倘若有证据证明被告人无罪,即使被告人已经死亡,通过缺席审判还其清白符合中国的传统习惯。但是,从表述上来说,"有证据证明被告人无罪"存在违反疑罪从无原则之虞,建议将之改为"被告人死亡,但证明被告人有罪缺乏确实、充分证据的,经缺席审理确认无罪的,应当判决宣告被告人无罪"。据此,将现行《刑事诉讼法》第 16 条第 5 项改为"犯罪嫌疑人、被告人死亡的;但是如果证明被告人有罪缺乏确实、充分证据的,应当判决宣告被告人无罪"。第二种情形是人民法院按照审判监督程序重新审判的案件,被告人死亡的。我们知道,按照审判监督程序重新审判,既有可能不利于被告人,也

---

〔1〕 联合国《引渡示范条约》第 3 条(拒绝引渡之强制性理由规定):"遇下述任一情况,不得准予引渡:……(g)请求国的判决系缺席判决,被定罪的人未获有审判的充分通知,也没有机会安排辩护,没有机会或将不会有机会在其本人出庭的情况下使该案获得重审。"

〔2〕 2021 年最高法《解释》第 606 条规定:"人民法院受理案件后被告人死亡的,应当裁定终止审理;但有证据证明被告人无罪,经缺席审理确认无罪的,应当判决宣告被告人无罪。前款所称'有证据证明被告人无罪,经缺席审理确认无罪',包括案件事实清楚,证据确实、充分,依据法律认定被告人无罪的情形,以及证据不足,不能认定被告人有罪的情形。"

有可能有利于被告人。但是，在被告人已经死亡的情况下，启动审判监督程序不利于被告人的情形已经缺乏理论基础，因此，应当明确将此类案件的缺席审判限于有利于被告人的情形。令人欣喜的是，2021年最高法《解释》修改对此已经有了详细规定，即2021年最高法《解释》第607条规定："人民法院按照审判监督程序重新审判的案件，被告人死亡的，可以缺席审理。有证据证明被告人无罪，经缺席审理确认被告人无罪的，应当判决宣告被告人无罪；虽然构成犯罪，但原判量刑畸重的，应当依法作出判决。"下一步是将此规定写入现行《刑事诉讼法》，真正发挥其作用。

如上文所述，因违反法庭秩序被带出法庭而缺席法庭以及因脱逃缺席法庭的情形也应当列入缺席审判制度的适用范围。因此，这两类适用缺席审判的案件也应当有相应的适用条件。就被告人因违反法庭秩序被带出法庭的案件而言，被告人之所以被带出法庭，是因为其在场会影响审判活动的顺利进行，甚至可能影响其他诉讼参与人的作证，在这种情况下，法院可以在被告人暂时缺席的情况下继续进行审判。需要指出的是，这种情况下的缺席审判应当是暂时状态，一旦被告人不存在扰乱法庭的情况，就应当要求被告人出庭接受审判。此外，就被告人脱逃的情形而言，与贪污贿赂犯罪案件被告人潜逃境外类似，被告人脱逃属于被告人故意逃避法庭审判的行为，因此，在"事实清楚，证据确实、充分"的条件下进行缺席审判是由被告人承担不利后果的表现形式。

（三）刑事缺席审判的适用程序

刑事缺席审判制度的真正确立，有赖于一整套制度体系的建立，特别是一套具体的程序规范，以保障其有效运转。这主要包括告知程序、审判程序与救济程序三个问题。下文拟就上述三个问题予以探讨。

第一，告知程序。在进行缺席审判前，被告人有权知悉其所涉嫌的罪名、享有的诉讼权利以及开庭时间、地点等事项。对此，法院负有告知义务。现行《刑事诉讼法》已经基本确立了告知程序，即第292条明确规定："人民法院应当通过有关国际条约规定的或者外交途径提出的司法协助方式，或者被告人所在地法律允许的其他方式，将传票和人民检察院的起诉书副本送达被告人。传票和起诉书副本送达后，被告人未按要求到案的，人民法院应当开庭审理，依法作出判决，并对违法所得及其他涉案财产作出处理。"然而，从内容来看，一方面，现行《刑事诉讼法》第292条规定的对被告人潜逃境外的告知中，仅要求送达被告人本人，而无须送达被告人近亲属。应当承认，送达被告人本人固然重要，但是因为被告人不在法庭上接受审判，其近亲属的帮助就尤为必需。因此，在保障被告人的知情权的同时，应当保障被告人近亲属的知情权。具体而言，也应当要求将起诉书副本送达被告人的近亲属。令人欣喜的是，2021 年最高法《解释》修改已经注意到这个问题，明确要求将起诉书副本送达被告人的近亲属，即第 600 条规定："对人民检察院依照刑事诉讼法第二百九十一条第一款的规定提起公诉的案件，人民法院立案后，应当将传票和起诉书副本送达被告人，传票应当载明被告人到案期限以及不按要求到案的法律后果等事项；应当将起诉书副本送达被告人近亲属，告知其有权代为委托辩护人，并通知其敦促被告人归案。"下一步应当将此要求写入法典。另一方面，现行《刑事诉讼法》第 292 条规定仅涉及被告人潜逃境外如何告知的问题，并未涉及其他类型缺席审判的告知程序。事实上，由于被告人缺席审判的原因不同，法院采取的告知措施应当有所不同。因此，笔者认为应当进一步细化因不同原因而缺席审判的告知程序。首先，就因患有严重疾病无法出庭以及被告人死亡而导致的缺席审判而言，法院应当在开庭前一定期限内将传票和人民检察院的起诉书副本等法律文书送达被告人的近亲属，并要求近亲属转告被告人（被告人死亡除外）。法律文书中应当列明被告人涉嫌的犯罪罪名、享有的诉讼权利以及开庭时间、地点等内容。其次，就因违反法庭秩序被带出法庭而缺席审判的案件而言，法院应当直接告知被告人。最后，就因脱逃（但非潜逃境外）而导致缺席审判的案件而言，法院应当采取公告的方式进行告知。法院应当在一定期限内在系统内的主流媒体发布缺席审判的公告。

第二，审判程序。刑事诉讼旨在追究被告人的刑事责任，涉及被告人财产权利乃至是人身权的限制与剥夺，因此，即使被告人不到案，缺席审判也应当充分保障被告人的辩护权。为了保障被告人的辩护权，现行《刑事诉讼法》不仅规定了被告人的近亲属可以代为委托辩护人，而且明确规定缺席的被告人有权获得强制法律援助辩护，即第 293 条规定："人民法院缺席审判案件，被告人有权委托辩护人，被告人的近亲属可以代为委托辩护人。被告人及其近亲属没有委托辩护人的，人民法院应当通知法律援助机构指派律师为其提供辩护。"此外，为了保障近亲属代为委托辩护人的权利的行使，2021 年最高法《解释》修改还要求法院将起诉书副本送达被告人近亲属，须告知其有权代为委托辩护人。毫无疑问，这不仅可以有效保障被告人的辩护权，而且更有利于法院在"兼听"的基础上查明案件事实真相，准确打击犯罪。

第三，救济程序。"制度的职能定位决定着制度改革的方向。"[1]刑事缺席审判意旨在被告人不出席法庭的情况下继续进行裁判，为了充分保障被告人的诉讼权利，缓和司法公正与诉讼效率之间的冲突，应当建立缺席审判的救济机制：一是赋予被告人异议权。这是最大限度保障被告人诉讼权利的重要途径。放眼域外，各国在确立缺席审判制度时均强调赋予被告人异议权。如在法国，只有对缺席作出的裁判决定，才能提出缺席裁判异议；只有庭审缺席的当事人才能按照某些特定的形式在规定的期限内，提出缺席裁判异议。[2]日本同样如此，对于被告人缺席情况下作出的裁判，缺席被告人有权提出异议。[3]因此，赋予被告人针对缺席裁判的异议权是保障被告人诉讼权利的重要途径。回视我国，现行《刑事诉讼法》对缺席被告人的异议权已经作了明确规定，即第295条第2款规定："罪犯在判决、裁定发生法律效力后到案的，人民法院应当将罪犯交付执行刑罚。交付执行刑罚前，人民法院应当告知罪犯有权对判决、裁定提出异议。罪犯对判决、裁定提出异议的，人民法院应当重新审理。"这无疑能够有效缓和公正与效率两大价值之间的冲突，有效保障被告人的诉讼权利。需要指出的是，由于现行《刑事诉讼法》并未对被告人提出异议的条件作任何限制，司法实践中存在被告人滥用异议权之虞。倘若被告人归案后不分情况一律提出异议，那么法院之前的审判行为就全部归于无效，这显然不利于诉讼效率的提高。因此，为了防止被告人滥用异议权，应当规定被告人提出异议须符合一定的条件。笔者建议，被告人提出异议的，应当提供证据证明其未出席法庭接受审判具有合理理由。唯有如此，才能真正做到程序公正与诉讼效率的平衡。

二是赋予被告人及其近亲属独立的上诉权。由于缺席审判时被告人并不在法庭上，加之刑事审判涉及被告人财产权、人身权的限制乃至剥夺，因此，对于人民法院作出的缺席判决，赋予被告人上诉权的正当性自不待言。然而，

---

〔1〕 汪海燕、王宏平："司法改革背景下检委会的职能定位"，载《国家检察官学院学报》2018年第1期。

〔2〕 参见［法］卡斯东·斯特法尼等：《法国刑事诉讼法精义》（下），罗结珍译，中国政法大学出版社1999年版，第811页。

〔3〕 参见邓思清："刑事缺席审判制度研究"，载《法学研究》2007年第3期。

由于被告人不在法庭上，其对庭审活动并不十分了解，此种情况下如果不赋予被告人近亲属独立的上诉权，那么被告人的合法权益将难以得到有效保护。诚如有学者指出的，法律适用的出发点则为是否存在请求权。[1]因此，为了最大限度地保障被告人的合法权益，应当赋予被告人及其近亲属独立的上诉权。值得注意的是，现行《刑事诉讼法》已经赋予被告人及其近亲属独立上诉权，即第 294 条第 1 款规定："人民法院应当将判决书送达被告人及其近亲属、辩护人。被告人或者其近亲属不服判决的，有权向上一级人民法院上诉。辩护人经被告人或者其近亲属同意，可以提出上诉。"这无疑能够实现司法公正与诉讼效率两大价值的协调互动，确保缺席判决的公正性。

需要指出的是，现行《刑事诉讼法》只是笼统地规定被告人及其近亲属均享有独立的上诉权，而没有对其近亲属的独立上诉权作任何限制。换言之，即使被告人本人能够正确表达且已经明确表示不上诉，其近亲属也有权根据其自己的意愿提出上诉。这显然不符合常理。我们知道，缺席审判旨在追究被告人的刑事责任，如果被告人本人作为精神正常的成年人已经明确表示服判，那么就应当尊重其意愿，不得允许其近亲属享有独立的上诉权。由此观之，被告人近亲属独立上诉权的行使应当限制在"被告人无法正确表达上诉意愿或者没有表示是否上诉"的情况。具体而言，建议将"被告人或者其近亲属不服判决的，有权向上一级人民法院上诉"改为"被告人不服判决，或者其近亲属不服判决且被告人无法正常表达或者没有表示的，有权向上一级人民法院上诉"。

---

〔1〕 参见雷磊、牛利冉："指导性案例适用技术的国际比较"，载《治理研究》2018 年第 1 期。

本专著文件全称简称对照表

	中国文件	
	全称	简称
1	《中华人民共和国宪法》	《宪法》
2	《中华人民共和国宪法修正案（草案）》	《宪法修正案（草案）》
3	《中华人民共和国宪法修正案》	《宪法修正案》
4	《中华人民共和国监察法》	《监察法》
5	《中华人民共和国刑事诉讼法》（1979 年）	1979 年《刑事诉讼法》
6	《中华人民共和国刑事诉讼法》（1996 年）	1996 年《刑事诉讼法》
7	《中华人民共和国刑事诉讼法》（2012 年）	2012 年《刑事诉讼法》
8	《中华人民共和国刑事诉讼法》（2018 年）	现行《刑事诉讼法》
9	《中华人民共和国刑法》	《刑法》
10	《中华人民共和国国家安全法》	《国家安全法》
11	《中华人民共和国反间谍法》	《反间谍法》
12	《中华人民共和国民事诉讼法》	《民事诉讼法》
13	《中华人民共和国律师法》	《律师法》
14	《中华人民共和国人民陪审员法》	《人民陪审员法》
15	《中华人民共和国人民警察法》	《人民警察法》
16	《中华人民共和国监狱法》	《监狱法》
17	《中华人民共和国人民法院组织法》	《人民法院组织法》

	中国文件	
	全称	简称
18	《中华人民共和国人民检察院组织法》	《人民检察院组织法》
19	《中华人民共和国国家赔偿法》	《国家赔偿法》
20	《中华人民共和国法律援助法（草案）》	《法律援助法（草案）》
21	《中华人民共和国老年人权益保障法》	《老年人权益保障法》
22	《法律援助条例》	《法律援助条例》
23	全国人大常委会《关于司法鉴定管理问题的决定》	人大常委会《司法鉴定管理决定》
24	最高人民法院、最高人民检察院、公安部、国家安全部、司法部、全国人大常委会法制工作委员会《关于刑事诉讼法实施中若干问题的规定》（1998年）	1998年六机关《规定》
25	最高人民法院、最高人民检察院、公安部、国家安全部、司法部、全国人大常委会法制工作委员会《关于实施刑事诉讼法若干问题的规定》	六机关《规定》
26	最高人民法院、最高人民检察院、公安部、国家安全部、司法部《关于适用认罪认罚从宽制度的指导意见》	两院三部《认罪认罚从宽指导意见》
27	最高人民法院、最高人民检察院、公安部、国家安全部、司法部《关于办理死刑案件审查判断证据若干问题的规定》	两院三部《办理死刑案件证据规定》
28	最高人民法院、最高人民检察院、公安部、国家安全部、司法部《关于办理刑事案件排除非法证据若干问题的规定》	两院三部《非法证据排除规定》
29	最高人民法院、最高人民检察院、公安部、司法部《关于进一步严格依法办案确保办理死刑案件质量的意见》	两院二部《办理死刑案件意见》

	中国文件	
	全称	简称
30	最高人民法院、最高人民检察院、公安部、国家安全部、司法部《关于依法保障律师执业权利的规定》	两院三部《保障律师权利规定》
31	最高人民法院、最高人民检察院、公安部、国家安全部、司法部《关于办理刑事案件严格排除非法证据若干问题的规定》	两院三部《严格排除非法证据规定》
32	最高人民法院、最高人民检察院、公安部、司法部《关于刑事诉讼法律援助工作的规定》	两院二部《法律援助规定》
33	最高人民法院、司法部《关于开展刑事案件律师辩护全覆盖试点工作的办法》	最高法、司法部《刑事案件辩护全覆盖试点办法》
34	最高人民法院、司法部《人民陪审员制度改革试点方案》	最高法、司法部《人民陪审员改革方案》
35	最高人民法院、最高人民检察院、公安部、国家安全部、司法部《关于在部分地区开展刑事案件认罪认罚从宽制度试点工作的办法》	两院三部《认罪认罚从宽制度试点办法》
36	最高人民法院、最高人民检察院、公安部、国家安全部《法律援助值班律师工作办法》	两院三部《法律援助值班律师工作办法》
37	《中华人民共和国刑事诉讼法（修正草案）》	《刑事诉讼法修正草案》
38	《中华人民共和国刑事诉讼法修正案（草案）》	《刑事诉讼法修正案（草案）》
39	最高人民法院《关于适用〈中华人民共和国刑事诉讼法〉的解释》	2021 年最高法《解释》
40	最高人民法院《关于执行〈中华人民共和国刑事诉讼法〉若干问题的解释》（1998 年）	1998 年最高法《解释》
41	最高人民法院《关于适用〈中华人民共和国刑事诉讼法〉的解释》（2012 年）	2012 年最高法《解释》
42	最高人民法院《关于建立健全防范刑事冤假错案工作机制的意见》	最高法《防范冤假错案意见》

中国文件		
	全称	简称
43	最高人民法院《人民法院办理刑事案件庭前会议规程（试行）》	最高法《庭前会议规程》
44	最高人民法院《人民法院办理刑事案件排除非法证据规程（试行）》	最高法《排除非法证据规程》
45	最高人民法院《人民法院办理刑事案件第一审普通程序法庭调查规程（试行）》	最高法《一审普通程序法庭调查规程》
46	最高人民法院《关于完善人民法院司法责任制的若干意见》	最高法《人民法院司法责任制意见》
47	最高人民检察院《人民检察院刑事诉讼规则》（1999年）	1999年最高检《规则》
48	最高人民检察院《人民检察院刑事诉讼规则（试行）》（2012年）	2012年最高检《规则》
49	最高人民检察院《人民检察院刑事诉讼规则》（2019年）	2019年最高检《规则》
50	最高人民检察院《关于人民检察院立案侦查司法工作人员相关职务犯罪案件若干问题的规定》	最高检《人民检察院立案侦查职务犯罪案件规定》
51	最高人民检察院《关于完善人民检察院司法责任制的若干意见》	最高检《检察院司法责任制意见》
52	公安部《公安机关办理刑事案件程序规定》（2020年修订）	公安部《规定》
53	公安部《公安机关办理刑事案件程序规定》（1998年）	1998年公安部《规定》
54	公安部《公安机关讯问犯罪嫌疑人录音录像工作规定》	公安部《讯问录音录像规定》
55	公安部《公安机关办理刑事案件程序规定》（2021）	2012年公安部《规定》
56	十八届三中全会《中共中央关于全面深化改革若干重大问题的决定》	十八届三中全会《决定》
57	十八届四中全会《中共中央关于全面推进依法治国若干重大问题的决定》	十八届四中全会《决定》

续表

中国文件		
	全称	简称
58	十九届四中全会《中共中央关于坚持和完善中国特色社会主义制度 推进国家治理体系和治理能力现代化若干重大问题的决定》	十九届四中全会《决定》
59	最高人民法院、最高人民检察院、公安部、国家安全部、司法部《关于推进以审判为中心的刑事诉讼制度改革的意见》	两院三部《审判中心改革意见》
60	最高人民法院、最高人民检察院、公安部、国家安全部、司法部《关于开展法律援助值班律师工作的意见》	两院三部《法律援助值班律师工作意见》
61	中共中央办公厅、国务院办公厅《关于完善法律援助制度的意见》	两办《完善法律援助制度意见》
62	中共中央办公厅、国务院办公厅《关于深化律师制度改革的意见》	两办《律师制度改革意见》
联合国法律文件		
	全称	简称
1	联合国《公民权利和政治权利国际公约》	联合国《两权公约》
2	联合国《关于保护死刑犯的权利的保障措施》	联合国《死刑犯权利保障措施》
3	联合国《禁止酷刑和其他残忍、不人道或有辱人格的待遇或处罚公约》	联合国《禁止酷刑公约》
4	联合国《关于司法机关独立的基本原则》	联合国《司法独立原则》
5	联合国《关于检察官作用的准则》	联合国《检察官作用准则》
6	联合国《关于律师作用的基本原则》	联合国《律师作用基本原则》
7	联合国《打击跨国有组织犯罪公约》	联合国《打击跨国犯罪公约》

参考文献

一、中文类

（一）著作类

1. （清）黄宗羲："原君"，载黄宗羲：《明夷待访录》。

2. 中国社会科学院语言研究所词典编辑室编：《现代汉语词典》，商务印书馆 1985 年版。

3. 《论语·学而》。

4. 熊秋红：《转变中的刑事诉讼法学》，北京大学出版社 2004 年版。

5. ［美］戈尔丁：《法律哲学》，齐海滨译，生活·读书·新知三联书店 1987 年版。

6. 《史记·杜周传》。

7. ［德］马克斯·韦伯：《新教伦理与资本主义精神》，于晓、陈维纲等译，生活·读书·新知三联书店 1987 年版。

8. ［美］哈罗德 J·伯尔曼：《法律与宗教》，梁治平译，中国政法大学出版社 2007 年版。

9. ［英］P·S·阿蒂亚：《法律与现代社会》，范悦等译，辽宁教育出版社、牛津大学出版社 1998 年版。

10. ［英］丹宁勋爵：《法律的训诫》，刘庸安、丁健、杨百揆译，群众出版社 1985 年版。

11. 宋冰编：《程序、正义与现代化——外国法学家在华演讲录》，中国政法大学出版社 1998 年版。

12. ［德］马克斯·韦伯：《儒教与道教》，王荣芬译，商务印书馆 1995 年版。

13. ［古希腊］亚里士多德：《政治学》，吴寿彭译，商务印书馆 1965 年版。

14. 郑戈："韦伯论西方法律的独特性"，载李猛编：《韦伯：法律与价值》，上海人民出版社 2001 年版。

15. ［美］R. 德沃金：《法律帝国》，李常青译，中国大百科全书出版社 1996 年版。

16. ［德］拉德布鲁赫：《法学导论》，米健、朱林译，中国大百科全书出版社 1997 年版。

17. ［英］波普尔：《科学知识进化论——波普尔科学哲学选集》，纪树立编译，生活·读书·新知三联书店 1987 年版。

18. ［德］古斯塔夫·拉德布鲁赫：《法律智慧警句集》，舒国滢译，中国法制出版社 2009 年版。

19. ［意］切萨雷·贝卡里亚：《论犯罪与刑罚》，黄风译，中国法制出版社 2002 年版。

20. ［法］孟德斯鸠：《论法的精神》（上册），张雁深译，商务印书馆 1982 年版。

21. 陈光中主编：《证据法学》，法律出版社 2015 年版。

22. 《德国刑事诉讼法典》，岳礼玲、林静译，中国检察出版社 2016 年版。

23. 方俊民、胡妃华："从宽从简：刑事速裁程序实行一审终审制可行性分析——以认罪认罚从宽制度的二维属性为视角"，载贺荣主编：《深化司法改革与行政审判实践研究（上）——全国法院第 28 届学术讨论会获奖论文集》，人民法院出版社 2017 年版。

24. 徐国栋：《民法基本原则解释——成文法局限性之克服》，中国政法大学出版社 1992 年版。

25. ［英］戴维·米勒：《社会正义原则》，应奇译，江苏人民出版社 2001 年版。

26. ［美］约翰·罗尔斯：《正义论》，何怀宏、何包钢、廖申白译，中国社会科学出版社 1988 年版。

27. ［美］爱伦·豪切斯泰勒·斯黛丽、南希·弗兰克：《美国刑事法院诉讼程序》，陈卫东、徐美君译，中国人民大学出版社 2002 年版。

28. ［日］田口守一：《刑事诉讼法》，张凌、于秀峰译，中国政法大学出版社 2010 年版。

29. ［美］伟恩·R. 拉费弗等：《刑事诉讼法》，卞建林、沙丽金等译，中国政法大学出版社 2003 年版。

30. Ed Cape 等主编：《欧洲四国有效刑事辩护研究——人权的视角》，丁鹏等编译，法律出版社 2012 年版。

31. 汪海燕：《刑事诉讼法律移植研究》，中国政法大学出版社 2015 年版。

32. ［美］约书亚·德雷斯勒、艾伦·C. 迈克尔斯：《美国刑事诉讼法精解》（第二卷·刑事审判），魏晓娜译，北京大学出版社 2009 年版。

33. ［日］佐藤博史：《刑事辩护的技术与伦理——刑事辩护的心境、技巧和体魄》，于秀峰、张凌译，法律出版社 2012 年版。

34. 严军兴：《法律援助制度理论与实务》，法律出版社 1999 年版。

35. 张耕主编：《法律援助制度比较研究》，法律出版社 1997 年版。

36. 宫晓冰主编：《中国法律援助立法研究》，中国方正出版社 2001 年版。

37. 黄朝义：《刑事证据法研究》，元照出版公司 2000 年版。

38. 陈瑞华：《比较刑事诉讼法》，北京大学出版社 2021 年版。

39. 中央政法干校刑法、刑事诉讼法教研室编著：《中华人民共和国刑事诉讼法讲义》，群众出版社 1982 年版。

40. 徐静村、樊崇义主编：《刑事诉讼法学》，中国政法大学出版社 1994 年版。

41. 樊崇义主编，卞建林副主编：《刑事诉讼法学》，中国政法大学出版社 1996 年版。

42. 杨宇冠：《非法证据排除规则研究》，中国人民公安大学出版社 2002 年版。

43. 陈光中：《中华人民共和国刑事证据法专家拟制稿（条文、释义与论证）》，中国法制
    出版社 2004 年版。

44. 陈光中：《中华人民共和国刑事诉讼法再修改专家建议稿与论证》，中国法制出版社
    2006 年版。

45. 徐静村：《中国刑事诉讼法（第二修正案）学者拟制稿及立法理由》，法律出版社 2005
    年版。

46. 毕玉谦：《中国证据法草案建议稿及论证》，法律出版社 2003 年版。

47. 重庆市高级人民法院课题组："刑事非法证据排除实务研究"，载裴显鼎主编：《刑事证
    据排除程序适用指南》，法律出版社 2018 年版。

48. 刘俊文点校：《中华传世法典：唐律疏议》，法律出版社 1999 年版。

49. 薛梅卿点校：《中华传世法典：宋刑统》，法律出版社 1999 年版。

50. 田涛、郑秦点校：《中华传世法典：大清律例》，法律出版社 1999 年版。

51. 沈家本："《大清法规大全·法律部》卷十一'法典草案一'"，载《修订法律大臣沈
    家本等奏进呈诉讼法拟请先行试办章程折并清单》。

52. 韩延龙主编：《中华人民共和国法制通史》（下），中共中央党校出版社 1998 年版。

53. 刘俊文点校：《中华传世法典：唐律疏议》，法律出版社 1999 年版。

54. 陈瑞华：《刑事证据法学》，北京大学出版社 2012 年版。

55. ［美］哈罗德·伯曼编：《美国法律讲话》，陈若恒译，三联书店 1988 年版。

56. ［德］托马斯·魏根特：《德国刑事诉讼程序》，岳礼玲、温小洁译，中国政法大学出
    版社 2004 年版。

57. ［美］爱伦·豪切斯泰勒·斯黛丽、南希·弗兰克：《美国刑事法院诉讼程序》，陈卫
    东、徐美君译，中国人民大学出版社 2002 年版。

58. ［美］乔恩·R·华尔兹：《刑事证据大全》，何家弘等译，中国人民公安大学出版社
    2004 年版。

59. 全国人大常委会法制工作委员会刑法室编：《〈关于修改中华人民共和国刑事诉讼法的
    决定〉条文说明、立法理由及相关规定》，北京大学出版社 2012 年版。

60. ［美］巴巴拉·J. 夏皮罗："对英美'排除合理怀疑'主义之历史透视"，熊秋红译，
    载王敏远主编：《公法》（第 4 卷），法律出版社 2003 年版。

61. 江必新：《辩证司法观及其应用：十八大与法治国家建设》，中国法制出版社 2014
    年版。

62. 周强："推进严格司法"（学习贯彻党的十八届四中全会精神），载《〈中共中央关于全面推进依法治国若干重大问题的决定〉辅导读本》，人民出版社 2014 年版。

63. ［英］J. W. 塞西尔·特纳：《肯尼刑法原理》，王国庆、李启家等译，华夏出版社 1989 年版。

64. ［美］罗伯特·莎摩尔、阿希尔·莫兹："事实真实、法律真实与历史真实：事实、法律和历史"，徐卉译，载王敏远主编：《公法》（第 4 卷），法律出版社 2003 年版。

65. 汪海燕：《刑事诉讼模式的演进》，中国人民公安大学出版社 2004 年版。

66. 曾新华：《当代刑事司法制度史》，中国检察出版社 2012 年版。

67. 薛建成等编译：《拉鲁斯法汉双解词典》，外语教学与研究出版社 2001 年版。

68. 中国社会科学院语言研究所词典编辑室编：《现代汉语词典》，商务印书馆 2002 年版。

69. 杨正鸣、倪铁主编：《侦查学原理》，复旦大学出版社 2013 年版。

70. （晋）郭璞注、（宋）刑昺疏、（清）阮元等撰：《尔雅注疏·释诂上·疏》，载杨家骆主编：《尔雅注疏及补正附经学史》，台湾世界书局 1985 年版，尔雅一·释诂上·四。

71. （清）朱骏声：《说文通训定声》，清道光二十八年初刻本。

72. ［美］罗斯科·庞德：《法律史解释》，邓正来译，中国法制出版社 2002 年版。

73. 王汉斌：《社会主义民主法制文集（下）》，中国民主法制出版社 2012 年版。

74. 宋英辉主编：《刑事诉讼法学研究述评（1978–2008）》，北京师范大学出版社 2009 年版。

75. 郑晓均主编：《侦查策略与措施》，法律出版社 2010 年版。

76. 解芳："我国技侦工作立法问题研究"，载郝宏奎主编：《侦查论坛》（第一卷），中国人民公安大学出版社 2002 年版。

77. 宋英辉等：《外国刑事诉讼法》，法律出版社 2006 年版。

78. 陈瑞华：《刑事审判原理论》，北京大学出版社 2003 年版。

79. ［日］松尾浩也：《日本刑事诉讼法》（下卷），张凌译，金光旭校，中国人民大学出版社 2005 年版。

80. 李心鉴：《刑事诉讼构造论》，中国政法大学出版社 1992 年版。

81. 顾昂然：《新中国的诉讼、仲裁和国家赔偿制度》，法律出版社 1996 年版。

82. 陈光中主编：《刑事诉讼法》，北京大学出版社、高等教育出版社 2016 年版。

83. 门美子："检察机关不起诉制度的制约与救济"，载孙力、王振峰主编：《不起诉实务研究》，中国检察出版社 2010 年版。

84. 戚劲松："论不起诉的权力制约"，载孙力、王振峰主编：《不起诉实务研究》，中国检察出版社 2010 年版。

85. 陈卫东主编：《模范刑事诉讼法典》，中国人民大学出版社 2005 年版。

86. 张枚、杨崇华："不起诉救济制度研究——以被害人自我救济为视角"，载孙力、王振峰主编:《不起诉实务研究》,中国检察出版社 2010 年版。

87. 林钰雄:《严格证明与刑事证据》,法律出版社 2008 年版。

88. 魏晓娜:《刑事正当程序原理》,中国人民公安大学出版社 2006 年版。

89. 廖耘平:《对质权制度研究》,中国人民公安大学出版社 2009 年版。

90. 沈源洲:《刑事被告人对质询问权研究》,中国政法大学出版社 2012 年版。

91. 王兆鹏:《美国刑事诉讼法》,北京大学出版社 2014 年版。

92. 陈瑞华:《刑事诉讼的中国模式》,法律出版社 2010 年版。

93. 最高人民法院刑事审判第一、二、三、四五庭主编:《刑事审判参考》（2011 年第 4 集）（总第 81 集）,法律出版社 2012 年版。

94. 王达人、曾粤兴:《正义的诉求:美国辛普森案与中国杜培武案的比较》,北京大学出版社 2012 年版。

95. 何家弘、刘品新:《证据法学》,法律出版社 2013 年版。

96. 陈瑞华:《司法体制改革导论》,法律出版社 2018 年版。

97. ［美］迈克尔·D. 贝勒斯:《法律的原则———一个规范的分析》,张文显等译,中国大百科全书出版社 1996 年版。

98. 卞建林:《刑事证明理论》,中国人民公安大学出版社 2004 年版。

99. 张毅:"论《打击跨国有组织犯罪公约》和《反腐败公约》与我国刑事诉讼制度改革",载陈光中主编:《21 世纪域外刑事诉讼立法最新发展》,中国政法大学出版社 2004 年版。

100. 陈光中:"刑事诉讼中的效率价值",载陈光中:《陈光中法学文选》（第 2 卷）,中国政法大学出版社 2010 年版。

101. ［德］托马斯·魏根特:"德国刑事诉讼程序的改革:趋势和冲突领域",樊文译,载陈光中主编:《21 世纪域外刑事诉讼立法最新发展》,中国政法大学出版社 2004 年版。

102. 张毅:"论《打击跨国有组织犯罪公约》和《反腐败公约》与我国刑事诉讼制度改革",载陈光中主编:《21 世纪域外刑事诉讼立法最新发展》,中国政法大学出版社 2004 年版。

103. 《法国刑事诉讼法典》,余叔通、谢朝华译,中国政法大学出版社 1997 年版。

104. ［法］卡斯东·斯特法尼等:《法国刑事诉讼法精义》（下）,罗结珍译,中国政法大学出版社 1999 年版。

（二）期刊类

1. 汪海燕、董林涛:"机遇与挑战:网络舆情对我国刑事司法的影响及应对",载《中共浙江省委党校学报》2014 年第 6 期。

2. 朱景文:"中国诉讼分流的数据分析",载《中国社会科学》2008 年第 3 期。

3. 陈光中:"刑事证据制度改革若干理论与实践问题之探讨——以两院三部《两个证据规

定》之公布为视角"，载《中国法学》2010 年第 6 期。

4. 张泽涛、崔凯："刑事案件合并与分案审理立法梳理及法理评析"，载《政法论坛》2013 年第 5 期。

5. 四川省高级人民法院课题组等："人民法院司法公信力调查报告"，载《法律适用》2007 年第 4 期。

6. 熊秋红："错判的纠正与再审"，载《环球法律评论》2006 年第 5 期。

7. 叶青、张栋、刘冠男："刑事审判公开问题实证调研报告"，载《法学》2011 年第 7 期。

8. 关升英："美国司法公开制度及其启示——关于赴美学习考察司法公开制度有关情况的报告"，载《山东审判》2014 年第 6 期。

9. 汪海燕："论刑事庭审实质化"，载《中国社会科学》2015 年第 2 期。

10. 顾永忠、肖沛权："'完善认罪认罚从宽制度'的亲历观察与思考、建议——基于福清市等地刑事速裁程序中认罪认罚从宽制度的调研"，载《法治研究》2017 年第 1 期。

11. 陈卫东："认罪认罚从宽制度研究"，载《中国法学》2016 年第 2 期。

12. 陈光中、马康："认罪认罚从宽制度若干重要问题探讨"，载《法学》2016 年第 8 期。

13. 陈超："权利主导模式下的意大利刑事特别程序研究"，载《河南财经政法大学学报》2015 年第 3 期。

14. 顾永忠："关于'完善认罪认罚从宽制度'的几个理论问题"，载《当代法学》2016 年第 6 期。

15. 陈瑞华："'认罪认罚从宽'改革的理论反思——基于刑事速裁程序运行经验的考察"，载《当代法学》2016 年第 4 期。

16. 谢登科："论刑事简易程序中的证明标准"，载《当代法学》2015 年第 3 期。

17. 高通："刑事速裁程序证明标准研究"，载《法学论坛》2017 年第 2 期。

18. 汪海燕："认罪认罚从宽案件证明标准研究"，载《比较法研究》2018 年第 5 期。

19. 孙长永："认罪认罚案件的证明标准"，载《法学研究》2018 年第 1 期。

20. 陈瑞华："认罪认罚从宽制度的若干争议问题"，载《中国法学》2017 年第 1 期。

21. 刘铭："认罪案件证明模式的转变及其限度"，载《人民论坛》2016 年第 11 期。

22. 熊秋红："比较法视野下的认罪认罚从宽制度——兼论刑事诉讼'第四范式'"，载《比较法研究》2019 年第 5 期。

23. 步洋洋："简化审理程序的意蕴与重构：基于认罪认罚从宽的应然向度"，载《暨南学报》（哲学社会科学版）2018 年第 6 期。

24. 汪海燕："被追诉人认罪认罚的撤回"，载《法学研究》2020 年第 5 期。

25. 董林涛："论认罪认罚程序中的被追诉人同意"，载《法学杂志》2020 年第 9 期。

26. 吴宏耀："认罪认罚从宽制度的体系化解读"，载《当代法学》2020 年第 4 期。

27. 廖大刚、白云飞："刑事案件速裁程序试点运行现状实证分析——以 T 市八家试点法院为研究样本"，载《法律适用》2015 年第 12 期。

28. 董坤："认罪认罚从宽案件中留所上诉问题研究"，载《内蒙古社会科学（汉文版）》2019 年第 3 期。

29. 杨宇冠、王洋："认罪认罚案件量刑建议问题研究"，载《浙江工商大学学报》2019 年第 6 期。

30. 申飞飞："美国无效辩护制度及其启示"，载《环球法律评论》2011 年第 5 期。

31. 吴常青、王彪："论我国死刑案件无效辩护制度构建"，载《西部法学评论》2012 年第 2 期。

32. 熊秋红："有效辩护、无效辩护的国际标准和本土化思考"，载《中国刑事法杂志》2014 年第 6 期。

33. 左卫民："有效辩护还是有效果辩护？"，载《法学评论》2019 年第 1 期。

34. 顾永忠："以审判为中心背景下的刑事辩护突出问题研究"，载《中国法学》2016 年第 2 期。

35. 林劲松："对抗制国家的无效辩护制度"，载《环球法律评论》2006 年第 4 期。

36. 陈瑞华："刑事诉讼中的有效辩护问题"，载《苏州大学学报（哲学社会科学版）》2014 年第 5 期。

37. 陈瑞华："论辩护律师的忠诚义务"，载《吉林大学社会科学学报》2016 年第 3 期。

38. 蔡墩铭："辩护人之阅卷权"，载《月旦法学教室》2002 年第 1 期。

39. 杨波："被追诉人阅卷权探究——以阅卷权权属为基点的展开"，载《当代法学》2012 年第 1 期。

40. 陈学权："论被追诉人本人的阅卷权"，载《法商研究》2019 年第 4 期。

41. 张大海："司法职业共同体视角下的律师执业困境与对策"，载《中州学刊》2010 年第 5 期。

42. 陈凯、董红民、唐晔旎："刑事案件律师辩护全覆盖的实践和思考——以杭州市为例"，载《中国司法》2018 年第 11 期。

43. 陈光中、张益南："推进刑事辩护法律援助全覆盖问题之探讨"，载《法学杂志》2018 年第 3 期。

44. 卞建林："我国非法证据排除的若干重要问题"，载《国家检察官学院学报》2007 年第 1 期。

45. 王彪："法官为什么不排除非法证据"，载《刑事法评论》2015 年第 1 期。

46. 左卫民：" '热' 与 '冷'：非法证据排除规则适用的实证研究"，载《法商研究》2015 年第 3 期。

47. 程衍："论非法证据排除程序中侦查人员的程序性被告身份"，载《当代法学》2019 年第 3 期。

48. 易延友："非法证据排除规则的中国范式——基于 1459 个刑事案例的分析"，载《中国社会科学》2016 年第 1 期。

49. 步洋洋："认罪认罚从宽视域下刑事简化审理程序的本土化省察"，载《法学杂志》2019 年第 1 期。

50. 肖沛权："排除合理怀疑的经济分析"，载《政法论坛》2013 年第 2 期。

51. 马剑："人民法院审理宣告无罪案件的分析报告——关于人民法院贯彻无罪推定原则的实证分析"，载《法制资讯》2014 年第 1 期。

52. 顾永忠："律师辩护是防范、纠正冤假错案的重要保障——以缪新华一家五口错案的发生与纠正为切入点"，载《中国律师》2017 年第 11 期。

53. 陈永生："我国刑事误判问题透视——以 20 起震惊全国的刑事冤案为样本的分析"，载《中国法学》2007 年第 3 期。

54. 陈永生："排除合理怀疑及其在西方面临的挑战"，载《中国法学》2003 年第 2 期。

55. 龙宗智："中国法语境中的'排除合理怀疑'"，载《中外法学》2012 年第 6 期。

56. 陈瑞华："刑事证明标准中主客观要素的关系"，载《中国法学》2014 年第 3 期。

57. 陈永生："计算机网络犯罪对刑事诉讼的挑战与制度应对"，载《法律科学》（西北政法大学学报）2014 年第 3 期。

58. 汪海燕："监察制度与《刑事诉讼法》的衔接"，载《政法论坛》2017 年第 6 期。

59. 陈光中、曾新华、刘林呐："刑事诉讼法制建设的重大进步"，载《清华法学》2012 年第 3 期。

60. 韩德明："信息化背景下侦查权范式的要素系谱"，载《中国人民公安大学学报》（社会科学版）2016 年第 4 期。

61. 赵志巍、李翠翠："国外计算机网络犯罪侦查技术概述"，载《中国安防》2016 年第 3 期。

62. 刘方权："突破与缺憾：技术侦查制度评析"，载《四川警察学院学报》2012 年第 6 期。

63. 张泽涛："反思帕卡的犯罪控制模式与正当程序模式"，载《法律科学·西北政法学院学报》2005 年第 2 期。

64. 兰跃军："比较法视野中的技术侦查措施"，载《中国刑事法杂志》2013 年第 1 期。

65. 陈瑞华："案卷移送制度的演变与反思"，载《政法论坛》2012 年第 5 期。

66. 宋英辉、陈永生："刑事案件庭前审查及准备程序研究"，载《政法论坛》2002 年第 2 期。

67. 孙远："卷宗移送制度改革之反思"，载《政法论坛》2009 年第 1 期。

68. 陈卫东、郝银钟："我国公诉方式的结构性缺陷及其矫正"，载《法学研究》2000 年第 4 期。

69. 郭华："我国案卷移送制度功能的重新审视"，载《政法论坛》2013 年第 3 期。

70. 陈卫东："初论我国刑事诉讼中设立中间程序的合理性"，载《当代法学》2004 年第 4 期。

71. 孙远："全案移送背景下控方卷宗笔录在审判阶段的使用"，载《法学研究》2016 年第 6 期。

72. 章礼明："日本起诉书一本主义的利与弊"，载《环球法律评论》2009 年第 4 期。

73. 尹琳："日本裁判员制度的实践与启示"，载《政治与法律》2012 年第 1 期。

74. 胡云红："日本裁判员法的立法过程及其实施效果评析"，载《河北法学》2012 年第 9 期。

75. 施鹏鹏："意大利'双重卷宗'制度及其检讨"，载《清华法学》2019 年第 4 期。

76. 唐治祥："意大利刑事卷证移送制度及其启示"，载《法商研究》2010 年第 2 期。

77. 陈瑞华："案卷笔录中心主义——对中国刑事审判方式的重新考察"，载《法学研究》2006 年第 4 期。

78. 张泽涛："我国现行《刑事诉讼法》第 150 条亟需完善"，载《法商研究》（中南政法学院学报）2001 年第 1 期。

79. 李奋飞："从'复印件主义'走向'起诉状一本主义'——对我国刑事公诉方式改革的一种思考"，载《国家检察官学院学报》2003 年第 2 期。

80. 吴宏耀："我国刑事公诉制度的定位与改革——以公诉权与审判权的关系为切入点"，载《法商研究》2004 年第 5 期。

81. 李国强、李荣楠："证据移送制度研究——兼驳起诉书一本主义"，载《中国刑事法杂志》2007 年第 2 期。

82. 顾永忠："我国刑事辩护制度的重要发展、进步与实施——以新《刑事诉讼法》为背景的考察分析"，载《法学杂志》2012 年第 6 期。

83. 蔡杰、刘晶："刑事卷宗移送制度的轮回性改革之反思"，载《法学评论》2014 年第 1 期。

84. 张建伟："审判中心主义的实质内涵与实现途径"，载《中外法学》2015 年第 4 期。

85. 陈光中、肖沛权："刑事诉讼法修正草案：完善刑事诉讼制度的新成就和新期待"，载《中国刑事法杂志》2018 年第 3 期。

86. 郭烁："酌定不起诉制度的再考查"，载《中国法学》2018 年第 3 期。

87. 童建明："论不起诉权的合理适用"，载《中国刑事法杂志》2019 年第 4 期。

88. 汪海燕："形式理性的误读、缺失与缺陷——以刑事诉讼为视角"，载《法学研究》2006 年第 2 期。

89. 张树壮、周宏强、陈龙："我国酌定不起诉制度的运行考量及改良路径——以刑事诉讼法修改后 S 省酌定不起诉案件为视角"，载《法治研究》2019 年第 1 期。

90. 李玉华："我国企业合规的刑事诉讼激励"，载《比较法研究》2020 年第 1 期。

91. 刘少军："企业合规不起诉制度本土化的可能及限度"，载《法学杂志》2021 年第 1 期。

92. 葛琳："附条件不起诉之三种立法路径评析——兼评刑诉法修正案草案中附条件不起诉之立法模式"，载《国家检察官学院学报》2011 年第 6 期。

93. 陈光中："关于附条件不起诉问题的思考"，载《人民检察》2007 年第 24 期。

94. 周长军："认罪认罚从宽制度推行中的选择性不起诉"，载《政法论丛》2019 年第 5 期。

95. 何家弘："刑事庭审虚化的实证研究"，载《法学家》2011 年第 6 期。

96. 李冉毅："刑事庭审实质化及其实现路径"，载《宁夏社会科学》2016 年第 1 期。

97. 顾永忠："试论庭审中心主义"，载《法律适用》2014 年第 12 期。

98. 孙长永、王彪："论刑事庭审实质化的理念、制度和技术"，载《现代法学》2017 年第 2 期。

99. 郭天武、陈雪珍："刑事庭审实质化及其实现路径"，载《社会科学研究》2017 年第 1 期。

100. 龙宗智："庭审实质化的路径和方法"，载《法学研究》2015 年第 5 期。

101. 魏晓娜："以审判为中心的刑事诉讼制度改革"，载《法学研究》2015 年第 4 期。

102. 朱立恒："从陪审团审判到公正审判——关于传闻证据规则的历史沿革和理论嬗变"，载《政法论坛》2009 年第 3 期。

103. 易延友："'眼球对眼球的权利'——对质权制度比较研究"，载《比较法研究》2010 年第 1 期。

104. 陈瑞华："什么是真正的直接和言词原则"，载《证据科学》2016 年第 3 期。

105. 刘译矾："论电子数据的双重鉴真"，载《当代法学》2018 年第 3 期。

106. 龙宗智："论刑事对质制度及其改革完善"，载《法学》2008 年第 5 期。

107. 陈永生："论辩护方当庭质证的权利"，载《法商研究》2005 年第 5 期。

108. 林钰雄："证人概念与证人对质诘问权——以欧洲人权法院相关裁判为中心"，载《欧美研究》2006 年第 1 期。

109. 龙宗智："印证与自由心证——我国刑事诉讼证明模式"，载《法学研究》2004 年第 2 期。

110. 熊秋红："刑事证人作证制度之反思——以对质权为中心的分析"，载《中国政法大学学报》2009 年第 5 期。

111. 陈瑞华："实物证据的鉴真问题"，载《法学研究》2011 年第 5 期。

112. 陈永生："证据保管链制度研究"，载《法学研究》2014 年第 5 期。

113. 顾永忠："庭审实质化与交叉询问制度——以《人民法院办理刑事案件第一审普通程

序法庭调查规程（试行）》为视角"，载《法律适用》2018 年第 1 期。

114. 左卫民、马静华："刑事证人出庭率：一种基于实证研究的理论阐述"，载《中国法学》2005 年第 6 期。

115. 左卫民："地方法院庭审实质化改革实证研究"，载《中国社会科学》2018 年第 6 期。

116. 杨光："论警察不出庭作证的原因与对策"，载《政法学刊》2017 年第 1 期。

117. 卞建林，谢澍："庭审实质化与鉴定意见的有效质证"，载《中国司法鉴定》2016 年第 6 期。

118. 顾永忠、陈效："中国刑事法律援助制度发展研究报告（下）＊"，载《中国司法》2013 年第 2 期。

119. 何家弘："刑事诉讼中证据调查的实证研究"，载《中外法学》2012 年第 1 期。

120. 李文军："法庭质证的内在结构与理论剖析——兼评'三项规程'的相关规定"，载《北方法学》2018 年第 5 期。

121. 龙宗智："论我国刑事审判中的交叉询问制度"，载《中国法学》2000 年第 4 期。

122. 郭彦、魏军："规范化与精细化：刑事审改革的制度解析——以 C 市法院'三项规程'试点实践为基础"，载《法律适用》2018 年第 1 期。

123. 陈瑞华："以限制证据证明力为核心的新法定证据主义"，载《法学研究》2012 年第 6 期。

124. 顾永忠："以审判为中心背景下的刑事辩护问题突出问题研究"，载《中国法学》2016 年第 2 期。

125. 闵春雷："严格证明与自由证明新探"，载《中外法学》2010 年第 5 期。

126. 陈瑞华："新间接审理主义'庭审中心主义改革'的主要障碍"，载《中外法学》2016 年第 4 期。

127. 陈瑞华："辩护律师调查取证的三种模式"，载《法商研究》2014 年第 1 期。

128. 刘方权："检查侦查阶段律师辩护问题实证研究"，载《四川大学学报》（哲学社会科学版）2016 年第 3 期。

129. 陈光中、葛琳："刑事和解初探"，载《中国法学》2006 年第 5 期。

130. 陈光中、胡铭："《联合国反腐败公约》与刑事诉讼法再修改"，载《政法论坛》2006 年第 1 期。

131. 王新清、卢文海："论刑事缺席审判"，载《中国司法》2006 年第 3 期。

132. 汪海燕、王宏平："司法改革背景下检委会的职能定位"，载《国家检察官学院学报》2018 年第 1 期。

133. 邓思清："刑事缺席审判制度研究"，载《法学研究》2007 年第 3 期。

134. 雷磊、牛利冉："指导性案例适用技术的国际比较"，载《治理研究》2018 年第 1 期。

（三）学位论文类

1. 唐治祥："刑事卷证移送制度研究——以公诉案件一审普通程序为视角"，西南政法大学2011年博士学位论文。

（四）报纸类

1. 黄秀丽："他把25名法官拉下水"，载《南方周末》2009年4月29日。

2. 叶锋："杨佳袭警案开审未宣判"，载《新京报》2008年8月27日。

3. 萧锐："公审'华南虎'又一次座位有限"，载《中国青年报》2008年9月24日。

4. 葛峰："英国最高法院谨慎发微博不谈政治，不评判决，不互粉"，载《南方周末》2012年5月20日，第A5版。

5. 周越强："审查逮捕致力于司法化、公开化"，载《检察日报》2013年8月2日，第3版。

6. 苗生明："认罪认罚后反悔的评价与处理"，载《检察日报》2020年2月20日，第3版。

7. 胡云腾："去分歧凝共识确保认罪认罚从宽制度贯彻落实"，载《法制日报》2019年12月11日，第9版。

8. 钟亚雅、黄泽龙、储颖超："认罪认罚被从宽处理后又想上诉获减刑——广州：支持抗诉一宗认罪认罚上诉案件被告人被取消从宽"，载《检察日报》2019年4月9日，第1版。

9. 张吉喜："德国刑事诉讼中的证据禁止"，载《人民法院报》2005年12月16日，第B04版。

10. 樊崇义："司法改革的重大成果"，载《检察日报》2010年6月2日，第3版。

11. 邓红阳："赵作海案再曝'留有余地'潜规则"，载《法制日报》2010年5月13日，第4版。

12. 孔繁勇："2013年美案件纠错量创历史新高：改判无罪囚犯人数达到87人"，载《法制日报》2014年2月11日。

13. "最高人民检察院工作报告——二〇一一年在第十一届全国人民代表大会第四次会议上"，载《人民日报》2011年3月20日，第2版。

14. 周强："关于在部分地区开展刑事案件认罪认罚从宽制度试点工作情况的中期报告"，载《人民法院报》2017年12月24日，第2版。

15. 顾永忠："新刑诉法中律师'会见难''阅卷难'基本解决"，载《检察日报》2012年3月26日。

（五）网络文章类

1. 任玉峰、胡军辉："浅谈民商事裁判文书的制作误区与改革"，载 http://blog. chinacourt. org/wp-profile1. php？p=62211，最后访问日期：2014年12月20日。

2. 刘晓原："如此公开审理杨佳案，与秘密审判有何异?"，载 http://blog. sina. com. cn/s/blog_ 49daf0ea0100ap6i. html，最后访问日期：2014 年 12 月 20 日。

3. 周强："最高人民法院工作报告"，载 http://cpc. people. com. cn/n/2014/0318/c64094 - 24664468. html，最后访问日期：2015 年 6 月 20 日。

4. 张薇、李磊："适用认罪认罚制度后被告人反悔上诉不应加重刑罚（检察院因此抗诉）"，载 https://www. sohu. com/a/306194372_ 654603，最后访问日期：2020 年 11 月 18 日。

5. 刘洪庆、魏婧："全国法院判处三年有期徒刑及拘役以下刑罚人数逐年递增"，载 http://news. china. com. cn/txt/2015-11/02/content_ 36958074. htm，最后访问日期：2020 年 12 月 13 日。

6. 王禄生："中国无罪判决率的'门道'：20 年数据盘点"，载微信公众号"数说司法"，最后访问日期：2019 年 6 月 13 日。

7. 汤琪："最高法：十八大以来纠正重大刑事冤假错案 34 起"，载 http://news. southcn. com/china/content/2017-02/27/content_ 166003358. htm，最后访问日期：2019 年 3 月 2 日。

8. "《联合国人权事务委员会第 13 号一般性意见》第 1 条，第 7 条"，载 http://www1. umn. edu/humanrts/chinese/CHgencomm/CHhrcom13. htm，最后访问日期：2013 年 1 月 22 日。

9. "《联合国人权事务委员会第 32 号一般性意见》第 30 条"，载 http://www1. umn. edu/humanrts/chinese/CHgencomm/CHhrcom32. html，最后访问日期：2013 年 1 月 22 日。

10. 具体内容，请参见 http://blog. sina. com. cn/s/blog_ 55d3358501008658. html，最后访问日期：2013 年 12 月 23 日。

11. 赵凌："庭审'敢于'不走过场中国法院变革刑事审判"，载 http://www. infzm. com/content/95327，最后访问日期：2014 年 3 月 8 日。

12. 于永波："《关于军队保卫部门行使刑事侦查权有关问题的决定（草案）》的说明"，载 http://www. npc. gov. cn/wxzl/gongbao/2000-12/28/content_ 5003085. htm，最后访问日期：2018 年 5 月 3 日。

13. "2013 年查处厅级官员至少 227 人 为近十年来最高"，载 http://news. 163. com/14/0124/08/9JBF20K30001124J. html，最后访问日期：2018 年 5 月 3 日。

14. "最高人民检察院工作报告——2018 年 3 月 9 日在第十三届全国人民代表大会第一次会议上"，载 http://www. spp. gov. cn/spp/gzbg/201803/t20180325_ 372171. shtml，最后访问日期：2018 年 5 月 3 日。

15. "关于《中华人民共和国监察法（草案）》的说明"，载 http://www. npc. gov. cn/npc/xinwen/2018-03/14/content_ 2048551. htm，最后访问日期：2018 年 5 月 3 日。

16. 王兆国："关于《中华人民共和国刑事诉讼法修正案（草案）》的说明"，载 http://www. npc. gov. cn/wxzl/gongbao/2012-05/29/content_ 1728283. htm，最后访问日期：2018 年 4 月 29 日。

17. 郎胜："'不得强迫任何人证实自己有罪'与'应当如实回答'不矛盾"，载 http://legal. people. com. cn/GB/17332533. html，最后访问日期：2018 年 4 月 29 日。

18. "对话陈光中：公检法全不赞成'沉默权'入法"，载 http://legal. people. com. cn/GB/15688377. html，最后访问日期：2018 年 4 月 29 日。

19. 根据最高人民法院公报司法统计专栏整理所得，参见 http://gongbao. court. gov. cn/ArticleList. html? serial_ no=sftj，最后访问日期：2020 年 12 月 4 日。

20. 张德笔："外逃贪官增多：名单易开，想抓不易"，载 http://view. news. qq. com/original/intouchtoday/n2793. html#，最后访问日期：2018 年 4 月 27 日。

（六）司法判例类

1. 郭冠受贿案，河南省南阳市中级人民法院刑事判决书（2014）南刑二终字第 00038 号。

2. 聂树斌故意杀人、强奸妇女案，中华人民共和国最高人民法院刑事判决书（2016）最高法刑再 3 号。

3. 念斌投放危险物质案，福建省高级人民法院刑事附带民事判决（2012）闽刑终字第 10 号。

4. 杜某污染环境案，浙江省宁波市鄞州区人民法院刑事判决书（2014）甬鄞刑初字第 737 号。

5. 深圳市快播科技有限公司等制作、复制、出版、贩卖、传播淫秽物品牟利案，北京市海淀区人民法院刑事判决书（2015）海刑初字第 512 号。

二、外文类

（一）著作类

1. Gudmundur Arfredsson and Asbjorn Eide, *The Universal Declaration of Human Rights*: *A Common Standard of Achievement*, Martinus Nijhoff Publishers, 1999.

2. George Seldes, *You Can't Print That*! Payson & Clarke Ltd, 1929.

3. Stefan Voigt, "When are judges likely to be corrupt?", *Global Corruption Report* 2007: *Corruption in Judicial systems*, Cambridge University Press, 2007.

4. Bryan A. Garner ed. , *Black's Law Dictionary*, West Publishing Company, 1999.

5. American Bar Association, *Model Rules of Professional Conduct*, 2004.

6. Bryan A. Garner ed. , *Black's Law Dictionary*, Jhomson West, 2004.

7. Larry Laudan, *Truth*, *Error*, *and Criminal Law*: *An Essay in Legal Epistemology*, Cambridge University Press, 2006.

8. John Henry Wigmore, *Wigmore on Evidence* 37. 1, 1018 (Peter Tillers rev. 1983).

9. L. Kinvin Wroth, Hiller B. Zobel, *Legal Papers of John Adams*, *Volume* 3. *Cases* 63 & 64: *The Boston Massacre Trials Chronolgy. Index*, Cambridge, MA: The Belknap Press of Harvard University Press, 1965.

10. Also see John H. Langbein, *The Origins of Adversary Criminal Trial*, Oxford: Oxford University Press, 2003.

11. James Q. Whitman, *The Origins of Reasonable Doubt: Theological Roots of the Criminal Trial*, New Haven: Yale University Press, 2008.

12. The Proceedings of the Old Bailey Ref: T17831210-4. Quoted in James Q. Whitman, *The Origins of Reasonable Doubt: Theological Roots of the Criminal Trial*, New Haven: Yale University Press, 2008.

13. Edward J. Devitt et al. , *Federal Jury Practice and Instructions*, § 12. 10, West Pub. Co. , 1987.

14. Edward J. Devitt, Maurite Rosenberg, William C. Mathes, *Federal Jury Practive and Instructions*, § West Pub Co. , 1987.

15. Nancy Pennington & Reid Hastie, "Algebraic Models of Juror Decision Processes Reid Hastie ed. ", in Inside the Juror: The Psychology of Juror Decision-Making, Cambridge Universvty Press 1994.

16. James S. Liebman et al. , A Broken System, Part II: Why There Is So Much Error In Capital Cases, and What Can Be Done About It, 2002.

17. Philip Babcock Gove, *Webster's Third New International Dictionary of the English Language Unabridged*, Merriam-Webster Inc. , 1993.

18. *Blackstone's Criminal Practice* 2002, Oxford Universtity Press 2002.

(二) 期刊类

1. Daniel W. Shuman & Jean A. Hamilton, "Jury Service——It May Change Your Mind: Perceptions of Fairness of Jurors and Nonjurors", *SMU L. REV.* Vol. 46, 1993.

2. Stratos Pahis, "Corruption in Our Courts: What It Looks Like and Where It is Hidden", *Yale Law Journal*, Vol. 118, 2009.

3. Timothy Besley & John McLaren, "Taxes and Bribery: The Role of Wage Incentives", *The Economic Journal*, Vol. 103, 1993.

4. Stratos Pahis, "Corruption in Our Courts: What It Looks Like and Where It is Hidden", *Yale Law Journal*, Vol. 118, 2009.

5. Richard A. Posner, "An Economic Approach to Legal Procedure and Judicial Administrationv", *The Journal of Legal Studies*, Vol. 2, 1973.

6. Jennifer Diana, "Apples and Oranges and Olives? Oh My Fellers, the Sixth Amendment, and the Fruit of the poisonous Tree Doctrine", *Brooklyn L. Rev.* , Vol. 71, 2005.

7. Ronald L. Akers & Lonn Lanza-Kaduce, "The Exclusionary Rule: Legal Doctrine and Social Research on Constitutional Norms", 2 *Sam Houston St. U. Crim. Just. Center Res. Bull.* 1, 1986.

8. John Wilder May, Some Rules of Evidence: Reasonable Doubt in Civil and Criminal Cases, 10 *Am. L. Rev.* 642 (1876).

9. Also Barbara Shapiro, "Changing Language, Unchanging Standard: From 'Satisfied Conscience' to 'Moral Certainty' and 'Beyond Reasonable Doubt' ", 17 *Cardozo J. Int'l & Comp. L.* 261, 276, (2009).

10. Jessica N. Cohen, "The Reasonable Doubt Jury Instruction: Giving Meaning to A Critical Concept", *Am. J. Crim. L.* , Vol. 22, 1995.

11. McCauliff C. M. A. , "Burdens of Proof: Degrees of Belief, Quanta of Evidence, or Constitutional Guarantees?", *Vand. L. Rev.* , Vol. 35, 1982.

12. Kerr et al. , "Guilt Beyond a Reasonable Doubt: Effects of Concept Definition and Assigued Decision Rule on the Judgments of Mock Jurors", *J. Personality & Soc. Psychology*, Vol. 34, 1976.

13. Erik Lillquist, "Recasting Reasonable Doubt: Decision Theory and the Virtues of Variability", *U. C. Davis L. Rev.* , Vol. 36, 2002.

14. David U. Strawn, Raymond W. Buchanan, "Jury Confusion: A Threat to Justice", *Judicature*, Vol. 59, No. 10, 1976.

15. Leonard B. Sand, Danielle L. Rose, "Proof Beyond All Possible Doubt: Is There a Need For a Higher Burden of Proof When the Sentence May be Death?" *Chi. -Kent L. Rev.* , Vol. 78, 2003.

16. Craig M. Bradley, "A (Genuinely) Modest Proposal Concerning the Death Penalty," *Ind. L. J.* , Vol. 72, 1996.

17. Margery Malkin Koosed, "Averting Mistaken Executions by Adopting the Model Penal Code's Exclusion of Death in the Presence of Lingering Doubt", *N. Ill. U. L. Rev.* , Vol. 21, 2001.

18. Judge Leonard B. Sand, Danielle L. Rose, "Proof Beyond All Possible Doubt: Is There a Need For a Higher Burden of Proof When the Sentence May be Death?", *Chi. - Kent L. Rev.* , Vol. 78, 2003.

19. James S. Liebman et al. , "Capital Attrition: Error Rates in Capital Cases (1973-1995) ", *Tex. L. Rev.* , Vol. 78, 2000.

20. Craig M. Bradley, "A (Genuinely) Modest Proposal Concerning the Death Penalty", *Ind. L. J.* Vol. 72, 1996.

21. Elizabeth R. Jungman, Note, "Beyond All Doubt", *Geo. L. J.* , Vol. 91, 2003.

22. Robert D. Bartels, "Punishment and the Burden of Proof in Criminal Cases: A Modest Proposal", *Iowa L. Rev.* , Vol. 66, 1981.

23. William Glaberson, "Killer's Lawyers Seek to Raise Standard of Proof for Death Penalty", *N. Y. Times*, *Jan*, Vol. 11, 2004.

24. Mascolo, Edward Gregory, "Miranda v. Arizona Revisited and Expanded: No Custodial Interrogation Without the Presence of Counsel", *Conn. B. J.*, Vol. 68, 1994.

（三）司法判例类

1. McMann *v.* Richardson, 397 U. S. 759, 771 n, 14 (1970).

2. Holloway *v.* Arkansas, 435 U. S. 475 (1978).

3. Strickland *v.* Washington, 466 U. S. 668 (1984).

4. Weeks *v.* United States, 232 U. S. 383 (1914).

5. Wolf *v.* Colorado, 338 U. S. 25 (1949).

6. Mapp *v.* Ohio, 367 U. S. 643 (1961).

7. Miranda *v.* Arizona, 384 U. S. 436 (1966).

8. Silverthorne Lumber Co. *v.* United State, 251 U. S. 385 (1920).

9. U. S. *v.* Leon, 468 U. S. 897 (1984).

10. Hudson *v.* Michigan, 547 U. S. 586 (2006).

11. United States *v.* Janis, 428 U. S. 433, 466 (1976).

12. Wong Sun *v.* United States, 371 U. S. 471 (1963).

13. Cardozo, People *v.* Defore, 242 N. Y. 13, 150 N. E. 585 (1926).

14. State *v.* Cochran, 13 N. C. 56, 57-58, 2 Dev. 63, 64-65 (1828).

15. In re Winship, 397 U. S. 358 (1970).

16. United States *v.* Glass, 846 F. 2d 386, 387 (7th Cir. 1988).

17. Murphy *v.* Holland, 776 F. 2d 470, 475 (4th Cir. 1985).

18. E. g., Lanigan *v.* Maloney, 853 F. 2d 40, 45-48 (1st Cri. 1988), cert. denied, 109 S. Ct. 788 (1989).

19. United States *v.* Pinkney, 551 F. 2d 1241, 1244-46 (D. C. Cir. 1976).

20. Lansdowne *v.* State, 412 A. 2d 88, 93 (Md. 1980).

21. United States *v.* Alvero, 470 F. 2d 981, 982-83 (5th Cir. 1972).

22. Holland *v.* United States, 348 U. S. 121, 140 (1954).

23. Cage *v.* Louisiana, 498 U. S. 39 (1990).

24. United States *v.* Fatico, 458F. Supp. 388, 411 (1978).

25. Goetz *v.* Crosson, 967 F. 2d 29, 39 (2d Cir. 1992) (Newman, J., concurring).

26. United States *v.* Greer, 538 F. 2d 437, 441 (D. C. Cir. 1976).

27. Bunnell *v.* Sullivan, 947 F. 2d 341, 352 (9th Cir. 1991) (en banc) (Kozinski, J., concurring).

28. Furman *v.* Georgia, 408 U. S. 238, 367 n. 158 (1972) (Marshall, J. , concurring).

29. 114 S. Ct. at 1244.

30. Ake *v.* Oklahoma, 470 U. S. 68, 87 (1985).

31. Brief of Appellant at 338, People *v.* Mateo, 2 N. Y. 3d 383, (2004).

32. Coy *v.* Iowa, 487 U. S. 1012 (1988).